Michael Heinrichs, Katja Marschall (Hrsg.)

Wege zu einer Intrapreneurship orientierten öffentlichen Verwaltung

Dokumentation der Tagung „Think Ahead – Move Forward
vom 23. – 24. April 2008 in Güstrow

AF168089

Michael Heinrichs, Katja Marschall (Hrsg.)

Wege zu einer Intrapreneurship orientierten öffentlichen Verwaltung

www.europäischer-hochschulverlag.de

Michael Heinrichs, Katja Marschall (Hrsg.)
Wege zu einer Intrapreneurship orientierten öffentlichen Verwaltung
Dokumentation der Tagung „Think Ahead – Move Forward vom 23. –
24. April 2008 in Güstrow

1. Auflage 2009
ISBN: 978-3-941482-03-6
© Europäischer Hochschulverlag
ein Unternehmen der CT Salzwasser-Verlag GmbH & Co. KG
www.europäischer-hochschulverlag.de
www.salzwasserverlag.de

Die Deutsche Bibliothek verzeichnet diesen Titel in der
Deutschen Nationalbibliografie. Bibliografische Daten sind unter
http://dnb.ddb.de abrufbar.

EUROPÄISCHER
HOCH
SCHUL
VERLAG

Michael Heinrichs, Katja Marschall (Hrsg.)

Wege zu einer Intrapreneurship orientierten öffentlichen Verwaltung

Dokumentation der Tagung „Think Ahead – Move Forward"
vom 23. – 24. April 2008 in Güstrow

Schriftenreihe der Fachhochschule für öffentliche Verwaltung, Polizei und Rechtspflege Güstrow, Band 1

INHALT

Vorwort und Danksagung

Think Ahead – Move Forward, voraus denken – vorwärts bewegen lautete das Motto der ersten internationalen Fachtagung des Instituts für Fortbildung und Verwaltungsmodernisierung der Fachhochschule für öffentliche Verwaltung, Polizei und Rechtspflege vom 23.-25. April 2008.

Der nun vorliegende Tagungsband fasst die Vorträge der aus sechs europäischen Staaten angereisten Referenten zusammen und zeigt damit zugleich auf, wie facettenreich das Thema ist – und dass es moderner Verwaltung gut zu Gesicht steht, sich stärker oder schlimmstenfalls überhaupt mit unternehmerischen Denken und Handeln auseinanderzusetzen. Denn nach wie vor handelt die öffentliche Verwaltung eher reaktiv denn proaktiv, verursacht durch ein verengtes Binnenbewusstsein und wichtige Aspekte des gesellschaftlichen Lebens ausblendende Ausbildungsstrukturen. Kritische Auseinandersetzung hiermit ist geboten, ohne umgekehrt ohne eingehende Prüfung der Bedingungen der Möglichkeit einer Implementierung unternehmerischen Denken und Handelns in der öffentlichen Verwaltung das Wort zu reden.

Vor solchem Hintergrund soll der Tagungsband Initial für weitere gewinnbringende Auseinandersetzungen mit der Thematik und zugleich Beitrag dazu sein, unsere Verwaltung moderner und zukunftsfähiger zu machen und den hierfür erforderlichen Diskussionsprozess weiter voran zu bringen. Für die Ermöglichung dessen gilt mein besonderer Dank dem Leiter des Instituts für Fortbildung und Verwaltungsmodernisierung, Herrn Dr. Heinrichs, sowie seinem Team vom Institut für Fortbildung und Verwaltungsmodernisierung für die arbeitsreiche Organisation der Tagung sowie die Redaktion dieses Tagungsbandes, Herrn Hoppe vom Salzwasserverlag für die Aufnahme in das Verlagsprogramm – und die damit zugleich erfolgte Begründung der neuen Schriftenreihe der Fachhochschule für öffentliche Verwaltung, Polizei und Rechtspflege des Landes Mecklenburg-Vorpommern – sowie allen mitwirkenden Autoren, denen wir verdanken, dass wir über den Tellerrand der eigenen Welt hinausschauen durften.

Mein Dank gilt auch den Sponsoren der Veranstaltung, ohne die die Durchführung nicht möglich gewesen wäre: Deutsche Bundesbank Hamburg, HUK-Coburg Rostock, Hagebaumarkt Güstrow, Stadtwerke Güstrow und der Schlossquell Güstrow GmbH & Co. KG.

Prof. Dr. Bodo Wiegand-Hoffmeister
Direktor der Fachhochschule für öffentliche Verwaltung,
Polizei und Rechtspflege Güstrow

Einleitung

*Ich kann freilich nicht sagen, ob es
besser wird, wenn es anders wird.
Aber so viel kann ich sagen, es muss
anders werden, wenn es gut werden soll.*

Als der Schriftsteller und Physiker Georg Christoph Lichtenberg obigen Aphorismus verfasste, konnte er – wenn überhaupt – nur erahnen, wie die Zukunft aussehen würde. Und dennoch hat er mit seinem Aphorismus recht, wenn er die Forderung aufstellt, dass es anders werden muss, wenn es gut werden soll.

Änderungsbestrebungen in der öffentlichen Verwaltung gibt es seit langem, doch sind diese nur zu häufig im Diskussionsstadium stecken geblieben. Mit der Tagung zur Intrapreneurship orientierten Verwaltung wird der Versuch gewagt, Wege zu einer binnenunternehmerischen, proaktiv und innovativ handelnden öffentlichen Verwaltung aufzuzeigen. Um dieses Thema in großer Bandbreite diskutieren zu können, haben sich Vertreter aus Politik, Bildung und Verwaltung aus Deutschland und dem europäischen Ausland zu einem Meinungsaustausch in Güstrow zusammengefunden, um zu erfahren, was möglich ist, und anhand von praktischen Beispielen zu lernen. Allen war, vielleicht eher unbewusst, klar, dass etwas verändert werden muss, wenn es denn gut werden soll.

Referenten aus dem Bereich der Verwaltung

Thomas Lenz

Innenministerium
M-V
Staatssekretär

Prof. Dr. Alfred Gomolka

MdEP (MP a. D.)

Ulrich Boldt

Innenministerium
M-V
Referatsleiter

Referenten aus dem Bereich der Verwaltung

Lutz da Cunha

Arne Schuldt

Rolf Christiansen

Landrat des
Landkreises
Güstrow

Bürgermeister der
Stadt Güstrow

Landrat des
Landkreises
Ludwigslust

Referenten aus dem Bereich der Wirtschaft

Klaus-Michael Rothe

Claus Weiland

Dr. Ulrich Seidel

Industrie und
Handelskammer zu
Schwerin

HUK-Coburg

Unternehmerverband
Rostock und
Umgebung e.V.

Referenten ausländischer Institutionen

Prof. Dr. Bengt Johannisson

Prof. Dr. Håkan Ylinenpää

Johannes Flensted-Jensen

Nick Thijs

Prof. an der Universität Växjö (Schweden)

Prof. an der Universität Luleå (Schweden)

Bürgermeister von Århus (Dänemark)

Wissenschaftler und Forscher am Europäischen Institut für öffentliche Verwaltung Maastricht (Niederlande)

Referenten deutscher Institutionen

Prof. Dr. Dr. h.c. Ulrich Battis

Prof. Dr. Christian Friedrich

Prof. Dr. Reinhard Schulte

Prof. Dr. Gerald Braun

Prof. an der Humboldt-Universität zu Berlin

Prof. an der Verwaltungsfachhoch-schule in Giessen

Prof. an der Universität Lüneburg

Geschäftsführender Direktor des HIE-RO Instituts an der Universität Rostock

Referenten deutscher Institutionen

Prof. Dr. Wulf Damkowsky

Prof. an der Universität Hamburg

Dr. Markus Kowalzyck

Freiberuflicher Supervisor, Coach, Organisationsentwickler und Dozent

Dr. Alexander Wegener

interpublic berlin

Dipl. soc. oec. Claus Precht

Senior bei DPP (Damkowski, Precht & Partner)

Initiatoren:

Direktor der FHöVPR
Prof. Dr. Bodo Wiegand-Hoffmeister

Leiter des Instituts für Fortbildung und Verwaltungsmodernisierung
Dr. Michael Heinrichs

Prof. Dr. Dr. h.c. Ulrich Battis: *(Humboldt-Universität zu Berlin)*
„Intrapreneurship im Rahmen des aktuellen Dienstrechts"

I.
„Intrapreneurship bedeutet innerbetriebliches unternehmerisches Denken und Tun." (Heinrichs). Versteht man den Titel des Referats als Aufforderung zu einer Zustandsbeschreibung, so könnte die schlichte Antwort lauten: Intrapreneurship gibt es nicht im Rahmen des aktuellen Dienstrechts. Weder dem Begriff noch der Sache nach.

Auf den ersten Blick kann dies auch kaum überraschen, verbinden sich doch mit dem Begriff des Unternehmers Schumpeters Vorstellungen wie kreative Zerstörung und Agieren im Wettbewerb. Beiseite gesprochen: Schumpeter hat unter anderem auch dem Kapitalismus eine negative Prognose für die Zukunft ausgestellt.

Mit dem Begriff öffentliches Dienstrecht, speziell Beamtenrecht verbindet sich zunächst einmal der Begriff der öffentlichen Verwaltung im Sinne von Art. 20 II GG, nämlich vollziehende Gewalt, also eine Staatsgewalt, die Gesetze vollzieht, eine Staatsgewalt also, die verbindlichen Regeln unterliegt und geradezu in Idealform das „eherne Gehäuse der Bürokratie" (Max Weber) verwirklicht.

Ein Schlüsselbegriff für die öffentliche Verwaltung ist der der Kompetenz. Kompetenz wiederum bedeutet Handeln innerhalb von verbindlich zugewiesenen Schranken, Kompetenz ist geradezu der Gegenbegriff zu Wettbewerb. Wettbewerb zielt darauf, Konkurrenten im Markt Marktanteile abzunehmen, genau dieses ist aber innerhalb der an Kompetenzen gebundenen Verwaltung verboten. Keine Verwaltung darf in die Kompetenzen einer anderen eindringen, um diese zu verdrängen.

Etwas anderes gilt natürlich für die Erscheinungsformen der öffentlichen Verwaltung, die in privatrechtlichen oder öffentlich-rechtlichen Formen Dienstleistungen am Markt oder unter staatlicher Regulierung erbringen.
Nach landläufigen Vorstellungen ist der Beamte gerade der Gegenbegriff zum schöpferisch tätigen Unternehmer. Das schließt nicht aus, dass einzelne Beamte wie Frenzel (TUI), Rauscher (Vattenfall) oder von Benningsen-Foerder (Schöpfer der Veba) oder auch Scheer als Gründer und Chef von IDS Scheer, also einem der führenden IT-Häuser in Deutschland, Beamte waren oder auch noch sind und gleichzeitig als äußerst rührige Unternehmer tätig sind oder waren.

Ein Kapitel für sich sind schließlich die Beamten, die in Nebentätigkeit sich zu Unternehmern entwickeln. Wenig rühmliche Beispiele aus jüngster Zeit: Die beiden Professoren an der Fachhochschule Gelsenkirchen, die gerade wegen 10 Mio. Subventionsbetrug, allerdings uneigennützigem, verurteilt worden sind oder der (ehemalige) Polizeibeamte, der in Lybien einen Sicherheitsdienst aufgebaut und in nicht gemeldeter Nebentätigkeit mit Beamten betrieben hat.

Erlauben Sie bitte, dass ich mich noch einen Augenblick an dem im Info-Flyer skizzierten Gegenbild des Intrapreneurs innerhalb der öffentlichen Verwaltung reibe. Dort heißt es: „Individuelle Fehler und Fehleinschätzungen sind erlaubt". Dieser Satz ist, um es in aller Klarheit zu sagen, in einer rechtsstaatlichen Verwaltung schlicht falsch. Der Bedienstete, der etwa bei außenwirksamem Handeln individuelle Fehler macht, handelt rechtswidrig und verletzt Bürger in ihren subjektiven Rechten.

Auch mit Peer Gynt als Ideal eines Intrapreneurs im öffentlichen Dienst kann ich mich nicht anfreunden. Erinnert sei an die klagenden Worte seiner Mutter am Ende des Stückes über den allseits gescheiterten Peer Gynt. In der öffentlichen Verwaltung wäre er noch eher zu Grunde gegangen.

„Intrapreneurship und Spiel verbindet ein Atemzug, verbindet der Geist der Zukunft, der Geist des Herangehens an die Zukunft." Auch dies klingt einnehmend sympathisch, aber letztlich doch sehr romantisch und damit sehr deutsch. Erinnert sei an Schiller, selbst kein Freund der Romantik: Erst das Spiel der Kunst macht den Menschen ganz frei. Oder erinnert sei an den homo ludens und dessen Interpretation durch Hölderlin bis hin zu Nietzsche „Spiel als Grund des Seins", das aber endete mit dem Übermenschen im Weltspiel. Alles sehr schön nachzulesen bei Safranski "Romantik – eine deutsche Affäre", der aufzeigt, wohin es führt, wenn die ästhetische Revolution sich mit einer politischen verbindet. Das Spiel als Schlüsselbegriff der Romantik, übrigens gegen Schiller gewendet, als Ausdruck einer Kultur des als ob, damals angetreten, um die Tyrannei der Vernunft zu brechen. Mit regelgebundener öffentlicher Verwaltung hat das alles sehr wenig zu tun.

II.
Anders sieht das Bild aus, wenn die drei Ws des Flyers zugrunde gelegt werden:

- der Wille zur Verantwortungsdelegation,

- Wille zur Verantwortungsakzeptanz,

- Wille zur Verantwortungstransparenz.

Alle drei Ws sind einzeln und in ihrer Gesamtheit anschlussfähig an das Handeln der öffentlichen Verwaltung.

Das ist ganz neu nicht, wird doch die moderne deutsche Verwaltung weitgehend gesteuert

- durch Leistungsvorgaben - also Outputorientierung,

- durch Budgetierung, also Zusammenfassung von Fach- und Risikoverantwortung,

- zunehmend auch notwendigerweise von der Doppik – also Ressourcenverbrauchskonzept und schließlich

- durch ein strategisches Controlling.

Es ist daher auch kein Zufall, dass in einem jüngst erschienenen Praxisbericht von Hermann Pünder nach der vorstehenden Beschreibung der modernen deutschen Verwaltung ausdrücklich auch Beamte und Angestellte als Intrapreneure bezeichnet werden (Verwaltungsarchiv 2008, 102 / 126 unter Verweis auf Pünder, Haushaltsrecht im Umbruch – Eine Untersuchung der Erfordernisse einer sowohl demokratisch legitimierten als auch effektiven und effizienten Haushaltswirtschaft am Beispiel der Kommunalverwaltung, 2003, S. 28, Fn. 160).

Ein anderes Beispiel für die Anschlussfähigkeit der drei Ws findet sich im Bereich der Bundesverwaltung, nämlich in der Vereinbarung des Bundesministeriums des Innern mit dem DBB und dem DGB vom 5. Oktober 2007 „Für Innovation, Fortbildung und Führungskräfteentwicklung in der Bundesverwaltung".
Dort heißt es unter anderem: „Der öffentliche Dienst braucht eine innovationsfreundliche Verwaltungskultur. Die wichtigste Ressource des öffentlichen Dienstes ist sein Personal. Eine zukunftsorientierte Verwaltung ist nur zu erreichen, wenn die Beschäftigten ihre Ideen und Erfahrungen einbringen und Veränderungsprozesse im Rahmen einer kooperativen Führung mitgestalten können. (...) Die Leistungsstärke der Verwaltung hängt von eigenverantwortlich handelnden Beschäftigten ab. (...) Die öffentliche Verwaltung braucht auf allen Ebenen kompetente und engagierte Führungskräfte, die anforderungsgerecht ausgewählt werden. (...) Die öffentliche Verwaltung braucht ein professionelles, vorausschauendes und motivierendes Personalmanagement und eine Führungskultur, welche die Beschäftigten in Entscheidungen über Ziel und Maßnahmen einbezieht, dazu gezielte Personalentwicklungen, richtiger Personaleinsatz und motivierende Personalführung, Personalverantwortliche müssen vor allem die folgenden Bereiche aktiv gestalten." Dann folgen unter anderem Hinweise auf Aufbau entwicklungsfördernder Arbeits-, Kooperations- und Kommunikationsstrukturen z.B. durch Zielvereinbarungen, Personalführungsgespräche, Mitarbeitergespräche und Konfliktmoderation, Delegation von Verantwortung und Förderung von Eigenverantwortlichkeit und schließlich wird bei Fortbildung und Führungskräfteentwicklung ausdrücklich angesprochen: „Spezifische Personalförderprogramme wie Tauschprogramme mit der Wirtschaft oder internationalen Organisationen ergänzen das Angebot."

Als Beispiel für den letztgenannten Punkt kann auch angeführt werden die Vereinbarung zwischen dem Bundesministerium des Innern und der Hertie School of Governance über die Ausbildung von Angehörigen des Bundesinnenministeriums im Rahmen eines Studienganges Executive Master of Public Management. In diesem Studiengang arbeiten Angehörige der Hertie School of Governance und der Universität Potsdam zusammen mit weiteren Experten aus Wissenschaft und Praxis. In den Worten des Programmdirektors Jobst Fiedler: „Erstmals in Deutschland gibt es nun ein international ausgerichtetes Programm, das jene fachlichen Ergänzungen anbietet, die erfolgreiches Management erfordert: die Steuerung sektor- und ressortübergreifender Aufgaben, Teamführung und Controlling, Finanzmanagement und vieles mehr."

Leider ist die Beteiligung des Bundes zunächst auf fünf Bedienstete pro Studiengang beschränkt. Die Länder sind nicht beteiligt, haben zum Teil aber wie Baden-Württemberg oder Bayern schon länger eigene Programme in ihren Führungsakademien.

III.

Nun zum aktuellen Dienstrecht. Der Name des Dienstrechtsneuordnungsgesetzes (BT-Drs. 16 / 7076) ist, worauf H. A. Wolff zu Recht in der Anhörung am 07.04.2008 vor dem Bundestagsinnenausschuss hingewiesen hat, Programm. Es führt die Neuordnung im Kurztitel, nicht die Reform. Ziel des Gesetzes ist „das Berufsbeamtentum an die veränderten Rahmenbedingungen anzupassen und dadurch zukunftsfest zu machen", indem insbesondere das Leistungsprinzip befördert, die Wettbewerbsfähigkeit und Leistungsfähigkeit des öffentlichen Dienstes gestärkt, der Personaleinsatz flexibilisiert und die Mobilität verbessert und Eigenverantwortung, Motivation und Leistungsbereitschaft gestärkt, die Beamtenversorgung langfristig gesichert und eine aufwendige Bürokratie und Regelungsdichte vermieden werden sollen.

Anders als in den Nordländern, die die Laufbahngruppen auf zwei reduzieren oder anders als Bayern, das die Laufbahngruppen ganz abschaffen will, hält der Bund an den Laufbahngruppen fest, lediglich die Zahl der Laufbahnen soll reduziert werden.

Erklärtes Ziel ist die Einführung der Leistungsbesoldung. Gleichwohl ist der Eindruck vorherrschend, dass dieses Reformziel inzwischen mit „spitzen Fingern" angefasst wird. Das zeigte sich auch in der Anhörung. Zwar wird die Regelung im Tarifbereich als Vorbild hingestellt, konkrete Vorschläge liegen jedoch noch nicht vor. Der Elan des Eckpunktepapiers, das in einmaliger Weise der damalige Innenminister und die Vertreter von DGB und DBB gemeinsam vereinbart haben, ist dahin. Allerdings muss man auch zugeben, dass dieses Papier ein Abwehrpapier war, das die zentrale Kompetenz auf Bundesebene für das Ministerium und die Gewerkschaften bewahren wollte. In der Föderalismusreform I ist dieses Ziel verfehlt worden. Nun melden sich die auch zuvor schon vorhandenen Gegner der Leistungsbesoldung. Hinzu kommt vor allen Dingen aber eins: Leistungsbesoldung ist dann attraktiv, wenn es möglich ist, zusätzliche Mittel zu verteilen. Danach sieht es zurzeit in Deutschland nicht aus. Das ist ein Unterschied etwa zu Ländern wie Estland oder Finnland, in denen bei starkem Wirtschaftswachstum die Möglichkeit besteht, zusätzliche Mittel zu verteilen. In Deutschland geht es eher darum, Mittel auf Kosten der Bediensteten zunächst einzusparen, um sie ihnen dann wieder als Wohltat zukommen zu lassen. Gleichwohl, und dies zeigen auch die neueren Untersuchungen von Demmke, besteht gerade bei jüngeren Bediensteten sehr wohl die Neigung, stärker leistungsorientierte Besoldung zu akzeptieren.

Ein trauriges Kapitel ist die hier gerade im Mittelpunkt stehende Förderung der Mobilität zwischen öffentlichem Dienst, Privatwirtschaft und internationalen Organisationen. Schaut man sich die Regelungen im Einzelnen an, dann muss festgestellt werden, dass hier, wie Ziekow es formuliert hat, eine Einbahnstraße errichtet wird, nämlich Wechsel aus der Wirtschaft in die öffentliche Verwaltung nicht aber Wechsel aus der öffentlichen Verwaltung in die Wirtschaft. Zunächst einmal ist festzustellen, dass damit ein Hauptversprechen, das vor der Föderalismusreform Konsens war, nicht eingehalten wird, nämlich die Förderung des Wechsels aus dem Beamtenverhältnis in die Wirtschaft ohne Verlust der Versorgung. Dass nicht die gesamte Grundversorgung mitgenommen werden kann, darüber wird man reden können, aber gar keine Regelung ist unverständlich - Baden-Württemberg und Bayern wollen insoweit für ihre Beamte tätig werden.

Die Förderung des Wechsels aus der Wirtschaft in den öffentlichen Dienst ist als solche sicherlich lobenswert. Allerdings sollte nicht vergessen werden, was jüngst der Rechnungshof offen gelegt hat an Missständen in diesem Bereich. Große Unternehmen wie BASF, Lufthansa, SAP aber auch etwa die IG Metal oder der VDMA schicken gezielt in Bundesministerien ihre Bedienstete, damit diese Lobbyarbeit betreiben. Wir kennen derartige Vorgänge zwar schon aus Brüssel und auch aus dem einen oder anderen Bundesland, gerade kleineren, aber dem Ideal demokratischer Verfertigung von Gesetzen entsprechen diese Vorgänge nicht.

Erlauben Sie mir, dass ich zum Schluss auf einer so international besetzten Veranstaltung wie dieser noch kurz auf die unterschiedlichen Typen der öffentlichen Verwaltung in Europa eingehe.

In Deutschland und Frankreich haben wir eine sehr stark durch das bürokratische Modell geprägte öffentliche Verwaltung. Wobei in Frankreich die Besonderheit darin besteht, dass die Spitzen der öffentlichen Verwaltung Angehörige bestimmter Corps sind, die Jahrgänge der Grandes Ecoles bilden. Prägend ist die Mitgliedschaft in einem dieser Corps, die parteipolitische Orientierung, rechts oder links, ist sekundär. Maßgeblich dafür, wer jeweils im öffentlichen Dienst oder in der Wirtschaft tätig ist, ist, welche politische Farbe jeweils die Regierung stellt. Kommt es zu einem Regierungswechsel, geht die eine Farbe in die Wirtschaft und kommen die anderen aus der Wirtschaft in den öffentlichen Dienst zurück. Das ist ein Unterschied zum deutschen System, der grundlegend ist. Gemeinsam haben die deutsche und französische Verwaltung die Prägung durch das römische Recht.

Wenn wir dagegen uns den skandinavischen öffentlichen Dienst anschauen, so gilt zunächst einmal, dass hier sehr viel weniger wichtig die rechtliche Steuerung ist, dass mehr Sozialwissenschaftler in der Verwaltung tätig sind, dass der Schwerpunkt der Verwaltung die Kommunalverwaltung ist und das bedeutet in einem, abgesehen von Dänemark, sehr dünn besiedelten großen Raum, dass relativ wenige Menschen, die einander gut kennen, in kommunalen Verwaltungen insbesondere auch im sozialen Bereich fördernd tätig sind.

In den Reformstaaten Mittel- und Osteuropas haben wir ein mixtum compositum aus den verschiedenen europäischen Verwaltungstypen, zu denen natürlich auch der angelsächsische Typ zählt, der aber im gemeinsamen europäischen Recht ohnehin eine sehr starke Rolle spielt. Für das europäische Recht und das englische gilt, dass das Black Letter Law eine geringere Rolle als nach dem kontinentaleuropäischen Modell spielt, dass die Grenzen zwischen Verwaltungsrecht und nach unserem Verständnis Verwaltungswissenschaft sehr viel durchgängiger sind, dass exekutive Agenturen und Netzwerkstrukturen zwischen öffentlicher Verwaltung und privaten, sei es Unternehmern, sei es Vertretern des dritten Sektors, kooperieren, dass statt Gesetzesvollzug shared management etwa im Agrarsektor oder bei den Strukturfonds vorherrscht, dass entgegen den jüngsten Träumen deutscher Verwaltungsrechtswissenschaftler nicht von Steuerung die Rede ist, sondern stattdessen von Governance. Es ist schon verwunderlich, dass der Begriff der Steuerung, der ein spätes Relikt der Kybernetik der 70er Jahre ist, nach deren ruhmlosen Untergang immer noch eine Rolle spielt. Gar nicht genug kann betont werden, dass im angelsächsischen und zunehmend auch im europäischen Recht Verfahren als Verwaltungsverfahren gemeint ist und nicht wie bei uns in erster Linie als Gerichtsverfahren, dass Access nicht wie bei uns Zugang zu Gericht meint sondern Zugang zu Verwaltungsverfahren, dass schließlich wie schon der Richter Bellemy vor Jahrzehnten gesagt hat: „While continental lawyers tend to think in terms of substantive rights, common lawyers clearly focus on procedures, remidies and due process." Es geht um Verfahrensbeteiligung, nicht um materielle Ansprüche, die mit Hilfe von Gerichten durchgesetzt werden, um Richtigkeitsgewähr durch Verfahren statt Durchsetzung subjektiver materieller Rechte mit Hilfe der Gerichte.

Diese modellhaft verkürzten Veränderungen schlagen sich nieder in Deregulierungen und Bürokratieabbau, ein Begriff, der in der letzten Koalitionsvereinbarung auf Bundesebene der meistverwendete Begriff ist. Die Erfolge durch den Normenkontrollausschuss sind doch eher bescheiden. Ob die Föderalismusreform II große Veränderung bringen wird, bleibt abzuwarten.

Noch ungebrochen ist der Prozess der Privatisierung, der durchaus einhergeht mit neuen Regulierungsformen und damit auch partiellem Bürokratieaufbau.

Ungeachtet der haushaltsrechtlichen Widrigkeiten schreitet der Prozess der Ö-P-P fort, dass zeigt sich nicht zuletzt darin, dass im Verwaltungsverfahrensgesetz insoweit die Vorschriften über den öffentlich-rechtlichen Vertrag fortgeschrieben werden sollen.
Die Reformen der letzten Jahre haben unumkehrbar dazu geführt, dass Wirtschaftlichkeit und Effektivität in der Verwaltung heute eine andere Rolle spielen als früher. Das prägt unvermeidlich auch das Denken und Handeln der Bediensteten. Die Politik wird in keinem Fall nachlassen, den öffentlichen Dienst, ob zu Recht oder zu Unrecht, zu mahnen und anzutreiben. Bedienstetenbashing ist in der Öffentlichkeit und in der Politik eine der beliebtesten Beschäftigungen. Erinnert sei an eine Äußerung des Papstes aus dem letzten Jahr. Gefragt wie viele Menschen im Vatikan arbeiten, soll er geantwortet haben: „Die Hälfte".

Stefan Bäni (Jugendfachstelle Lyss und Umgebung, Schweiz)
„Vision 117 - Soziale Arbeit für und mit Kindern und Jugendlichen im Umbruch"

Meine sehr geehrten Damen und Herren,

Ich bin aus der Schweiz angereist um Ihnen ein Beispiel aus der Praxis vorzustellen. Es geht dabei um die Organisation und die Arbeitsweisen der Jugendfachstelle Lyss und Umgebung. Wir wurden eingeladen, weil wir am letztjährigen European Public Sector Award (EPSA) eine Auszeichnung im Themenfeld „Gemeinsam Handeln" entgegen nehmen durften.

Ich werde also in der nächsten halben Stunde folgender Frage nachgehen:

Wie kann Soziale Arbeit für und mit Kindern und Jugendlichen bedürfnis- und zielorientiert organisiert werden?

Wie sie sehen, habe ich mein Referat Vision 117 genannt, warum werden sie am Schluss erfahren. Wie sie auch am Titel erkennen können, geht es um Soziale Arbeit mit Kindern und Jugendlichen.

Dazu werde ich am Anfang kurz auf die Terminologie eingehen, weil diese von Land zu Land verschieden interpretiert werden. Bevor ich auf unsere Organisation, unser Angebot und natürlich unsere Vision eingehe, führe ich noch ein paar Informationen bezüglich der regionalen Verhältnisse aus.

Terminologie
Wenn in der Schweiz von offener Jugendarbeit gesprochen wird, ist damit meistens soziokulturelle Animation gemeint. Das heißt zum einen, den jungen Menschen werden Räume, sogenannte SchülerInnen- oder Jugendtreffs, zur Verfügung gestellt, wo sie unter sich sein können, sei dies zum spielen, schwatzen, flirten usw. Der Jugendarbeiter oder die Jugendarbeiterin hat die Aufsichtspflicht und versucht zu den regelmäßigen BesucherInnen eine Beziehung aufzubauen um ev. auftretende schulische oder auch persönliche Probleme frühzeitig zu erkennen und anzugehen. Wie und ob dies gemacht wird, ist kaum genauer definiert. Zum anderen, das animatorischen Freizeitprojekte realisiert werden. Die Durchführung von partizipativ organisierten Projekten kann als zweites Standbein der offenen Jugendarbeit genannt werden. Hier sind die Professionellen stark gefordert, müssen doch die Angebote ausreichend attraktiv sein, damit die Jugendlichen bereit sind, ihre Freizeit zu opfern, um bei der Organisation mitzumachen. Jugendarbeit versteht sich also per Definition als rein außerschulisches Angebot und versucht dementsprechend so niederschwellig wie möglich zu funktionieren. Die Professionellen verstehen sich oft als „Anwälte" der Jungen und vermeiden in der Regel den Kontakt zum sozialen Umfeld der Jugendlichen, abgesehen von der Peer Group. Im Laufe des Referates wird auch oft der Begriff traditionelle Jugendarbeit verwendet, damit ist die soeben erläuterte animatorische oder offene Jugendarbeit gemeint.

Bei der Schulsozialarbeit (SSA) geht es um konkretere Hilfestellungen. Schulsozialarbeitende beraten Kinder, Eltern und auch Lehrkräfte in sozialen Problemstellungen, welche in irgendeiner Form mit der Schule zu tun haben. Zudem bieten sie Klassenprojekte und Klasseninterventionen an. Oft wirken sie dabei als „ÜbersetzerInnen" zwischen den Lehrkräften, Eltern und SchülerInnen. Im Kontext der SSA noch speziell zu erwähnen, gilt es die Unterscheidung von interner und externer SSA. Sprechen wir von interner SSA, bedeutet dies, dass der oder die SozialarbeiterIn das Büro in der Schule hat und meist nur für ein Schulhaus verantwortlich ist. Die Nähe zur Zielgruppe ist also örtlich gegeben. Extern bedeutet dementsprechend, dass der Arbeitsort außerhalb angesiedelt ist. Meist ist die externe Schulsozialarbeit für mehrere Schulhäuser verantwortlich. Beide Formen haben ihre Vor- und Nachteile, welche je nach Problemstellung im jeweiligen Setting gegeneinander abgewogen werden müssen. Für kleinere Gemeinden und Schulhäuser ist es aus finanzieller Sicht meist nicht möglich eine solche Stelle anzubieten. Es sei denn, sie bieten eine 20% Anstellung, was wiederum wenig Sinn macht.

Für die Besetzung von Stellen in der SSA macht es meiner Ansicht nach Sinn, wenn diese in Teams, jeweils eine Frau und ein Mann arbeiten können. Auch hier ist die externe SSA aus Ressourcengründen im Vorteil.

Politische Situation in der Schweiz und im Kanton Bern

Nun kurz zur politischen Situation in der Schweiz. Die Schweiz ist unterteilt in 23 Kantone, respektive 26, wenn man die Halbkantone mit zählt. Sie ist föderalistisch organisiert, eine politische Organisationsform und Tradition, welche geschätzt und gelebt wird. Dies heißt nichts anderes, als dass die Kantone in sehr vielen Belangen große Autonomie besitzen. Der Bund gibt einzig die Rahmenbedingungen vor, für die Umsetzung sind jeweils die Kantone verantwortlich. Die Kantone sind also für die Schule wie auch für die Jugendarbeit die Gesetzgebenden. Die Gemeinden sind die Ausführenden, die sich innerhalb der kantonalen Gesetzgebung frei bewegen dürfen. Dies führt in der Schule beispielsweise dazu, dass fast alle Gemeinden eine eigene Ferienregelung haben.

Bezahlt wird die Schule zu 100% durch den kantonalen Lastenausgleich. Im Gegensatz dazu ist die Jugendarbeit vom Bund nicht vorgeschrieben und wird daher längst nicht von allen Kantonen finanziell unterstützt. Der Kanton Bern ist in dieser Hinsicht vorbildlich und bezahlt 80% der Kosten für die Jugendarbeit aus dem kantonalen Lastenausgleich. 20% müssen durch die Gemeinden selbst beigesteuert werden.

Im Kanton Bern ist im Moment ein Projekt im Gange, welches versucht, die Jugendarbeit zu regionalisieren, dass heißt, Gemeinden sollen sich zu Gemeindeverbunden zusammenschließen. Alle Gemeindeverbunde, die mehr als 10000 Einwohner zählen, kommen in den Genuss der oben erwähnten 80% der Kostendeckung. Das Projekt wird 2009 evaluiert. Dieses Projekt hat zur Folge, dass nun schon die Hälfte der Gemeinden im Kanton Bern irgendeine Form von Jugendarbeit anbieten. Die Zahlen sind beachtlich, zwischen 2003 und 2006 haben sich 140 von gesamthaft 395 politischen Gemeinden neu organisiert um Jugendarbeit anzubieten. Vor der Regionalisierung waren es nur gerade 60 Gemeinden. Es ist aber leider auch eine Art „Wildwuchs" zu erkennen, vielerorts wird zwar Jugendarbeit angeboten, meist aber ohne vorangehende Bedarfsanalyse. Gemeinden können sich ohne großen finanziellen Aufwand Jugendarbeit auf die Fahne schreiben und überlegen sich häufig nicht, wie diese konkret aussehen könnte. Wurden alternative Vorschläge geprüft? Hat man sich von den Professionellen überhaupt alternative Vorschläge eingeholt? Haben sich die Professionellen der Jugendarbeit überhaupt Gedanken gemacht, wie eine moderne, erweiterte Jugendarbeit aussehen könnte? Wurden die Gemeindevertretungen - meist Laien in diesem Gebiet - hinreichend informiert? Wurden ihnen Studien und Belege für die Wirksamkeit von soziokultureller Animation gezeigt? In den meisten Fällen würden diese Fragen wohl mit nein beantwortet. Deshalb finden sich im Kanton Bern weiterhin fast ausschließlich Angebote im traditionellen Jugendarbeitsbereich. Für mich ist es aber klar, dass sich die traditionelle Jugendarbeit öffnen und ausweiten muss. Um Jugendprobleme anzugehen, reicht es m.E. nicht, den jungen Menschen ein Jugendhaus zur Verfügung zu stellen und partizipative Projekte zu organisieren. So wichtig dies auch sein mag, es deckt nur einen Teil des Bedarfs ab.

Der Kanton verlangt nun ein recht aufwendiges Reporting von den Gemeinden um die Qualität der Angebote zu prüfen und zu entscheiden, wie die Gelder in Zukunft verteilt werden sollen. Ich begrüße diese zunehmende Einflussnahme, werden damit doch Standards gesetzt, die sich positiv auf die Ergebnisqualität auswirken könnten.

Regionale Verhältnisse

Von den Problemstellungen her unterscheidet sich die städtische Jugendarbeit auf verschiedenen Ebenen von der ländlichen. Aus diesem Grund noch ein paar Informationen zu den regionalen Verhältnissen, in welchen die Jugendfachstelle Lyss und Umgebung aktiv ist. Lyss und Umgebung kann grob als vorstädtisch-ländlich bezeichnet werden. Nebst dem traditionellen Kleingewerbe und der Landwirtschaft gibt es Angebote im Bereich Dienstleistungen. Speziell zu erwähnen gilt es die Maschinen und Uhrenindustrie, welche in der erweiterten Region sehr präsent ist. Lyss gilt als Kleinstadt mit Zentrumsfunktion für die umliegenden Gemeinden.

Organisation und Angebote der Jugendfachstelle Lyss und Umgebung

Die JFS wurde 2004 im Zuge der Regionalisierung der Offenen Jugendarbeit gegründet. Während anfangs drei Gemeinden und ca. 15000 Einwohner zum Einzugsgebiet gehörten, sind es im Moment 17 Gemeinden und ca. 50000 EinwohnerInnen. Diese Größe stellt für unsere Ressourcen und für die Professionalität unseres Angebotes klar die oberste Grenze dar. Das Wachstum geschah, ohne vom Kanton mehr Geld zu erhalten, da es sich bei dieser Regionalisierung um ein Projekt handelt und keine Nachtragskredite gewährt werden können. Innovation und scheinbar gute Arbeit wurde bis jetzt also noch nicht belohnt. Aus diesem, rein finanziellen Grund, mussten wir einen Aufnahmestopp für Gemeinden verhängen, obwohl es an Anfragen nicht fehlen würde. Diese fehlende Unterstützung durch Kanton kann als großes Problem bezeichnet werden. Wenn man die Situation aber aus dem Blickwinkel betrachtet, dass Widerstände und Schwierigkeiten eine Aufforderung sind die Organisation noch weiter zu verbessern, die Abläufe noch optimaler zu gestalten, können dabei auch positive Energien freigesetzt werden.

Wir sind ein kleines Team, zugegebenermaßen ein zu kleines, um ein Gebiet mit ca. 17 Gemeinden und 4500 SchülerInnen abzudecken. Drei SozialpädagogInnen und drei Studierende der Sozialen Arbeit in berufsbegleitender Ausbildung sind zu wenig, um unsere Angebote auf langfristiger Basis professionell und qualitativ hochstehend anbieten zu können. Wir gehen davon aus, dass uns nach der Projektevaluation 2009 klar mehr finanzielle Mittel zur Verfügung stehen.

Angebote und Arbeitsweise der Jugendfachstelle Lyss und Umgebung
Die JFS hat drei Hauptschwerpunkte:

1. Prävention und Gesundheitsförderung
2. Beratung
3. Animation

Zusätzlich haben wir noch eine bestimmte Schnittstellenfunktion und machen Öffentlichkeitsarbeit. Wie wir diese Schwerpunktthemen bearbeiten, will ich in der Folge kurz erläutern.

Wir haben im Gegensatz zu der traditionellen Jugendarbeit wenige Berührungsängste mit den Schulen. Im Gegenteil, dort geschieht ein großer Teil unserer Arbeit. Wir sind täglich in Schulklassen, Unter- und Oberstufe, anzutreffen. Wir bieten verschiedene Workshops an. Diese dauern in der Regel 8-10 Lektionen und beinhalten zudem einen Elternabend.

Im Selbstbehauptungs-Workshop geht es darum die eigenen Stärken kennen zu lernen. Dort setzen wir unter anderem auch Karate und Tai Chi Elemente ein.

Ein weiterer Workshop ist die Sexualerziehung, die zwar im Schulplan vorgeschrieben ist, von den meisten Lehrkräften aber ungern angegangen wird, da sie leicht in einen Rollenkonflikt geraten können. Oft wird dieses Thema dann nur nebenbei behandelt. Dabei erachte ich die Sexualaufklärung als ein für Kinder und Jugendliche eminent wichtiges Thema. Im Internetzeitalter bekommen die Kinder per Knopfdruck die ganze Welt der Erwachsenen mit, können diese aber noch nicht einordnen. So entsteht eine fast emotionslose Auseinandersetzung mit der Sexualität, was individuelle wie auch gesellschaftliche Probleme nach sich ziehen kann.

Dann nicht zuletzt die Suchtaufklärung, in der wir möglichst neutral informieren und vor allem auch auf Themen wie Frust und den Gruppendruck eingehen.

Leider sind Kriseninterventionen einer der häufigsten Workshops die durchgeführt werden. Das heißt, bei Mobbing oder Gewaltvorfällen arbeitet ein Team der JFS während einer gewissen Zeit mit der Klasse, den Lehrkräften und auch den Eltern.

Die JFS versucht bewusst möglichst das ganze System, in welchem sich Kinder und Jugendliche aufhalten, zu beachten. Dazu gehören in erster Linie natürlich auch die Eltern, welche jeweils nach Workshops zu einem Elternabend eingeladen werden und je nach Bedarf über eine gewisse Zeit begleitet werden. Dank diesen Workshops und den Elternabenden genießt die JFS einen hohen Bekanntheitsgrad und kann damit auch niederschwellig arbeiten. Sollten nämlich individuelle Familienprobleme auftauchen, ist es für Erziehungsberechtigte einfacher, bei uns anzurufen als bei einer anderen, ihnen noch fremden und damit „gesichtslosen" Beratungsstelle. Auch für die Kinder und Jugendlichen ist es meist einfacher sich an jemanden zu wenden, den sie schon kennen. Die Workshops haben nebst ihrer präventiven und gesundheitsfördernden Wirkung also zugleich eine Brückenfunktion zu Jugend-, Eltern und Fachberatungen.

Aus den Workshops ergeben sich dann auch oft Fachberatungen oder Begleitungen/Coaching von Lehrkräften in sozialen Fragestellungen.

Durch die Zusammenarbeit mit den Schulen und den SchülerInnen können wir zudem animatorische Projekte schnell bekannt machen. Aus Ressourcengründen und dementsprechender Prioritätensetzung ist die animatorische Arbeit leider immer noch unser Stiefkind.

Wir hoffen, dass 2009 vom Kanton mehr Gelder für unsere Fachstelle gesprochen werden. Diese würden mehrheitlich in den Ausbau unseres soziokulturellen Angebotes investiert.

Etwas weiter oben wurde kurz die Schnittstellenfunktion der JFS erwähnt. Damit ist gemeint, dass die JFS Anlaufstelle für Jugendfragen für verschiedenste Akteure/Akteurinnen ist; Seien dies die Gemeinden, die Eltern, Kinder und die Schulen, aber auch stationäre Einrichtungen im Falle einer Fremdplatzierung. Des Weiteren haben wir Kontakt mit der Polizei, speziell mit ihrer neu geschaffenen Präventionsstelle, mit Psychiatrischen Diensten und den Kirchen.

Organisation der JFS

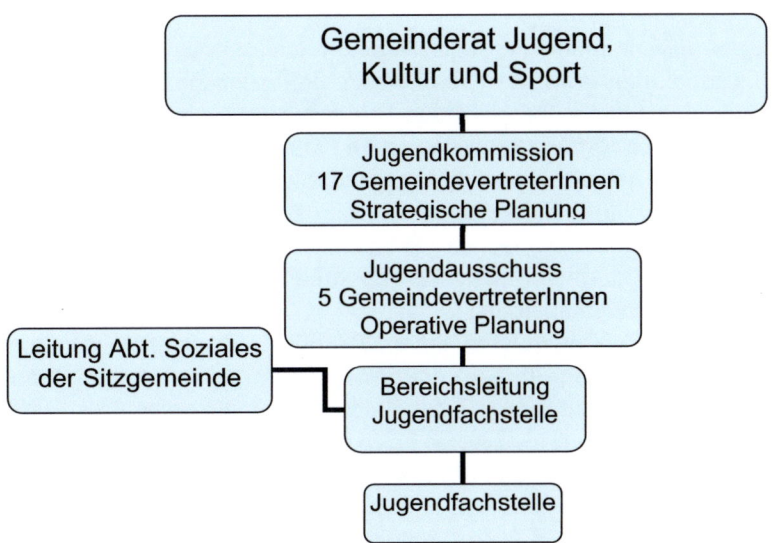

Als oberste Instanz wirkt die Gemeinderatsvertreterin der Sitzgemeinde Lyss, darunter steht die Jugendkommission, die sich in erster Linie der strategischen Planung der Jugendfachstelle widmet. Hier erhält aus allen Anschlussgemeinden eine Vertretung Einsitz. Auf der nächsten Stufe steht der Jugendausschuss. In diesem, für die operative Planung zuständigen Gremium, sind fünf gewählte Gemeinderatsmitglieder vertreten. Als zusätzliches übergeordnetes Kontrollorgan fungiert die Leitung des Sozialdienstes der Sitzgemeinde Lyss. Alle personellen und strategischen Entscheidungen werden noch durch diese Instanz abgesegnet.

Identität der JFS

Die JFS versteht sich als Kompetenzzentrum für Jugendfragen. Wir bieten Schulsozialarbeit, soziokulturelle Animation, Jugend und Elternberatung unter einem Dach an. Nächste Schritte sind weiterer Ausbau dieses Angebotes und die Schaffung einer Stelle für Streetwork. In diesem Gebiet wurde von verschiedenen Gemeinden klar ein Bedürfnis angemeldet. Wir könnten uns auch vorstellen, dass in Zukunft auch die schulische Sonderpädagogik bei uns angesiedelt ist. Wir möchten, dass alle kinder- und jugendspezifischen Anliegen der verschiedensten involvierten Systeme an einem Ort behandelt werden. Eine solche Arbeitsweise und Organisation erfordert ein Umdenken, welches einem Paradigmawechsel gleichkommt. Oder besser gesagt, zwei Paradigmenwechsel:

1. Gemeinden müssen anfangen zusammen zu arbeiten. Ein durch gesellschaftliche und wirtschaftliche Entwicklungen bedingter Prozess, der in der ganzen Schweiz - und natürlich nicht nur bezüglich Jugendarbeit - am Entstehen ist. Dieser Wechsel erfordert ein Umdenken, ist doch die Gemeindeautonomie in der Schweiz historisch gewachsen und über Jahrhunderte hinweg behütet und hochgehalten worden. Diese Kostenteilung ermöglicht es auch kleineren Gemeinden Jugend- und Schulsozialarbeit anzubieten. Diese Zusammenlegung von Ressourcen hat wiederum einen Einfluss auf die Teamgröße.

2. Im Professionsverständnis der Jugendarbeitenden muss eine Neuorientierung stattfinden. Kooperation erfordert Offenheit und Reflexionsbereitschaft. Wenn sich die Jugendarbeit vor der aufkommenden Schulsozialarbeit zu stark abzugrenzen versucht, sie sich nicht öffnet und auch andere Personensysteme in ihre Arbeit mit einbezieht, wird sie immer mehr in Frage gestellt werden. Vor einer ähnlichen Problematik steht auch die Schulsozialarbeit. Wenn sie sich nicht dafür interessiert, was Kinder und Jugendliche außerhalb des Schulhofes treiben und sie die Zusammenarbeit mit den JugendarbeiterInnen und den Streetworkern nicht sucht, wird auch dieses Angebot Stückwerk bleiben.

   Aber auch Verwaltungen müssen lernen. Sie müssen flexibler werden, mehr Organisation denn Institution sein, ganz speziell in der Arbeit mit Jungen Menschen. Die JFS hat ihre Zusammenarbeit mit den umliegenden Systemen organisiert und nicht institutionalisiert. Sie will als System offen sein um flexibel auf Umwelteinflüsse und Erwartungen reagieren zu können. Sie muss in der Zusammenarbeit mit den Schulen und den anderen KooperationspartnerInnen flexibel sein. Institutionen bauen auf ritualisierten Abläufen und fixen Prozessen. Sie tendieren auch zur Überstrukturierung und damit entsteht die Gefahr, dass den Professionellen wenig alternative Handlungsmethoden zur Verfügung stehen. Dies macht für einzelne Verwaltungsgebiete durchaus Sinn. Ein Kompetenzzentrum für Jugendfragen muss aber immer alternative Handlungsansätze prüfen und gewillt sein diese auch umzusetzen. Erst durch diese Offenheit des Systems kann sich eine fruchtbare und effiziente Zusammenarbeit ergeben.

   Es wurde auch festgestellt, dass durch diese Zusammenarbeit die Früherkennung von Problemen optimiert wurde und die verschiedensten Systeme voneinander lernen und sich dadurch weiterentwickeln können.

Vision

Schlussendlich noch die Auflösung des etwas mysteriösen Titels des Referats, „Vision 117". Die 117 ist der Polizeinotruf in der Schweiz, analog zur 112 in Deutschland. Ich muss nicht bei Raub die 115, bei einer Schlägerei die 116, bei einem Einbruch die 118 usw. anrufen. Ich habe eine allgemeingültige Nummer. Ein ähnliches Prinzip streben wir mit unserer Jugendfachstelle oder Kompetenzzentrum an. Bei Jugendfragen soll eine Nummer pro Region zum Ziel führen. Dort kann ich mich hinwenden und mein Anliegen platzieren. Sei dies ein Anliegen einer Schule, eines Elternteils, einem Kind: das Problem gelangt an den richtigen Ort. In unserer Region haben wir das zu einem Teil geschafft, sind aber noch lange nicht am Ende. Zurzeit decken wir für die Größe unseres Teams ein zu großes Gebiet ab. Um noch näher am lokalen Geschehen zu sein, fassen wir mittelfristig die Eröffnung von Satelliten in ca. zwei Gemeinden unseres Einzugsgebietes ins Auge.

Und so stelle ich mir die Jugendarbeit im Kanton Bern in Zukunft vor: verschiedene regionale Kompetenzzentren mit jeweils zwei drei Satelliten in ihrem Einzugsgebiet. Damit könnten unglaublich viele Synergien geschaffen werden. Es hätte z.B. SuchtspezialistInnen, SpezialistInnen für Sexualpädagogik, solche für soziokulturelle Animation usw. Nebst den personalen und materiellen Ressourcen die eingespart würden, könnten solche Zentren viel zur Professionalisierung der Arbeit für und mit jungen Menschen beitragen.

Ich bin überzeugt, dass unsere Interpretation von Jugendarbeit eine Möglichkeit darstellt, die individuellen und gesellschaftlichen Probleme, welche direkt oder indirekt mit jungen Menschen zu tun haben, anzugehen.

Beatrix Behrens (Zentrale der Bundesagentur für Arbeit)

„Demografiesensible Personalpolitik als unternehmesstrategische Herausforderung der öffentlichen Verwaltung"

<u>Allgemeine Anmerkungen</u>

Seit Jahrzehnten steht die Einführung eines modernen Personalmanagements auf der Agenda von Verwaltungsreformen. Gleichzeitig erfordern die demografische Entwicklung sowie die zunehmende Globalisierung und Internationalisierung auch vor dem Hintergrund des sich abzeichnenden Fachkräfte- und Nachwuchsmangels einen Paradigmenwechsel in der Personalpolitik der öffentlichen Verwaltung. Diese muss sich als attraktive Arbeitgeberin neben Unternehmen der Privatwirtschaft am Markt positionieren. Mit dem Portfolio einer klassischen, traditionellen Personalverwaltung erscheint dies nur schwer möglich. Die öffentliche Verwaltung braucht aus meiner Sicht entsprechende leistungs- wie mitarbeiterorientierte Personalmanagementkonzepte.

Leistungsorientierung, Motivation und Arbeitszufriedenheit heißen somit die personalstrategischen Herausforderungen für die öffentliche Verwaltung. Eine stärkere Leistungsorientierung kann sich in diesem Zusammenhang aber nicht nur auf die Bezahlung beziehen, um Motivation und Arbeitszufriedenheit der Beschäftigten zu fördern. Denn um neben Leistungsbereitschaft auch Kreativität, ein verändertes Dienstleistungsverständnis und das Gefühl eines „Mitunternehmertums" entstehen zu lassen, ist ein breiterer Reformansatz im Sinne eines integrierten und ganzheitlichen Personalmanagements erforderlich. Alle Prozessfunktionen des Personalwesens – insbesondere Personalentwicklung, Rekrutierung und Kompetenzentwicklung – sollten deshalb bei einem solchen Konzept in ihrer Wirkung aufeinander abgestimmt sein. Ein modernes Personalmanagement mit entsprechender Flexibilität und Servicementalität unterstützt die operativen Prozesse und ist daher für eine moderne, effektive und effiziente Verwaltungssteuerung unabdingbar. Gleichzeitig geht es mit der Organisationsentwicklung Hand in Hand. Das Personalmanagement sollte schließlich auf das Leitbild abgestimmt sein. Die in Leitbildern und Führungsgrundsätzen verankerten Strategien müssen aber darüber hinaus „mit Leben" gefüllt werden, damit sie „gelebte" Verwaltungskultur werden und Akzeptanz bei den Beschäftigten finden.

<u>Anforderungen an die Personalpolitik der öffentlichen Verwaltung</u>

Die Bundesagentur für Arbeit hat sich mit ihrem integrierten Personalmanagementkonzept den oben benannten Herausforderungen gestellt und einer vorausschauenden Personalpolitik die entsprechende Priorität eingeräumt. Ein innovatives Schwerpunktprojekt ist eine demografiesensible Personalpolitik, welche mit dem Diversity Management verzahnt ist.

Auch wenn die öffentliche Verwaltung kein „Global Player" ist, sind der demographische Wandel und das Diversity Management für Wirtschaft und Verwaltung gleichermaßen die strategischen Herausforderungen der Zukunft. Denn auch für die Verwaltung gilt der amerikanische Grundsatz: „Worforce is diverse".

Der demografische Wandel ist wesentlich durch drei Faktoren geprägt:

- die rückläufige Geburtenrate,
- die älter werdende Gesellschaft und damit auch ein älter werdendes Arbeitskräftepotenzial,
- die weltweite Migration vor dem Hintergrund der Globalisierung und Internationalisierung.

In der Folge wird das Arbeitskräfteangebot auf dem Arbeitsmarkt einerseits künftig älter und hinsichtlich der Kompetenzen vielfältiger. Andererseits verschärft sich der Wettbewerb um Fach- und Nachwuchskräfte. Das steigende Erwerbspersonenpotential von Frauen gewinnt an Bedeutung. Gesamtgesellschaftlich zeichnet sich schließlich ein Wertewandel im Hinblick auf die Gewichtung von Beruf und Privatleben hin zu einer stärkeren Betonung der Work-Life-Balance ab.

Der demografische Wandel wird, so die These, das Verständnis von Kunden- und Mitarbeiterorientierung auch in der öffentlichen Verwaltung nachhaltig beeinflussen. Im Hinblick auf die Haushaltskonsolidierung bei gleichzeitig beabsichtigter Effektivitäts- und Effizienzsteigerung im Dienstleistungsspektrum stellt der demografische Wandel daher auch in dieser Hinsicht (personal-) strategische und unternehmerische Anforderungen an die Verwaltungsmodernisierung und erfordert:

- Ein Dienstleistungsspektrum, welches auf eine älter und vielfältiger werdende Bevölkerung zugeschnitten ist,
- ein modernes Serviceverständnis,
- die Positionierung als wettbewerbsfähiger Standort im Rahmen von Wirtschaftsförderung und Regionalentwicklung,
- die Entwicklung des Arbeitskräftepotenzials in der Region, um dem Nachwuchs- und Fachkräftemangel zu begegnen,
- Strategien angesichts der rückläufigen Entwicklung der Haushaltslage.

Die Erhöhung der Wertschöpfung und Sicherung des „Geschäftserfolgs" erfordern:

- Die Entwicklung von vorausschauenden Personalstrategien und ihre konkrete Umsetzung durch die Personalpolitik. Hier sind nicht nur kurzfristig greifende Maßnahmen erforderlich, sondern zumindest auch in der mittelfristigen Perspektive unternehmerisches Denken und die Förderung des Gedankens des Mitunternehmertums im Verwaltungshandeln.
- Ein Personalmanagement als „Business-Partner" der operativen Einheiten anstelle einer reinen Personalverwaltung,
- ein pro-aktives Handeln durch die Personalbereiche und die interne Personalberatung zur Unterstützung der Führungsprozesse.

Hier lassen sich die Ideen eines „Entrepreneurship" gut integrieren, um auch die Identifikation mit dem Arbeitgeber zu fördern.
Gleichzeitig wird die Förderung einer von Wertschätzung geprägten Verwaltungskultur an Bedeutung gewinnen. Denn gerade das Diversity Management erfordert eine stärker von Werten geprägte Personalpolitik.

Eine Personalpolitik, die im Wettbewerb um leistungsfähige Mitarbeiterinnen und Mitarbeiter bestehen und so die Voraussetzung für das Erreichen der geschäftspolitischen Ziele und für den Erfolg sichern will, muss die mit dem demografischen Wandel verbundenen Herausforderung annehmen. Die Sicherung der Beschäftigungsfähigkeit (Employability), die Mitarbeiterbindung (Retention) sowie die Identifikation mit der Aufgabe und den öffentlichen Arbeitgebern sind in diesem Zusammenhang zentrale Aufgaben.

Der personalstrategische Ansatz der Bundesagentur für Arbeit

Daher eine demografiesensible, welche die Ideen des Diversity Management zielgruppenorientiert nutzt und die bestehenden strategischen Herausforderungen zusammenführt. Die BA hat bereits früh die „Charta der Vielfalt" im Bundeskanzleramt unterzeichnet und hat 2007 beim European Public Sector Award für die demografiesensible Personalpolitik ein Diplom erhalten. Ebenso hat sie 2008 die Erklärung Erfolgsfaktor Familie der gleichnamigen Initiative unterzeichnet und ist im selben Jahr bereits zum dritten Mal mit dem Total E-Quality Prädikat für ihre familienorientierte Personalpolitik ausgezeichnet worden.

Mit ihrem personalpolitischen Ansatz verfolgt die BA das Ziel, die Kundenorientierung zu verbessern und den Geschäftserfolg sicherzustellen sowie sich im Wettbewerb um leistungsfähige Mitarbeiterinnen und Mitarbeiter als attraktive Arbeitgeberin zu positionieren. Allein über die leistungsorientierte Bezahlung wird dies insgesamt im öffentlichen Dienst mittelfristig nicht möglich sein. Daher wird eine „Verbundlösung" mit nonmonetären Leistungsanreizen angestrebt. Eine weitere geschäftspolitische Zielsetzung ist die Förderung von Motivation und Arbeitszufriedenheit sowie das Fordern und Fördern leistungsorientierter Potentialträger/-innen.

Diversity als feststehender Fachbegriff bedeutet Vielfalt. Genau diese Vielfalt an unterschiedlichen persönlichen Kompetenzen möchte die BA fördern. Eine vielfältig zusammengesetzte Belegschaft kann sich kompetent auf die Wünsche und Bedürfnisse heterogener Kundengruppen und sich verändernder Arbeitsmarktsegmente einstellen und wird dadurch besser in der Lage sein, Integrationen aller Kundengruppen zu realisieren und die Leistung zu steigern. Die BA will so auch ihrer Vorbildfunktion gerecht werden.

Mit der demografiesensiblen Personalpolitik über Diversity Management wird zudem die Chancengleichheit weiter gefördert und insofern den Anforderungen des Allgemeinen Gleichstellungsgesetzes (AGG) Rechnung getragen. Die Förderung der Chancengleichheit und die Personalentwicklung sind in der BA durch die Grundsätze für Führung und Zusammenarbeit als Führungsaufgabe definiert. Diversity Management ist schließlich wesentlicher Bestandteil einer werteorientierten Personalpolitik, welche Vielfalt respektiert.

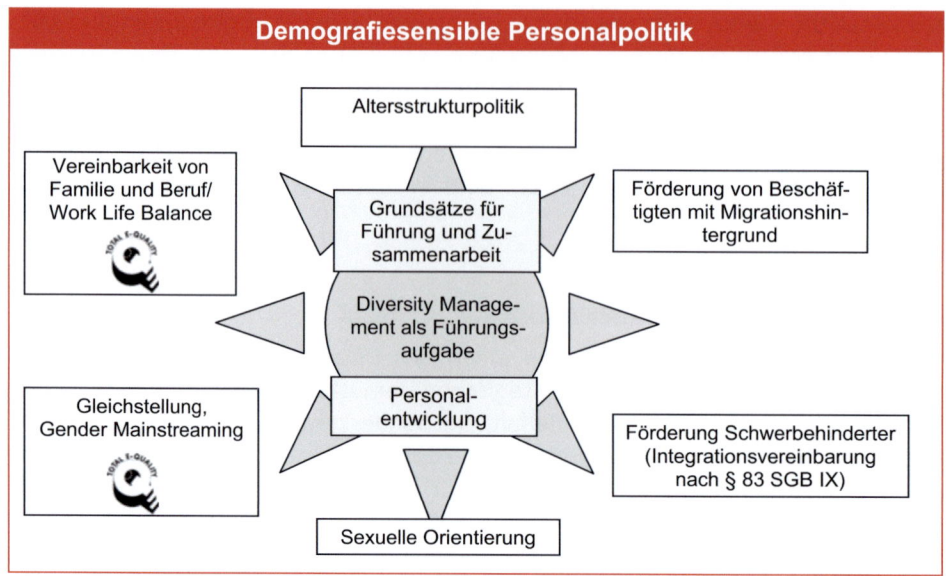

Abb. 1: Das Ganzheitliches Diversity Management der Bundesagentur für Arbeit (Quelle: BA 2008)

In diesem Rahmen ergeben sich folgende Handlungsfelder: Altersstrukturpolitik, Gleichstellung bzw. Gender Mainstreaming als Querschnittsaufgabe, Vereinbarkeit von Familie und Beruf, Integration von Beschäftigten mit Migrationshintergrund, Förderung schwerbehinderter Menschen und sexuelle Orientierung - auch als Förderung der Chancengleichheit - definiert.

Das steigende Durchschnittsalter der Beschäftigten und die Verteilung der Altersgruppen in der Belegschaft machen den schrittweisen Aufbau einer Altersstrukturpolitik, die sukzessive generationsübergreifend gestaltet wird, notwendig. Einerseits gilt es, verstärkt das Erfahrungswissen, die Innovativkraft und die Lernbereitschaft älterer Mitarbeiterinnen und Mitarbeiter zu nutzen, Kompetenzen und Potenziale über geeignete Lernprozesse im Rahmen des „Lebenslangen Lernens" zu fördern. Darüber hinaus müssen Motivation, Loyalität und Bindung Mitarbeiterinnen und Mitarbeiter erhalten und gefördert werden. Zum anderen ist im Kontext der Konkurrenz der Arbeitgeber um leistungsfähige Mitarbeiterinnen und Mitarbeiter auch eine stärkere Öffnung für die Einstellung erfahrener Bewerberinnen und Bewerber (50+) notwendig. Um attraktive Arbeitgeberin zu sein, müssen auch nichtmonetäre Angebote wie z.B. Maßnahmen im Rahmen der Gesundheitsförderung als Bestandteil eines betrieblichen Gesundheitsmanagements, lebensphasengerechte Arbeitszeitmodelle oder alternierende Telearbeit für alle Beschäftigten bestehen.

Als Folge des demografischen Wandels gewinnt das Erwerbspersonenpotenzial von Frauen zunehmend an Bedeutung. Namentlich für den Bereich der Leitungs- und Führungsfunktionen ist es daher notwendig, durch gezielte Maßnahmen im Rahmen der Gleichstellungspolitik insbesondere das Potenzial von Frauen zu fördern und zu nutzen. Eine zentrale Funktion hat hierbei das im 2. Gleichstellungsplan der BA formulierte Rahmenprogramm mit der Ausgestaltung einer an Lebenszyklenphasen orientierten Personalentwicklung.

Im Rahmen des sich abzeichnenden gesellschaftlichen Wertewandels (Work-Life-Balance) wird sich die Diskussion über die Vereinbarkeit von Familie und Beruf verstärken. Die Beschäftigten setzen nicht mehr allein auf die Verwirklichung ihrer beruflichen Wünsche, sondern erwarten auch Unterstützung bei der Erfüllung ihrer privaten Lebensentwürfe, z.B. Familiengründung oder Pflege von Angehörigen sowie unterschiedliche Berufswegplanungen. Entsprechende Angebote werden sich auf die Motivation der Beschäftigten positiv auswirken und zu einer verbesserten Mitarbeiterbindung beitragen. Familienphasen und Teilzeitbeschäftigung dürfen keinen „Karriereknick" mehr bedeuten. Angebote zur Vereinbarkeit von Familie und Beruf tragen darüber hinaus dazu bei, Beurlaubungszeiten, die zu einem „Verlust" von Wissen und daher erhöhtem Einarbeitungs- und Qualifizierungsbedarf bei der Rückkehr führen, zu vermeiden. Schließlich wirken familienorientierte Angebote außerdem als Wettbewerbsfaktor bei der Personalgewinnung. Altersstrukturpolitik und Vereinbarkeit von Beruf und Familie sind konzeptionell entsprechend eng miteinander verknüpft.

Ebenfalls positiv bei der Gewinnung von Beschäftigten wirken gezielte Angebote auch zur Gewinnung und Förderung von Beschäftigten mit Migrationshintergrund. Solche Angebote sind im Kontext des sich reduzierenden Erwerbspersonenpotenzials und des demografischen Wandels zu sehen. Auf den nationalen Integrationsplan mit den entsprechenden (Selbst-) Verpflichtungen der BA wird verwiesen. Darüber hinaus trägt die gezielte Förderung der Kompetenzen von Beschäftigten mit Migrationshintergrund im Rahmen der Personalentwicklung dazu bei, die geschäftspolitischen Ziele zu erreichen, da z.B. spezifische Kulturraumkenntnisse eine passgenaue Betreuung entsprechender Kundengruppen erleichtern und verbesserte Integrationen ermöglichen.

Maßnahmen zur Förderung und Unterstützung schwerbehinderter Menschen zielen darauf ab, die BA nach außen als attraktive Arbeitgeberin zu positionieren und nach innen den Mitarbeiterinnen und Mitarbeitern zu zeigen, dass und wie sie bei einer Behinderung unterstützt werden können. Das Rahmenprogramm ist hier durch die Integrationsvereinbarung vorgegeben. Neben der Motivation und Bindung wird damit auch der operative Erfolg unterstützt, weil die BA auch hier von den individuellen Kompetenzen ihrer Beschäftigten profitiert.

Mit der demografiesensiblen Personalpolitik über Diversity Management hat die BA eine Konzeption entwickelt, welche Personalpolitik und Personalentwicklung zur Steuerung des demografischen Wandels in eine Gesamtstrategie und in ein integriertes Personalmanagement einbindet. Alle Module und Instrumente können hier im Rahmen der Personalrekrutierung und -entwicklung sowie Kompetenzentwicklung eingesetzt werden, um die Vielfalt der Beschäftigten zu nutzen und zu fördern.

In diesem Sinn nimmt die BA eine Vorbildfunktion ein. Diversity Management bleibt kein Selbstzweck, sondern wird zur politischen Notwendigkeit zur Sicherung des Geschäftserfolgs vor dem Hintergrund der facettenreichen Auswirkungen des demografischen Wandels. Die Weiterentwicklung der Ideen eines „Entrepreneurship" könnte sich hier als hilfreich erweisen.

Dr. rer. pol. Markus Blocher (Landeshaupt Dresden)

„Marktorientiertes Kosten- und Qualitätsmanagement von öffentlichen Inhouseleistungen – ein Novum in der Sekundärkostenverrechnung, neue Perspektiven in der Outsourcingdebatte und ein wichtiger Schritt zu verantwortungsbewusstem Intrapreneurship!"

Marktorientierte Steuerung bei Inhouseleistungen, Sekundärkostenverrechnung, Outsourcing und *Intrapreneurship* – wie hängen diese Begriffe logisch zusammen?

Im Grunde drehen sich diese Begriffe hier um die Frage, ob und wie verwaltungsinterne bzw. unternehmenseigene Ressourcen mit Blick auf den gesamten Wertschöpfungsprozess effizient genutzt, erforderlichenfalls durch externen Ressourceninput ergänzt oder sogar durch diesen gänzlich ersetzt werden können. Häufig steht gerade bei den sogenannten Inhouseleistungen die altbekannte Frage im Vordergrund, ob nicht ein externer Dritter diese internen Leistungen besser bereitstellen kann und damit ein Outsourcing (*outside resource using*) gerechtfertigt wäre. Als Inhouseleistungen definiert der EuGH jene Leistungen, die von der Ausschreibungspflicht befreit sind, sofern der Leistungsproduzent wie eine eigene Dienststelle kontrolliert werden kann (EuGH 18.11.1999), was eine Beteiligung Dritter gänzlich ausschließt (EuGH 11.01.2005), und der Inhousedienstleister im Wesentlichen (80%) für die eigene Dienststelle tätig wird (EuGH 18.11.1999).

Da die öffentliche Verwaltung über ihre eigentlichen Kernaufgaben hinaus häufig marktfähige bzw. gewerbeartige Leistungen für den Eigenbedarf erstellt, zählt die Frage, ob die Eigenerstellung von Inhouseleistungen wirtschaftlicher als der Fremdbezug ist, zu den wichtigsten Fragestellungen in diesem Bereich. Im technischen Bereich der öffentlichen Kommunalverwaltung kommen u.a. folgende Inhouseleistungen potenziell für ein Outsourcing in Frage:

- Baugewerke zur Gebäudeunterhaltung;
- EDV-/Telekommunikationsdienste/ Hausdruckerei bzw. Vervielfältigungsstellen;
- Fahr- und Fuhrdienste, Fuhrpark, Kfz-Werkstatt, Betriebstankstelle;
- Floristik, Gärtnerei, Spielplatz- und Baumwartung;
- Hausmeister- und Gebäudereinigungsdienste;
- Kanal- und Straßenreinigung, Winterdienst;
- Sportflächen-/ Friedhofsgrün- und Grünanlagenunterhaltung;
- Straßenbeleuchtung, Signalanlagen, Verkehrsschilder, Straßen- und Brückeninstandhaltung;
- Vermessungsdienste.

Im nicht-technischen Verwaltungsbereich stehen grundsätzlich folgende Leistungen zur Diskussion:

- Boten-, Post-, Pforten-, Sicherheitsdienste (Facility-Mgt.);
- Personaldienstleistungen, Rechtsberatung, Planungsleistungen (Hoch/Tief);
- Zentraler Schreibdienst.

Wie die Auflistung zeigt, ist der Kanon der betreffenden Inhouseleistungen umfänglich, wenn hier auch nicht abschließend, da der öffentlichen Hand in der Entfaltung von Inhouse- leistungen zur Gewährleistung des alltäglichen Dienstbetriebes grundsätzlich keine beson- deren Grenzen bei der Eigenbedarfsdeckung gesetzt sind. Allenfalls die Frage, welche Leis- tungen erstellen wir selbst, welche beauftragen wir, ist entscheidend für die spezifische Leistungstiefe einer Verwaltung.

Von der klassischen zur marktorientierten Sekundärkostenverrechnung von Inhouse- leistungen

Die Mehrheit der Kommunalverwaltungen hat in den vergangenen Jahren ein umfangrei- ches Instrumentarium zur Kostenkontrolle eingeführt, um nicht zuletzt auch die Frage nach der adäquaten Leistungstiefe besser beantworten zu können. Insbesondere innerhalb der Kommunalverwaltungen wurden in den letzten Jahren oft die technischen Inhouseleistun- gen als mögliche Ansatzpunkte für ein Outsourcing gewählt und in Folge einer verstärkt kritischen Kostenkontrolle unterworfen. Häufig führten hierbei organisatorische Maßnah- men zur Konzentration technischer Inhouseleistungen zur Bildung von Regie- oder Eigenbe- trieben und zur Begründung von sogenannten *Auftraggeber-/Auftragnehmer-Verhältnissen*. Kernidee dieser Auftraggeber-/Auftragnehmer-Trennung ist, dass der Inhousebetrieb als Auftragnehmer von einem Auftraggeber entsprechende Aufträge erhält und dafür im In- nenverhältnis bezahlt wird.

Beispiel:

Das Tiefbauamt einer Stadtverwaltung beauftragt als Auftraggeber den zur Stadtverwal- tung zählenden Regiebetrieb „Bauhof" in seiner Funktion als stadtinternen Auftragnehmer dazu, eine bestimmte Instandhaltungsleistung zu erfüllen. Sobald die Leistung vom Bauhof erbracht und vom Auftraggeber technisch abgenommen worden ist, darf der Bauhof seine Leistung gegenüber dem Auftraggeber zu einem festgelegten Verrechnungssatz intern ver- rechnet und damit gegenüber dem Auftraggeber abgerechnet werden.

Ziel der *Inneren Leistungsverrechnung* (ILV) ist es, herauszufinden, ob der Auftragnehmer seine Kosten durch Verrechnungseinnahmen[1] wieder decken kann. Im besten Fall kann ein Inhousebetrieb seine angefallenen Kosten über Verrechnungseinnahmen vollständig de- cken. Diese klassische Verrechnungsbeziehung wird durch die marktorientierte Steuerung in Frage gestellt, indem sie das Ergebnis in Frage stellt: Was sagt eine Vollkostenverrech- nung denn über die Wirtschaftlichkeit des Inhousebetriebes aus?

Im Grunde beweist eine Vollkostendeckung doch nur, dass die Leitung des Auftragnehmer- betriebes seine Herstellungskosten korrekt z.B. auf Stundenbasis kalkuliert und anschlie- ßend über Stundenverrechnung abgerechnet hat. Problem hierbei ist, dass die Auftragge- ber meist an einen sogenannten *Kontrahierungszwang* gebunden sind, der nichts anderes als ein Abnahmezwang von Leistungen ist. Der Auftraggeber im Kontrahierungszwang hat keine andere Wahl als die Leistung des Auftragnehmers abzunehmen. Der Grund zur For- mulierung eines Kontrahierungszwangs wird darin gesehen, dass ohne Kontrahierungs- zwang der Auftraggeber ggf. seine Leistungen günstiger am Markt beziehen könnte. In die-

---

[1] Diese Aussagen beziehen sich hierbei speziell auf das Verhältnis von Organisationseinheiten, die einem Bu- chungskreis zugehörig sind. Eigenbetriebe sind hingegen wirtschaftlich verselbständigt, weshalb es hier nicht zur inneren Verrechnung kommt, sondern zu einer realen Abrechnung zwischen den Buchungskreisen der Stadt und des Eigenbetriebes.

sem Fall würde die betreffende Verwaltung sowohl die Vorhaltekosten des nicht beauftragten Inhousebetriebes als auch die Kosten der Fremdbeauftragung tragen müssen. Vor diesem Hintergrund ist die Aussage des Inhousebetriebes, das Kosten im Innenverhältnis gegenüber den Auftraggebern kostendeckend verrechnet werden nur wenig aussagekräftig, weil die Auftraggeber an die Leistungen des Auftragnehmers regelmäßig gebunden sind. Wesentlich für die Fragen, welche Leistungstiefe ein Betrieb oder eine öffentliche Verwaltung wählen bzw. welche Leistungen selbst erstellt und welche fremd bezogen werden sollten, ist jedoch der *Wirtschaftlichkeitsvergleich von Leistungsqualität und –kosten* zwischen Markt- und Eigenleistung. Mit der klassischen Form der Leistungsverrechnung bzw. –umlage werden betriebliche Vollkosten vollständig auf primäre Produktbereiche verrechnet bzw. umgelegt. Die letztendlichen Empfänger dieser internen Leistungsverrechnung sind stets primäre Produktbereiche, die das Kerngeschäft eines Unternehmens bzw. die Kernleistungen einer Verwaltung bilden (z.B. Wirtschaftsförderung, Sozialleistungen, Kulturleistungen, Straßenbauleistungen etc.). Die Primärleistungsträger haben schließlich auch die sekundären Kosten der Inhousebetriebe und damit auch die Unwirtschaftlichkeit der Sekundärkosten im Inhousebereich zu tragen. Ein Inhousebetrieb kann volle Kostendeckung erzielen und dennoch im Vergleich zum Markt unwirtschaftlich sein, vor allem dann wenn er durch den Kontrahierungszwang geschützt wird. Damit entsteht eine kausale Kette: der Kontrahierungszwang begünstigt die Kostendeckung des Inhousebetriebes, tatsächliche Unwirtschaftlichkeit im Vergleich zum Markt wird dadurch kaschiert und über die anschließende Vollkostenverrechnung auf den Auftraggeber, der ggf. Träger von Primärleistungen ist, übertragen. Wenn mehrere Inhousedienstleister diesem Prinzip folgen, dann entsteht ein Schneeballeffekt, der ggf. hohe Einsparpotenziale verdeckt, weil die Vollkostenverrechnung eine Scheinwirtschaftlichkeit von Inhouseleistungen suggeriert. Eine interne Verrechnung von Leistungen zu Markpreisen soll diesen *Schneeballeffekt der Unwirtschaftlichkeit* beseitigen, indem Inhousebetriebe ihre Vorleistungen für nachgeordnete Produktbereiche nur noch zu jenen Preisen verrechnen dürfen, die diese Produktbereiche am Markt hätten bezahlen müssen.

Von der klassischen Vollkostenrechnung zur erweiterten Vollkostenrechnung inkl. Transaktionskosten

Bis jedoch eine derartige marktorientierte Leistungsverrechnung erfolgen kann bzw. Dienstleistungen über ein Auftraggeber-/Auftragnehmer-Verhältnis intern oder extern bezogen werden können, sind die zu vergebenden Leistungsarten und deren Mengen vom Auftraggeber näher zu spezifizieren (z.B. der Schließdienst von Hausmeistern in Objekten). Gegebenenfalls müssen Leistungsorte bzw. Leistungsobjekte festgelegt werden, wo die spezifizierten Leistungen erbracht werden können (z.B. Schulen und Kindertagesstätten). Hiernach sind konkrete Arbeitsaufträge zu definieren, in denen Leistungsarten mit einem spezifischen Mengengerüst hinterlegt zu Leistungsobjekten zugeordnet und mit einem Ausführungs- bzw. Arbeitsplan untersetzt werden. So muss z.B. für den Schließdienst festgelegt werden, wann der Hausmeister, welches Objekt zu welcher Uhrzeit auf- und/oder abzuschließen hat. Diese Leistungs- bzw. Auftragsspezifikation ist oft zeitaufwändig und führt zur Bindung von Personalkapazitäten und damit zur Bildung von *Transaktionskosten*.
Um die definierten Inhouseleistungen in den Marktvergleich stellen zu können, müssen für jede Leistungsart und deren Mengengerüste Marktpreise ermittelt werden. Spontane Preisanfragen bei Marktanbietern sind stets unverbindlich. Zudem besteht bei dieser Methode keine Gewähr, dass tatsächlich ein kostengünstiges Angebot vorliegt. Für den öffentlichen

Dienst wird hier empfohlen, einzelne oder mehrere Leistungsobjekte einer öffentlichen Ausschreibung zuzuführen, um über diesen Weg verbindliche Marktpreise für den Marktvergleich der eigenen Inhouseleistungen zu erhalten. Dieser sogenannte Parallelbetrieb hat den Vorteil, dass die eigenen Inhouseleistungen unmittelbar in Preis bzw. Kosten und Qualität mit externen Marktleistungen verglichen werden können. Auch die Preisermittlung bindet Personalkapazitäten, was wiederum zu Transaktionskosten führt.

Nach Leistungsbeauftragung entstehen weitere Transaktionskosten für die laufende Kontrolle und Betreuung der Auftragnehmer. Weitere Transaktionskosten entstehen bei der Leistungsabrechnung und ggf. in der Bearbeitung von Gewährleistungsfällen oder gar bei ggf. auftretenden Rechtsverfahren gegen den Auftraggeber.

Transaktionskosten entstehen für den Auftraggeber grundsätzlich sowohl bei einer Beauftragung des Inhousedienstleisters als auch bei einer Auftragsvergabe an Dritte. Insbesondere die Kosten der Leistungs- und Objektspezifikation sind beim Auftraggeber identisch, gleich ob intern oder extern vergeben wird. Ungleich ist hingegen der reine Vergabeaufwand im Zuge des öffentlichen Ausschreibungsverfahrens sowie ggf. die Bearbeitung Gewährleistungsfragen und Rechtsverfahren.

Häufig habe ich das Argument gehört, dass der Kontrollaufwand für externe Auftragnehmer höher anzusetzen sei als dies bei Inhousebetrieben der Fall ist. Dem muss ich an dieser Stelle klar widersprechen, denn ein Inhousebetrieb, dessen Existenz vom Marktvergleich abhängig ist und um seinen Kostendruck weiß, wird alles versuchen, um seine Arbeitsprozesse zu optimieren.

Der bei einer Fremdvergabe anfallende Aufwand entsteht auftraggeberseitig. Im Falle einer Vergabe entstehen dem Auftraggeber daher nicht nur die Kosten des Leistungsbezugs in Form von Bruttomarktpreisen inkl. Mehrwertsteuer sondern auch zusätzliche eigene Kosten, die er im Falle einer Inhousevergabe nicht gehabt hätte. Diese Transaktionskosten müssen als Zuschlag ermittelt und dem Bruttomarktpreis hinzugerechnet werden, um einen realistischen Marktvergleich der tatsächlich im einen (internen) oder anderen (externen) Fall anfallenden Kosten zu erhalten.

Vom traditionellen Make-or-buy-Vergleich zum flächendeckenden Markttest

Die Idee eines Marktvergleichs ist nicht neu, sondern ist als sogenannter *Make-or-buy-Vergleich* bereits schon seit vielen Jahren Praxis in Betrieben und öffentlichen Verwaltungen. Es handelt sich hierbei jedoch stets um sogenannte *Nebenrechnungen*, die weder systematisch noch flächendeckend außerhalb der betrieblichen Kostenrechnung geführt werden. Des Weiteren sind diese Make-or-buy-Vergleiche nicht standardisiert, berücksichtigen wesentliche Kostenaspekte i.d.R. nicht und stellen i.d.R. auch nicht auf Kosten- und Qualitätskorrelationen zwischen der betreffenden Leistung und anderen relevanten (jedoch nicht der Prüfung unterliegenden) Leistungen ab.

Beispiel:
Eine Kommunalverwaltung, die für sich gerne den Titel einer Gartenstadt in Anspruch nimmt, führt einen Make-or-buy-Vergleich für die städtische Gärtnerei durch. Ergebnis ist, dass die eigene Pflanzenaufzucht nicht mit dem Marktangebot konkurrieren kann. Die Gelegenheit für eine Auflösung der Organisationseinheit ist günstig, da drei Stellen zeitgleich altersbedingt gestrichen werden können. Die städtische Gärtnerei wird im Jahr darauf geschlossen, die Anlagen werden verkauft. Im anschließenden 2. Jahr treten einige Effekte auf, die beim Make-or-buy-Vergleich nicht berücksichtigt wurden: die Grünanlagenpflege

der Stadtverwaltung berichtet von Schwierigkeiten bei der Beschaffung seltener, jedoch traditionell verwendeter Pflanzensorten, die bis zum vergangenen Jahr als ein Nischenprodukt der Stadtgärtnerei angezüchtet worden sind. Die Grünanlagenunterhaltung ist daher bei der Pflanzung künftig vollständig auf handelsübliche Ware angewiesen. Die Pflanzware muss künftig zudem ausgeschrieben werden, was in der Planungs- und Beschaffungsphase die Arbeitskraft eines städtischen Mitarbeiters vollständig bindet. Des Weiteren kommt in der ersten Ausschreibung ein externer Anbieter zum Zuge, der seinen Sitz nicht in der Stadt hat, was viele ansässige Gärtnereibetriebe verärgert. Nicht beachtet wurde auch, dass die Gärtnereileitung maßgeblich bei der Sortenauswahl beteiligt war. Diese Fachkenntnis fehlt nun, weshalb die Blütezeiten und Wuchsformen der Pflanzen nicht mehr ideal aufeinander abgestimmt sind, wodurch sich das Außenbild der Pflanzbeete, sehr zum Ärger der Bürgerschaft, erheblich verschlechtert hat. Hinzu kommt, dass die Handelsware neuerdings umständlich ausgetopft werden muss. Die eigene Ware wurde bislang lediglich mit Pflanznetz geliefert, was erheblich Zeit eingespart hat und nunmehr die Leistungseffizienz der städtischen Grünanlagengruppen bei Auspflanzungsarbeiten in Frage stellt. Des Weiteren ist nicht berücksichtigt worden, dass für die Wintereinlagerung von nicht winterharten Pflanzen nach dem Verkauf der Stadtgärtnerei kein günstiger privater Anbieter zu finden ist, da die Preisanfrage im Zuge der Make-or-buy-Prüfung lediglich telefonisch und damit unverbindlich erfolgt ist. Da die Gärtnereimitarbeiter im Winter stets für andere Arbeiten abgestellt wurden, fehlen zudem drei Mitarbeiter sowohl für Gehölzschnittarbeiten als auch im Winterdienst.

Ein flächendeckender Vergleich interner Leistungen mit Marktleistungen hätte das eine oder andere geschilderte Problem verhindern können. Beim flächendeckenden und systematischen Marktvergleich steht insbesondere die Frage im Vordergrund, ob die Gesamtleistungen eines Inhousebetriebes im Vergleich zum Markt wirtschaftlich bzw. qualitativ gleichwertig oder auch besser erstellt werden können. Ziel ist hierbei, die marktorientierte Steuerung von Kosten mit Hilfe einer marktorientierten Leistungsverrechnung interner Leistungen.

Der *Markttest* ist Herzstück der marktorientierten Steuerung von Inhousebetrieben. Es gibt jedoch unterschiedliche Begriffsverwendungen. Grundprinzip aller Markttests ist der Preis-/Qualitätsvergleich eines eigenen Produkts bzw. einer Leistung mit vergleichbaren Produkten von Marktanbietern. Im Marketing ist der Markttest ein Oberbegriff für unterschiedliche Methoden zur Bewertung der Produktchancen auf einem Testmarkt. Im Controlling ist der Markttest hingegen ein Instrument zur marktorientierten Bestimmung der effizienten Leistungstiefe eines Inhousebetriebes (was erstellen wir selbst, was kaufen wir zu?). Der *Controlling-Markttest* ist ein Verfahren, das öffentliche Inhousedienstleistungen gezielt und flächendeckend mit gewerblichen Marktleistungen vergleicht. Vorteil hierbei ist, dass keine ideologische Vorentscheidung zu Gunsten der Fremdvergabe oder der Eigenerstellung erfolgt, sondern ein neutraler Ansatz verfolgt wird. Der Controlling-Markttest löst die Monopolstellung der öffentlichen Dienstleistungsproduktion weitgehend auf, Wettbewerb wird damit nicht behindert, sondern befördert. Der Controlling-Markttest wird betriebsbezogen durchgeführt und erfolgt nicht nur für Einzelleistungen. Damit steht nicht eine Einzelleistung im Fokus wie beim make-or-buy-Vergleich, sondern flächendeckend alle Inhouseleistungen einer Organisationseinheit. Damit wird gewährleistet, dass Leistungsquerbeziehungen berücksichtigt werden und der Marktvergleich nicht aufgrund z.B. von Mischkalkulationsverfahren zu falschen Ergebnissen führt. Ohne einen systematischen und flächendeckenden Marktvergleich ist unklar, ob die Erstellung von Inhouseleistungen durch die öffentliche Hand tatsächlich wirtschaftlicher ist als die Eigenerstellung der Leistungen. Schließlich könnten diese Leistungen ggf. am Markt günstiger von externen Marktanbietern bezogen werden (Outsourcing).

Der Controlling-Markttest kann grundsätzlich in zwei Formen durchgeführt werden. Im *gutachterlichen Verfahren* wird der Marktvergleich anhand von Kostendaten und einem umfassenden Preisvergleich außerhalb der betrieblich-regulären Kostenrechnung als *Nebenrechnung* geführt, bedient sich aber ihrer Kosten- und Leistungsdaten. Im gutachterlichen Verfahren findet jedoch keine Leistungsverrechnung zu Marktpreisen statt. Das gutachterliche Verfahren stellt die Vollkosten einer leistungserstellenden Inhouseeinheit (z.B. Grünanlagenunterhaltung) jenen fiktiven Erlösen gegenüber, die diese Einheit erzielen würde, wenn sie ihre Leistungen zu Marktpreisen verrechnet hätten. Die Darstellung der Kostenseite ist i.d.R. in diesem Verfahren weniger problematisch als die Darstellung der Leistungen und deren Bewertung mit fiktiven Marktpreiserlösen. Dies ist ohne eine vorab geführte Leistungsdefinition nicht möglich. Zudem müssen diese Leistungen mit aktuellen Marktpreisen bewertet werden, um keine Verzerrungen aufgrund von allgemeinen Preiserhöhungen (z.B. Mehrwertsteuererhöhung, Kraftstoffpreise, etc.) zu riskieren. Ein Vergleich mit älteren Marktpreisdaten ist daher nicht zu empfehlen. Aktuelle und verbindliche Daten können werden idealerweise über Ausschreibungsverfahren ermittelt, in dessen Zuge die relevanten Leistungen samt Angebotszuschlag und Leistungsvergabe an ein externes Unternehmen erfolgt ist. Die ausgeschriebenen und vergebenen Leistungen müssen mit den tatsächlich erfassten und dokumentierten Leistungen des Inhousebetriebes in jeder Hinsicht übereinstimmen, damit ein Vergleich stattfinden kann. Erst dann kann für jede Leistung (z.B. Rasen mähen) ein Marktpreis (z.B. 0,06 €/m²) festgestellt werden. Aus der Gesamtschau aller Leistungen kann dann ein gesamter Planerlös berechnet werden, der schließlich den Kosten der betreffenden Organisationseinheit gegenübergestellt wird. Dies bedingt natürlich, dass nur jene Erlöse in Betracht gezogen werden dürfen, die dieser Organisationseinheit zugerechnet werden können. Das gutachterliche Verfahren bleibt hingegen in Ermangelung einer realen Leistungserfassung ungenau, da nicht bekannt ist, wie viel Fläche von einer vorgegebenen Gesamtfläche z.B. beim Rasenmähen tatsächlich gemäht wurde. Die Erfassung von tatsächlichen Leistungsdaten (Ist-Werte) sprengt jedoch i.d.R. den Rahmen eines gutachterlichen Verfahrens und kann nur über eine DV-systemunterstützte Gesamtlösung ermittelt werden. Eine Aussage dazu, welche Wirtschaftlichkeit eine Einzelleistung oder ein einzelnes Objekt gegenüber dem Marktangebot hat, kann nur getroffen werden, wenn die Kosten je Leistungsart und Leistungsobjekt gesondert ermittelt werden. Wenn dies der Fall ist, dann kann hier schon von einem „kostenseitig systemischen Markttest" gesprochen werden. Nachteil des gutachterlichen Verfahrens besteht jedoch darin, dass auftrags- und objektbezogene Aussagen zum Marktvergleich ohne eine Systemanbindung weder dauerhaft wirtschaftlich realisierbar noch fortschreibungsfähig sind. Des Weiteren sind die Markttestgutachten zwangsläufig oberflächlich und dienen eher dem Zweck, zügig innerhalb von ein bis zwei Jahren erste Ergebnisse präsentieren zu können. Als Optimierungsinstrument ist der gutachterliche Marktest nicht sehr wirksam, da die Ansatzpunkte in der genauen Verortung von unwirtschaftlichen Leistungen und Leistungsorten unscharf bleiben. Der Vorteil beim gutachterlichen Verfahren liegt darin, dass ein Markttest relativ kurzfristig mit verhältnismäßig geringem Aufwand durchgeführt werden kann, da keine

Systemintegration ins betriebliche Rechnungswesen erfolgen muss und allenfalls vergleichsweise geringe Gutachterkosten anfallen.

Der *systemische Markttest* wird hingegen dauerhaft im betrieblichen Kostenrechnungssystem verankert und ist damit fortschreibungsfähig. Der systemische Markttest erlaubt aufgrund der Existenz einer Auftragsverwaltung beim Auftragnehmer und einer Objektverwaltung beim Auftraggeber sowie aufgrund der Leistungsdatenerfassung des Auftragnehmers genaue Aussagen darüber, welche Leistungen an welchen Leistungsorten bzw. Objekten in welchem Umfang geplant und tatsächlich durchgeführt worden sind, welcher Marktpreis als Zielpreis sowohl für jede Einzelleistung oder aber auch für jedes Leistungsobjekt zu erzielen ist und wie stark die tatsächlichen Kosten von den Plankosten (Zielkosten = Marktpreis) abweichen. Mit diesen Informationen setzt der systemische Markttest dauerhafte Optimierungsanreize und erlaubt eine präzise Vorkalkulation auf Plankosten- bzw. Marktpreisbasis als auch eine Nachkalkulation je Leistung oder Objekt auf Ist-Kostenbasis. Nachteilig ist hingegen die relativ aufwändige Einführung des systemischen Marktests, die aus der Notwendigkeit einer Systemintegration und ggf. umfangreichen Beratungs- und Programmierungskosten entsteht. Dafür besteht die Chance, dass sich der Einführungsaufwand aufgrund des flächendeckenden Optimierungsanreizes und des dauerhaften Markt- und Wettbewerbsdrucks in wenigen Jahren wieder amortisiert.

Die Instrumente des systemischen Controlling-Marktests

Der systemische Controlling-Markttest baut auf zwei wesentlichen Instrumenten auf: (1) dem *marktpreisgebundenen Kontrahierungszwang* und (2.) der *budgetwirksamen Leistungsverrechnung von möglichst aktuellen Bruttomarktpreisen*. Der marktpreisgebundene Kontrahierungszwang und die budgetwirksame Leistungsverrechnung von Bruttomarktpreisen wirken gegenseitig als Anreizpaar aufeinander und setzen sowohl Auftraggeber als auch Auftragnehmer unter Optimierungsdruck. Idee hierbei ist, dass der Auftraggeber verpflichtet wird, die Dienstleistungen des Inhousebetriebes abzunehmen, sofern dieser seine Leistungen zum Bruttomarktpreis anbietet. Würde der Auftragnehmer Leistungspreise über Marktniveau verrechnen, dann verringert sich hierdurch der finanzielle Handlungsspielraum des Auftraggebers, wenn diese Verrechnungen budgetrelevant sind. Kann der Auftragnehmer hingegen keinen Marktpreis anbieten, dann ist der Auftraggeber nicht mehr an den Kontrahierungszwang gebunden und kann eine Leistung ggf. auch extern beziehen. Der Auftragnehmer wird jedoch verpflichtet, seine Kapazitäten auszulasten, indem von ihm Kostendeckung gefordert wird. Kommt es in der Ergebnisrechnung des Inhousebetriebes zu einer relevanten Unterdeckung, dann fällt der Markttest zu dessen Lasten aus, während eine Kostendeckung oder ein Überschuss als positives Markttestergebnis gewertet wird. Im systemischen Controlling-Markttest werden die Primärleistungsträger nur noch mit jenen Sekundärkosten belastet, die sie auch bei einer Fremdvergabe gegenüber Marktanbietern tragen müssten. Die Budgetwirksamkeit des Auftraggebers ist dessen Anreiz, auch tatsächlich auf die Verrechnung von Marktpreisen zu achten. Sofern ein Inhousebetrieb in der Rechtsform eines Eigenbetriebes geführt wird, werden die Leistungsabrechnungen ohnehin budgetwirksam, da sie sich beim Auftraggeber unmittelbar als Ausgaben bzw. Auszahlungen niederschlagen. Als Regiebetrieb folgen Inhousebetriebe jedoch dem System innerer Verrechnungen. Diese sind nur dann budgetwirksam, wenn sie als Verrechnungsausgaben des Auftraggebers auch dessen Budgetabrechnung beeinflussen. Dies bedingt zum einen die Existenz eines Budgetierungssystems und zum anderen die Verknüpfung des Leistungsverrechnungssystems mit der Budgetierung.

Auch für den Inhousebetrieb entstehen Anreize. Vor dem Markttest war der Inhousebetrieb noch in der komfortablen Lage, seine Leistungen, gleich wie viel Zeit die Leistungserstellung in Anspruch genommen hat, über die vollkostendeckende Leistungsverrechnung intern gegenüber dem Auftraggeber zu verrechnen. Mit Einführung des Markttests sieht sich der Inhousebetrieb nunmehr an Bruttomarktpreise gebunden. Diese Marktpreise haben die Wirkung eines Fixpreises je Leistungsart bzw. Leistungsart und Menge. Damit kann der Inhousebetrieb nicht mehr jeden beliebigen Preis für seine Leistung abrechnen, sondern eben nur den vorgegebenen Leistungspreis. Damit steht der Inhousebetrieb zeitgleich mit der Einsetzung des flächendeckenden Marktvergleichs unmittelbar unter *Leistungs- und Wettbewerbsdruck*. Letzteres deswegen, weil es eben einen privaten Anbieter gibt, der die betreffende Leistung zum festgesetzten Preis erbringen kann. Dabei spielt es keine Rolle, ob der Private gerade diese betrachtete Leistung tatsächlich zu diesem Preis wirtschaftlich erbringen kann. Ebenso könnte der Private für diese Leistungsart einen niederen Preis genannt haben, während er eine andere Leistung zu einem höheren Preis anbietet. Hier wird sofort deutlich, dass die hier angesprochene Methode der Mischkalkulation auch dem Inhousebetrieb als Instrument zur Verfügung stehen muss. Insofern wird an dieser Stelle auch noch mal deutlich, weswegen ein make-or-buy-Vergleich von Einzelleistungen keine präzisen Ergebnisse liefern kann, solange das gesamte Leistungsspektrum des Inhousebetriebes außer Acht gelassen wird.

In der Praxis habe ich immer wieder erlebt, dass die Frage aufgeworfen wird, wer nun den Leistungspreis für die Inhouseleistungen nennen soll, Auftraggeber oder Auftragnehmer. Häufig wird argumentiert, dass man den Inhousebetrieb wie einen externen Unternehmer behandeln wolle und dieser daher auch ein Preisangebot abgeben müsse. Dies zu fordern entspricht zwar der Logik einer Auftraggeber-/Auftragnehmer-Beziehung ist aber sehr problembehaftet: Gehen wir einmal davon aus, dass der Auftraggeber aufgrund einer durchgeführten Ausschreibung von Teilleistungen genaue Kenntnis über den aktuellen Marktpreis einer spezifischen Leistung hat. Der Inhousebetrieb schreibt Leistungen hingegen selbst nicht aus, sondern kann allenfalls seine kostendeckenden Preise kalkulieren. Würde der Inhousebetrieb nunmehr aufgefordert sein, dem Auftraggeber Preise zu benennen, könnte der Inhousebetrieb daher allenfalls nur kostendeckende Verrechnungspreise anbieten. Der Auftraggeber müsste dann, wenn der Markttest funktionieren soll, diese Verrechnungspreise verhandeln sofern die Inhousepreise vom Marktpreis abweichen. Der Auftraggeber würde versucht sein, im Falle, dass der Marktpreis unter dem internen Preis des Inhousebetriebes liegt, letzteren auf Marktniveau zu drücken. Für den Fall, dass der Marktpreis jedoch über dem Verrechnungspreis liegt, würde der Auftraggeber diesen Verrechnungspreis vermeintlich großzügig akzeptieren, um die Marge des Inhousebetriebes abzugreifen. Mit Einführung der Budgetwirksamkeit der inneren Leistungsverrechnung wird der Auftraggeber zu solchem Verhalten geradezu angereizt. Die positive Marge zwischen Marktpreis und internem Kostensatz hat sich jedoch der Inhousebetrieb „verdient", denn sie zeigt dessen Effizienzgewinn auf. Problematisch wäre zudem, dass der Inhousebetrieb bei solcher Verfahrensweise seine Effizienzgewinne nicht in seiner Erlösrechnung aufzeigen kann und er zudem stets das kostengünstigste Angebot abgeben muss, eine betriebliche Mischkalkulation ergo nicht möglich ist. Da die Verrechnung von Marktpreisen bei dieser Regelung nicht konsequent geführt wird, sondern vom Auftraggeber wahlweise mal nach Marktpreis mal nach internem Preis differiert, kommt es dazu, dass keine Wirtschaftlichkeitsaussage zu Gunsten von Markt- oder Eigenerstellung für eine Leistung getroffen werden kann. Die kommunale Finanzverwaltung kann sofern nicht davon ausgehen, dass die angefallenen gesamten Verrechnungskosten für eine Jahresleistung beim Auftraggeber adäquat zu jenen Kosten stehen, die für einen externen Bezug dieser Leistungen am Markt für ein Jahr zu begleichen wären. Diese Kosteninformation ist jedoch im Vorfeld sehr wertvoll, wenn es um eine vollständige Vergabe von Leistungen geht.

Die von mir präferierte Variante ist vielmehr die, dass der Auftraggeber dem Inhousebetrieb einen Marktpreis zum Zwecke der inneren Leistungsverrechnung sowie eine spezifische Leistungsqualität vorgibt. Der Inhousebetrieb hat dann grundsätzlich die Wahl, ob er die Leistung zum Marktpreis erfüllen möchte, oder seine Kapazitäten anderweitig ausfüllt. Wenn der Inhousebetrieb die Leistungserfüllung zum Marktpreis ablehnt, kann der Auftraggeber mit seinen Budgetmitteln Leistungen extern beziehen. Diese Vorgehensweise hat dann zum einen den Vorteil, dass der Inhousebetrieb genau jene Erlöse erzielt, die auch ein privater Anbieter erzielen würde, sofern er die gleiche Leistungsqualität erbringt. Im Gegenzug kann der Inhousebetrieb seine tatsächlichen Kosten für eine Leistung nachkalkulieren und damit je Leistungsart bzw. je Leistungsobjekt feststellen, ob er kostengünstiger oder teurer als die Marktvorgabe gewirtschaftet hat. Hieraus erwachsen ggf. Wettbewerbsanreize zur Leistungsoptimierung. Der Auftraggeber trägt hingegen genau jene Kosten, die bei ihm auch anfallen würden, wenn er die betreffende Leistung über ein Ausschreibungsverfahren fremd vergeben bzw. beziehen würde. Damit werden beim Auftraggeber die Kosten des Outsourcing transparent. Da der Auftraggeber jedoch Leistungen zu Marktpreisen erhält, entstehen Anreize für das Outsourcing nicht beim Auftraggeber, sondern vielmehr beim Inhousebetrieb selbst. Insgesamt wird nach diesem Verfahren die gesamte Unwirtschaftlichkeit des Inhousebetriebes in der betrieblichen Erlösrechnung offensichtlich. Liegt der Marktpreis z.B. regelmäßig unterhalb der Kostendeckung, so wird das Jahresendergebnis negativ ausfallen. Im umgekehrten Falle entsteht ein Überschuss. Gemäß Haushaltsrecht dürfen diese Überschüsse nicht geplant werden. Vielmehr entstehen sie durch Verrechnungserlöse, die zudem derzeit noch in jeder Kommune haushaltsrelevant sind[2].

Die Durchführung eines Controlling-Markttests ist anspruchsvoll und zieht umfangreiche Veränderungen in der Sekundärkostenverrechnung von Inhouseleistungen nach sich. Will man systematische Kosten- und Leistungstransparenz schaffen, dann kommt man nicht umhin, den Markttest innerhalb der Kosten- und Leistungsrechnung als systemischen Markttest abzubilden.

Marktorientiertes Kosten- und Qualitätsmanagement als Ausgangspunkt eines marktorientierten Intrapreneurship

Besondere Beachtung verdient im Markttest der Qualitätsaspekt. Hierbei ist darauf zu achten, dass im Vergleich von Inhouse- und Marktleistungen der *Qualitätsvergleich* stimmig ist. Ein Preisvergleich muss stets auf der Grundlage vergleichbarer Leistungsqualität geführt werden. Diese Leistungsqualität ist vor einem Preisvergleich exakt zu definieren. Doch auch nach Leistungsausführung muss der Auftraggeber regelmäßig die Leistungserfüllung so-

---

[2] Anmerkung: Spätestens mit Einführung der doppischen Buchführung und der Plankostenrechnung können planmäßige Überschüsse entstehen. Daher sollten in diesem Falle sogenannte „Markttestrückerstattungen" gegenüber den Auftraggebern eingeplant werden. Probleme treten hier bei der objektkonkreten Zuordnung von Rückerstattungen auf. Hier wird angeraten, die Rückerstattungen nach sinnvollen Verteilungsschlüsseln rückzuverrechnen. Wenn z.B. ein Grünleistungsbetrieb einen Überschuss von 100.000 Euro erwirtschaftet hat, so wäre denkbar, dass dieser Überschuss gegenüber allen Objektkostenstellen auf der Basis von Flächenanteilen zurückverrechnet wird.

wohl des Inhousedienstleisters als auch des privaten Leistungsanbieters überwachen. Problematisch ist hierbei, dass den auftraggebenden Organisationseinheiten i.d.R. die Personalkapazitäten fehlen um diesen Qualitätsvergleich vollumfänglich durchzuführen und so kommt der Auftraggeber meist nicht umhin, den Personalaufwand für die Leistungsabnahme und –kontrolle auf Stichproben zu begrenzen. Der externe Auftraggeber darf hierbei nicht häufigeren und/oder intensiveren Kontrollen ausgesetzt werden als dies beim Inhousebetrieb der Fall ist und umgekehrt. Gefahr wäre sonst, dass die Qualitätskontrolle aufgrund der verfehlten Gewichtung verzerrt und die Anzahl offenkundiger Qualitätsverstöße tendenziell nur einseitig aufgedeckt werden würde, was zwangsläufig zu falschen Schlussfolgerungen führt.

Ein Qualitätsmanagement innerhalb des Inhousebetriebes sollte bestrebt sein, die Zufriedenheit des Auftraggebers mit den betrieblichen Leistungen zu überwachen. Die Ergebnisnachricht über einen positiven Markttest kann durch Auftraggeberaussagen, dass zwar Marktpreise aber nicht Marktqualität erbracht worden sind, schnell eingetrübt werden. Hier bieten sich jährliche Umfragen beim Auftraggeber bzw. regelmäßige Qualitätsabfragen beim Auftraggeber an.

Häufig habe ich das Argument seitens Betriebsleiter oder deren Mitarbeiter gehört, dass die Qualität der externen Anbieter nicht vergleichbar sei. Sollte sich dieser Verdacht vor Ort bestätigen, muss der Auftraggeber auf diesen Missstand hingewiesen werden. Möglicherweise ist den Auftraggebern auch die hohe Bedeutung vergleichbarer Qualitätsstandards im Zuge des Markttestverfahrens nicht immer klar. Ungleiche Qualitätsservicelevels führen zwangsläufig zu einer Verzerrung der Markttestergebnisse. Dies kann auch nicht im Interesse des Auftraggebers sein. Insbesondere ist bei Ausschreibungen darauf zu achten, dass Leistungen und deren Qualitätsmaßstäbe in öffentlichen Ausschreibungen deutlich formuliert werden. Selbstverständlich sind dies dann genau jene Vorgaben, nach denen sich auch der Inhousebetrieb zu richten hat.

Marktorientiertes Kosten- und Qualitätsmanagement führt zwangsläufig zu einem neuen kosten- und qualitätsorientierten Denken innerhalb der Inhousebetriebe, das als Grundlage eines neuartigen Verständnisses eines *marktorientierten Intrapreneurship* gelten kann. Die Mitarbeiter können dies jedoch erst verinnerlichen, wenn sie sich darüber im Klaren sind, dass die eigenen Leistungen am Markt konsequent und systematisch in Kosten und Qualität verglichen werden. In einem weiteren Schritt gewinnt der Mitarbeiter darüber Gewissheit, dass nur marktähnliches Verhalten auch marktvergleichbare Produktkosten und -qualität erzeugen kann. Die marktorientierte Steuerung interner Leistungen setzt damit an den Schwachstellen der klassischen Verrechnungs- und Umlagemethoden an, die für die Mitarbeiter und deren Verantwortungsbewusstsein keinerlei Anreize setzen konnte, die auch als Optimierungsanreize dienlich gewesen wären.

Inhousebetriebe, werden bislang nur als Hilfsbetriebe oder interne Betriebe bezeichnet, die Eigen- oder Annexleistungen erbringen. Marktorientierte Kosten- und Qualitätssteuerung setzt jedoch auch bei den Betriebsleitungen starke Anreize, sich unternehmerisch zu gebahren und wie die Konkurrenz am Markt zu denken und zu handeln. Eine neue Generation von Intrapreneuren wäre die Folge, die neue Instrumente zur betrieblichen Steuerung an die Hand bekommt. Ich denke hierbei insbesondere an jene Instrumente, die bislang fast ausschließlich im Bereich des industriellen Produktmanagements zur Anwendung kommen: „Target costing" und „Activity Based Costing" erlangen nunmehr die Chance, sich dauerhaft auch im öffentlichen Dienst zu etablieren. Diese beiden Instrumente eignen sich gerade auch für ein Produktmanagement im Sekundärkostenbereich. Marktorientierte Steuerung ist daher gerade für Unternehmer im Unternehmen ein wichtiges Themenfeld, durch das sie ihr internes Unternehmen und ihre interne Produktpalette kosten- und qualitätsmäßig optimieren können.

Während der Markttest aus Kostensicht die Frage klärt, wie viel eine Leistung am Markt wert ist, fordert er aus der Qualitätssicht, dass Produktqualität vergleichbar sein muss und jene Qualität vermieden werden muss, die der Auftraggeber als Kunde nicht wünscht. Gerade hier ist es nach meiner Erfahrung für den Mitarbeiter schwer, langjährig eingeübte Verhaltensweisen zu verändern. Häufig sehen sich die Mitarbeiter in öffentlichen Inhousebetrieben ihrem Objekt oder ihrer Leistung auch mental stark verbunden und sehen sich verantwortlich, indem sie ein eigenes Augenmaß dafür entwickelt haben, was dem Leistungsobjekt an Leistung gut tut uns was nicht. Oft habe ich mit Mitarbeitern gesprochen, die sich einer Grünanlage oder einer Schule verbunden fühlten und um beste Qualität am Objekt bemüht waren. Doch zahlt der Kunde auch für diese Qualität? Der Markttest muss hier eine Kosten-Qualitäts-Beziehung vorgeben, an die sich der Mitarbeiter zu halten hat. Er selbst steht schließlich mit seiner Leistung im Marktvergleich mit externen Anbietern, die nicht zögern werden, genau jene Qualität zu erfüllen, die der Auftraggeber vorgegeben hat.

Target Costing (Zielpreiskalkulation) ist eine Methode, die den Intrapreneuren erlaubt, qualitätsseitig Produktfunktionalitäten zu hinterfragen. Target Costing zielt darauf ab, all' jene Leistungen zu eliminieren bzw. zu reduzieren, für die der Auftraggeber nicht bereit ist zu zahlen. Hierzu müssen Leistungen als Wertschöpfungsprozess verstanden werden. Diese Prozesse werden in viele Teilprozesse aufgespalten und nach ihrem Nutzwert für den Kunden analysiert. Ziel hierbei ist es, den Leistungspreis auf Marktniveau zu senken, sofern dies erforderlich ist.

Activity-Based-Costing (Prozesskostenrechnung) will Prozesstransparenz schaffen. Wer nimmt welche Leistungen zu welchen kosten in Anspruch? Diese Frage ist insbesondere für Inhouseleistungen von besonderer Bedeutung, denn auch Inhousebetriebe sind Empfänger von Inhouseleistungen. Die Verrechnungslogik der Prozesskostenrechnung unterscheidet sich maßgeblich von der allbekannten Schlüsselumlage. Im Idealfall sollte nur jene Stelle in dem Maße Sekundärkosten tragen, wie Leistungen in Anspruch genommen worden sind. Die bislang üblichen Umlageschlüssel (z.B. Stellenbezogene Umlagen) sind häufig zu ungenau.

Auf dem Weg zu einem marktorientierten Kosten- und Qualitätsmanagement

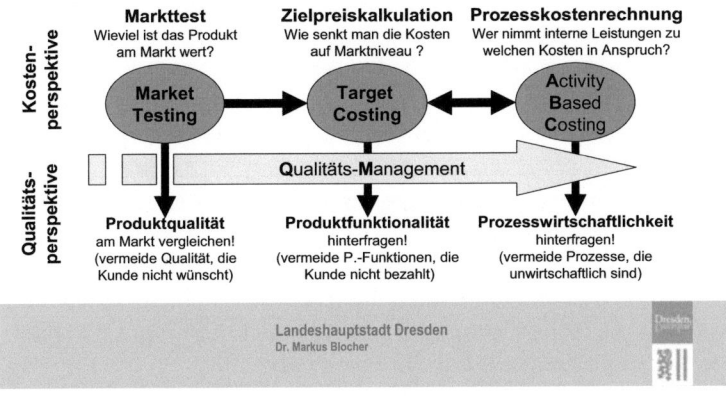

Ziel muss es meines Erachtens sein, öffentliche Inhousebetriebe mit einem neuen Steuerungsapparat zu versehen, der einerseits Optimierungsanreize setzt, andererseits aber auch eine Entscheidungsgrundlage für Outsourcingmaßnahmen bereithält. Die genannten Instrumente geben meines Erachtens den Mitarbeitern von Inhousebetrieben das Potenzial, zu Unternehmern innerhalb der eigenen Körperschaft zu werden, eben zu *intracorporate entrepreneuren* oder kurz: *Intrapreneuren*, indem sie einerseits einem simulierten Marktumfeld ausgesetzt werden und andererseits neuartige Instrumente für binnenunternehmerisches Handeln an die Hand bekommen.

Problematisch ist es jedoch, wenn diese neuen Formen von Binnenunternehmertum auf herkömmliche Steuerungsmethoden treffen und dadurch voll oder teilweise negiert werden. Ich selbst zweimal in eigener Berufspraxis erfahren müssen, was es bedeutet, einen Markttest parallel zu einem zentralen Haushalts(HH-) Konsolidierungskonzept durchführen zu müssen.

Die Gemeindeordnung sieht eine HH-Konsolidierung im Falle eines fehlenden HH-Ausgleichs vor, d.h. wenn die öffentliche Gebietskörperschaft ihre Ausgaben nicht durch entsprechende Einnahmen decken kann. Dann muss im Rahmen eines HH-Konsolidierungskonzepts aufgezeigt werden, durch welche Maßnahmen in den kommenden Jahren ein HH-Ausgleich wieder erreicht werden kann. Häufig führt eine HH-Konsolidierung zum pauschalen Stellenabbau, der über altersbedingte Abgänge realisiert wird, nicht zuletzt auch in jenen Leistungsbereichen, für die der Markttest Wirtschaftlichkeit bescheinigt. Im Gegenzug kann es vorkommen, dass unwirtschaftliche Leistungsbereiche aufgrund günstiger Altersstruktur vom Stellenabbau verschont bleiben. Werden in Leistungsbereichen Prozessanalysen durchgeführt und neue Arbeitsprozesse geplant, um Produktionskostenvorteile der Privaten aufzuholen, dann können HH-Konsolidierungsvorgaben dringend erforderliche Investitionen verhindern. Zeigt der Markttest, dass die Eigenproduktion einer Fremdvergabe vorzuziehen ist, dann verhindert möglicherweise das Konsolidierungsziel „Personalabbau" eine Rücknahme der Fremdvergaben bei gleichzeitigem Stellenaufbau in den identifizierten wirtschaftlichen Bereichen.

Im Ergebnis schafft ein modernes Binnenunternehmertum keine wesentlichen Vorteile, wenn althergebrachte Instrumente der Gemeindeordnung die neuen Methoden des Intrapreneurship negieren. Die angestoßenen Veränderungsprozesse wirken schneller als der gesamte Korpus (hier: die öffentliche Hand) in der Lage ist, auf die neuen Veränderungen zu reagieren. Unternehmertum bringt eben auch unternehmerische Dynamik und die will sich nicht in Vorschriften fesseln lassen. Insofern plädiere ich dafür, auch neue Wege im Bereich der nicht-technischen Verwaltung zu beschreiten, denn auch diese Bereiche sind letztlich nichts anderes als Inhousebereiche. Insbesondere Haupt-, Personal- und Finanzverwaltung dürfen sich mittelfristig einer Reform nicht entziehen. Hierbei ist es nicht ausreichend auf die Einführung eines neuen Finanzwesens zu verweisen, denn die Doppik schafft nur mehr Transparenz und damit mehr Ansätze zur Aufwandsoptimierung; sie schafft per se keine neuen Steuerungsanreize zur langfristigen Kostenoptimierung. Vielmehr müssen Folge- und Transaktionskostenbewusstein sowie die Teilkostenrechnung Einzug in die Verwaltung halten. Vielerorts werden Verwaltungs- und Vermögenshaushalt vollständig unabhängig voneinander behandelt, als sei nicht klar, dass z.B. ein Spielplatzneubau auch dessen Unterhaltung zur Folge haben würde. Hier müssen nicht nur wie vielerorts üblich Kosteninformationen bezüglich Unterhaltung und Instandhaltung Gegenstand von Investitionsmaßnahmen werden, vielmehr müssen die Investitionsentscheidung eine Erhöhung des Planansatzes im Unterhaltungs- und Instandhaltungsbereich zur Folge haben.

Die Teilkostenrechnung spielt bis heute eine völlig untergeordnete Rolle, weil sie von den Laien als unvollständige Rechnung völlig unterschätzt wird, schließlich werden nicht alle Kosten, sondern nur teilweise Kosten erfasst. Es wird nicht erkannt, dass die Teilkostenrechnung ein wichtiges Optimierungsinstrument ist, das die Vollkostenrechnung jedoch nicht ersetzt, sondern aus ihr abgeleitet werden kann. Die Bedeutung der Deckungsbeitragsrechnung wird vielerorts nicht erkannt, wo doch gerade unter dem Aspekt der Kostenbindung tatsächliche Einsparungspotenziale oder aber vielerorts auch nur vermeintliche Einsparpotenziale offenkundig werden, die eine Vollkostenrechnung nicht zu unterscheiden vermag.

An dieser Stelle muss daher zwangsläufig die Forderung laut werden, die Ausbildungsstätten des öffentlichen Dienstes einer grundlegenden Reform zu unterziehen. Wichtige Schritte zur Stärkung der betriebswirtschaftlichen Ausbildung wurden bereits in zahlreichen Fachhochschulen des öffentlichen Dienstes begangen. Dies ist eine gute Grundlage für Intrapreneurship. Aufgrund der hohen Bedeutung der juristischen Fachausbildung für den höheren Dienst ist meines Erachtens jedoch insbesondere die fehlende betriebswirtschaftliche Vorbildung der Volljuristen das Hauptproblem der Gegenwart, das sich zunehmend hemmend auf eine grundlegende betriebswirtschaftliche Reform des öffentlichen Dienstes auswirkt. Und hier müssen dann schließlich auch die Chancen eines aufkommenden Intrapreneurships an den Möglichkeiten und der Realität konsistenter öffentlicher Haushaltswirtschaft und deren Veränderungsfähigkeit bemessen werden.

Ulrich Boldt (Innenministerium Mecklenburg-Vorpommern)
„Neue Impulse für das Land Mecklenburg-Vorpommern"
(Einführung in das Programm und die Konferenzinhalte)

Sehr geehrte Damen und Herren,

als Verantwortlicher für den Bereich Aus- und Fortbildung im Innenministerium Mecklenburg-Vorpommern ist es für mich eine Freude, Sie hier in Güstrow anlässlich der Konferenz „Think Ahead – Move Forward" begrüßen zu dürfen.

Für die Konferenz ist der Geschichte nach kein Ort besser geeignet als Güstrow; denn in dem Gebäude, in dem wir uns befinden, standen stets Pädagogik und Didaktik im Vordergrund. Als Hochschule für Lehrerbildung gegründet und zu DDR-Zeiten als pädagogische Hochschule fortgeführt, war dieser Campus in Güstrow maßgeblich an der Aus- und Fortbildung von Lehrern beteiligt. Mit der Wende 1989 entstand die Idee, für den Nachwuchs der öffentlichen Behörden eine eigene Hochschule zu gründen. Dies geschah dann tatsächlich im Jahr 1991. Und heute sind nicht nur die Behörden unseres Landes dankbare Abnehmer des hier ausgebildeten Nachwuchses, sondern auch andere Bundesländer. Auf der einen Seite erfüllt uns dies mit Freude, auf der anderen Seite mit Trauer. Freude darüber, zu wissen, dass unsere Studierenden gut ausgebildet sind; Trauer hingegen darüber, dass zahlreiche Studierende in andere Bundesländer abwandern und hier Lücken hinterlassen, die schwer zu schließen sind.

Wie allgemein versichert wird, ist die Aus- und Fortbildung in Güstrow gut. Sich mit diesem Ergebnis aber zufrieden zu geben, bedeutet in meinen Augen Stagnation, wenn auch auf hohem Niveau. Ich glaube nicht, dass wir uns ein Verweilen auf diesem momentan guten Podestplatz auf Dauer leisten können und sollen. Die Zeit geht weiter. Und wenn wir nicht mitgehen, verlieren wir die Zeit und mit ihr die damit verbundenen Ansprüche aus den Augen. Aus- und Fortbildung müssen sich zwar am Hier und Heute orientieren, doch müssen sie auch die Zukunft in ihrem Blick haben.

Wie Sie sehen oder gesehen haben, wird das Gebäude der Fachhochschule saniert, restauriert und modernisiert. Vielleicht ist dieses ein Bild dafür, dass sich die Institution in einer tiefgreifenden Aufbruchstimmung befindet. Zum einen ist hier der Prozess der Bachelorisierung zu nennen, zum anderen auch das neue Logo, das Sie auf ihren Tagungsmappen sehen. Mit frischen Farben steht es für den Prozess von Neuerungen, die in der Fachhochschule Einzug halten.

Die dritte Neuerung in diesem Prozess ist die vor einem Jahr angekündigte, geplante und nun mehr zur Durchführung anstehende Konferenz zu einer Intrapreneurship orientierten Verwaltung, zu der ich Sie herzlich begrüßen darf. Ich möchte an dieser Stelle schon einmal den Initiatoren der Konferenz und dem Organisationsteam dafür danken, dass es ihnen gelungen ist, ein derart ambitioniertes Programm auf die Beine zu stellen. Die Mühen, die damit verbunden waren, verdienen es, hervorgehoben zu werden, vor allem deshalb, weil anfänglich und zwischenzeitlich geargwöhnt wurde, ob das, was die Initiatoren sich vorgenommen hatten, überhaupt geleistet werden könnte.

Die Durchführung der Konferenz, das Beharren darauf, die Veranstaltung stattfinden zu lassen, das diplomatische Geschick, Verantwortliche für den diesen neuen Aspekt von Verwaltung gewinnen zu können, ist meinem Verständnis nach ein kleines Stück gelebten Intrapreneurships. Freiräume oder Spielräume werden erobert, besetzt und mit Ideen ausgefüllt, die dem Wohle des Ganzen dienen sollen. Noch erscheinen die Ideen, die mit Intrapreneurship orientierter Verwaltung verbunden sind, vielen die in der Verwaltung tätig sind, als unerreichbar, als nicht machbar, als Werte aufweichend etc. Ich glaube indes, dass dies ein Weg ist, der Zukunft haben wird. Ich gebe zu: vielleicht nicht in absoluter Form, aber sicherlich in modifizierter.

Ich sagte vorher: Die Durchführung der Konferenz ist ein kleines Stück gelebten Intrapreneurships. Ein Blick auf das Konferenzprogramm belegt, wie facettenreich das Thema ist. Die Themenvielfalt reicht von Erfahrungen mit Verwaltungsmodernisierung über Veränderungsmanagement, Netzwerkarbeit, Steuerung von großen Verwaltungseinheiten, über Potenziale und Grenzen einer unternehmerischen öffentlichen Verwaltung bis hin zum Modell der Triple-Helix, dem Dreiklang von Politik, Bildung und Wirtschaft. Deutlich wurde mir, dass es nicht genügt, Intrapreneurship und Entrepreneurship in späteren Lebensabschnitten als bedeutend aufzugreifen. Wichtig erscheint mir, dass dieser Selbständigkeitsprozess schon früh und auf allen Ebenen des Lebens angereichert und vorgelebt wird. Ich würde mir wünschen, wenn die Saat, die hier in Güstrow gesät wird, aufgeht und sich als engagierte Einstellung zur Zukunft vermehrt. Die Zeiten als der „homo faber" noch der Weltanschauung entsprach, sind vorüber. Es gehört mehr dazu, als nur schaffend zu sein. Schaffen kann auch bloße Reproduktion sein. Doch darauf kommt es meines Erachtens nur bedingt an. Neue Zeiten bedürfen einer anderen Herangehensweise. Dazu erhoffe ich mir entscheidende Impulse.

Wenn die Konferenz am Freitag beendet sein wird, glaube ich, dass wir alle von den Eindrücken und Erkenntnissen, die wir gewonnen haben, ziemlich erschöpft sein werden. Konferenzen sind kein Zeitvertreib, sondern ernsthafte Arbeit an Themen und mit Themen. Sie finden an Orten statt, die aus dem Alltag herausgetrennt sind; sie ermöglichen es, sich in einem Regelwerk frei zu entfalten. Mit der Wahl von Güstrow als Konferenzort haben wir die Möglichkeit, uns dem gewöhnlichen Leben zu entziehen. Indem die Räumlichkeiten abgesteckt sind, sind wir materiell und ideell abgesondert und können frei nach Regeln spielen, d.h. in Fragen und Antworten der Intrapreneurship orientierten Verwaltung nachgehen. Ich danke für Ihr Interesse an den bevorstehenden Themen und wünsche, bevor ich das Mikrofon an Herrn Christian Kohlhof übergebe, der Konferenz einen positiven und für alle sinnstiftenden Verlauf.

Prof. Dr. Gerald Braun (HIE-RO, Institut an der Universität Rostock)
„Intrapreneurship als Leitbild eines New Public Management[3]"

Gesellschaftliche Herausforderungen

Zu Beginn des 21. Jahrhunderts ist der öffentliche Sektor fortgeschrittener Industrie- und Wissensgesellschaften mit einer Reihe historisch präzedenzloser Herausforderungen konfrontiert:

- Finanzkrise des Steuerstaates
Knappe Kassen und Staatsverschuldung zwingen im öffentlichen Sektor zu Ressourceneffizenz, Personaleinsparungen und ein erweitertes Aufgabenspektrum.
- zusätzliche Leistungsanbieter
Internationalisierung und Privatisierung führen zu Erosion ehemals öffentlicher Monopolstellungen (Telekommunikationssektor, Schulsektor, Gesundheitssektor) und damit zu mehr Wettbewerb.
- Individualisierung der Kundennachfrage
Die Nachfrage der Konsumenten – auch nach öffentlichen – Serviceleistungen wird im Zuge gesellschaftlicher Entwicklung anspruchsvoller, komplexer und auch ‚beweglicher'.

Nimmt man Angebots- und Nachfrageentwicklungen zusammen, so setzen sie den staatlichen Sektor unter Wettbewerbs- und Modernisierungsdruck. „Die viel zitierte Globalisierung setzt den Staat unter Modernisierungsdruck ... in der globalisierten Welt, in der auch Produktionsfaktoren mobil sind und Informationen sehr schnell fließen, ist auch der Staat mit seinen Clubgütern dem internationalen Wettbewerb ausgesetzt." (Fels, 2003, S. 12)

Zum Paradigmenwechsel im öffentlichen Sektor: Von der Hoheitsverwaltung zur Entwicklungsagentur

Idealtypisch formuliert verfügt der öffentliche Sektor über zwei Strategien, auf die skizzierten gesellschaftlichen Entwicklungen zu reagieren: Eine Monopolisierungs- und eine Wettbewerbsstrategie (vgl. auch Abbildung 1: Auf dem Weg zu einer Intrapreneurship-Verwaltung).

Unter Monopolisierungsstrategie ist der Versuch des öffentlichen Sektors (wenn diese Verallgemeinerung zulässig ist) zu verstehen, das staatliche Leistungsmonopol – etwa in der Kommunalverwaltung, im Schul- und im Gesundheitswesen, im Infrastruktur- und Kommunikationssektor – abzusichern. Und dies bei Erhalt der überkommen Aufbau- und Ablauforganisation, hierarchisch strukturiert, stark zentralisiert, gekennzeichnet durch klare Aufgaben und Kompetenzzuweisung, keinen direkten Zusammenhang zwischen Leistungsoutput und Entgelt der Staatsdiener, kameralistische Buchführung etc. Kurz: Es geht um Tradierung des Max Weberschen Bürokratiemodells unter veränderten Bedingungen.
Monopolisierungsstrategie bedeutet im Einzelnen:

---

[3] Vgl. dazu bereits relativ früh: Braun, G.: Intrapreneurship oder die Innere Führung als betriebliche Führungsphilosophie, In: Opitz, E. (Hrsg.): 50 Jahre innere Führung, Bremen 2001, S. 116 – 130.

- Privatisierungen zu verhindern, in dem Markteintrittschancen für private Newcomer – etwa durch rechtlich administrative Regulierung – möglichst hoch gehalten werden und/oder
- den Marktanteil privater Leistungsanbieter – etwa im Schul- und Gesundheitswesen durch staatliche Regionalmonopole klein zu halten.
- Internationale Konkurrenten vom nationalen Markt durch nationalstaatliche Schutz- und Regulierungsabstimmungen, Lohn-, Gesundheits- und Umweltstandards fern zu halten oder zu begrenzen.

Monopolisierungsstrategien können zwar private Wettbewerber behindern oder begrenzen, sind aber unter Globalisierungsbedingungen außerstande, staatliche Monopole auf Dauer zu zementieren (dies gilt selbst für den Bereich innerer und äußerer Sicherheit, wo inzwischen private Wachdienste und private Legionärstruppen Polizei und Armee Konkurrenz machen).

Um nicht missverstanden zu werden: Bei relativ konstanter Umwelt, einem überschaubaren Leistungsportfolio und relativ anspruchsvoller Nachfrage ist das Monopolmodell des preußischen Beamtenstaates – Disziplin, Hierarchie, Gehorsam, Neutralität – im öffentlichen Sektor jedem anderen Modell nach Menge, Schnelligkeit und möglicherweise auch Qualität überlegen. In einer konfektionierten Industriegesellschaft mit Massenfabrikation und einfacher Hoheitsverwaltung waren Zentralität, Hierarchie, Ordnung und Gehorsam unverzichtbar, um das standardisierte Industriesystem zu entfalten und zu erhalten. In einer gesellschaftlichen Umwelt, in der Veränderung zur Konstante wird, sind jene Tugenden und Prinzipien, die seinerzeit für die staatliche Verwaltung notwendig waren, in weiten Teilen überholt – wenn nicht sogar kontraproduktiv.

Die Dynamik internationaler Standortkonkurrenz erzwingt – man könnte fast formulieren: selbstverständlich – eine Wettbewerbsstrategie – auch und gerade – für den öffentlichen Sektor. Andernfalls laufen die staatlichen Institutionen – von der Kommunalverwaltung bis zur Hochschule – Gefahr, zu Dinosauriern zu werden, deren Unfähigkeit zur Anpassung an veränderte Verhältnisse den eigenen Untergang herauf beschwört. Die Wettbewerbsstrategie fügt sich quasi in das unabänderliche und versucht pro-aktiv auf die normative Kraft des faktischen zu reagieren.

Wettbewerb ist in marktwirtschaftlichen Systemen ein Prozess „kreativer Zerstörung" (Schumpeter, J.: 1987, S. 15), in dessen Verlauf Neuerungen durch wagemutige dynamische Unternehmerpersönlichkeiten durchgesetzt werden.

Für die Institutionen des öffentlichen Sektors bedeutet dies:

- neue Zielgruppen bzw. Kunden,
- neue Produkte/Serviceleistungen,
- neue Verfahren,
- neue Organisationsmethoden.

Derartige Innovationen sind aber nur möglich, wenn die Mitarbeiter des staatlichen Sektors – alle Mitarbeiter – unternehmerische Kompetenzen wie Risikobereitschaft, Wagemut, Neuerungsbereitschaft, Selbstverantwortung entwickeln und im Arbeitsalltag auch tatsächlich umsetzen, d.h. zu Intrapreneuren werden.

Zum Begriff: Intrapreneurship wird auch als „Mitunternehmertum" oder „internes Unternehmertum" bezeichnet, im angelsächsischen als „organizational entrepreneurship", „corporare venturing" oder „corporate entrepreneurship". „Corporate entrepreneurship is a term used to describe entrepreneurial behaviour inside established mid-sized and large organizations. " (Morris, M.H.; Kuratko, D.F.; Cov, J.G.: 2003, p. 11).

Wird ein selbständiger Unternehmer - oder Entrepreneur (aus dem franz.: 'entreprendre'= etwas unternehmen) <u>innerhalb</u> eines Unternehmens aktiv, wird er zum Intrapreneur. „Der Intrapreneur ist ein Mitarbeiter, der ein innovatives Projekt innerhalb einer betrieblichen Umgebung ein = etwas unternehmerisch führt und managt – genau so, wie wenn er ein selbständiger Unternehmer wäre." (Knight, M.: 1987, S. 285). Ein Intrapreneur ist also ein Unternehmer in einem Unternehmen.

Es geht nicht darum, mit dem Konzept des Intrapreneurship einem irgendwie gearteten Zeitgeist oder Modetrend unbefragt hinterher zu laufen. Vielmehr muss es darum gehen, ein Leitbild und eine Führungsphilosophie zu entwickeln, die unternehmerisches Verhalten, Neuerungsbereitschaft und eigenständige Handlungskompetenz entwickeln und honorieren, also Unternehmertum innerhalb der öffentlichen Verwaltung oder Intrapreneurship. Sie ist notwendige und zugleich hinreichende Bedingung für das langfristige Überleben des Dienstleistungsbetriebs „öffentliche Verwaltung". Die tradierte Verwaltung wird unter globalisierten Wettbewerbsbedingungen dysfunktional, wenn sie primär auf Hierarchie, Kompetenzabgrenzung und Routinehandeln setzt – statt auf eigenverantwortliche, selbständige Veränderungsbereitschaft – etwa im Sinne U. Beck's „dass in Zukunft jeder sein eigener Unternehmer sein muss". Dies gilt auch für die Mitarbeiter des öffentlichen Sektors.

Bürokratische und Intrapreneurship-Kultur im Vergleich

Eine Intrapreneurship-Kultur unterscheidet sich fundamental von der tradierten Kultur des Bürokratiemodells Max Weberscher Provinienz. Praktisch stellt sie das Bürokratiemodell vom Kopf auf die Füße - und leitet einen Paradigmenwechsel auch für die öffentliche Verwaltung ein (vgl. Abbildung 2).

Abbildung 2: Intrapreneurship Culture und Bürokratische Kultur

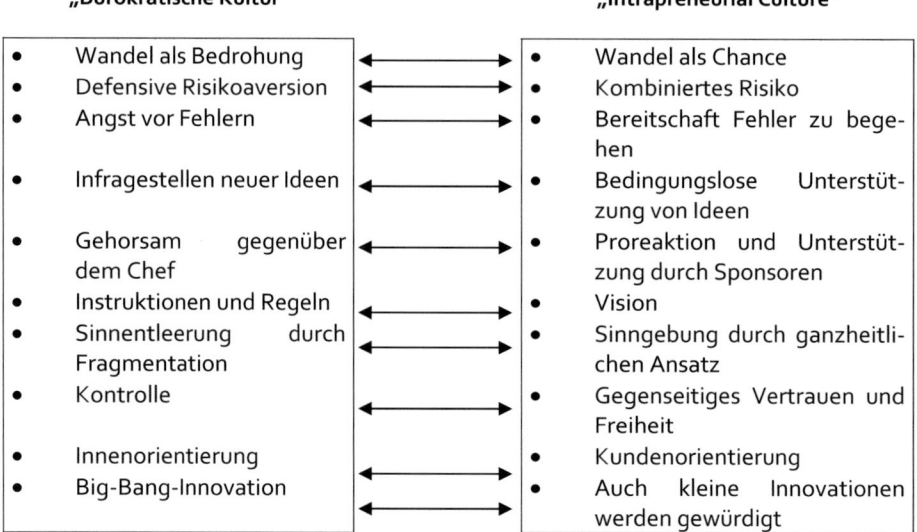

„Bürokratische Kultur"   „Intrapreneurial Culture"

„Bürokratische Kultur"	„Intrapreneurial Culture"
• Wandel als Bedrohung	• Wandel als Chance
• Defensive Risikoaversion	• Kombiniertes Risiko
• Angst vor Fehlern	• Bereitschaft Fehler zu begehen
• Infragestellen neuer Ideen	• Bedingungslose Unterstützung von Ideen
• Gehorsam gegenüber dem Chef	• Proreaktion und Unterstützung durch Sponsoren
• Instruktionen und Regeln	• Vision
• Sinnentleerung durch Fragmentation	• Sinngebung durch ganzheitlichen Ansatz
• Kontrolle	• Gegenseitiges Vertrauen und Freiheit
• Innenorientierung	• Kundenorientierung
• Big-Bang-Innovation	• Auch kleine Innovationen werden gewürdigt

Quelle: nach Bitzer, M.: Intrapreneurship - Unternehmertum in der Unternehmung, Stuttgart 1991, S. 37.

Entscheidend ist, dass der gesellschaftliche Wandel als Chance, nicht als Bedrohung wahrgenommen wird. Wandel ist nicht nur eine zu bewältigende Herausforderung - sondern eröffnet zugleich auch Nutzenpotenziale. Das Streben nach Neuerungen und Ungleichgewichten steht im krassen Gegensatz zu einer verbreiteten Mentalität, die auf Bewahrung des Bestehenden setzt - und nicht auf seine Veränderung "Flexibilität und Kreativität, sowohl der Organisation als Ganzes als auch ihrer einzelnen Mitglieder, werden damit zu konstituierenden Merkmalen einer zukunftsgewandten unternehmerischen Kultur". (Bitzer, M.: 1991, S. 38).

Der *Don't Rock the Boat*- Philosophie - typisch für die Risikoaversion träger Großorganisationen - steht eine Bereitschaft zu kontrolliertem Risiko (und Toleranz bei Fehlern) gegenüber, die unternehmerische Initiativen und Innovationen befördert - im Interesse des Intrapreneurs und seiner Institution.

Die Innovationsorientierung einer Intrapreneurship-Kultur manifestiert sich u.a. in der bedingungslosen Unterstützung neuer Ideen - etwa nach dem 11. Gebot von 3M - "*Thou shalt not kill a new product idea*" (Roberts, E.B.: 1978, p.121)- und auch in der Förderung kleinerer Neuerungen *make a little, sell a little* (was nicht unbedingt dem klassischen Ideal einer 'bigbang'-Innovation entspricht).

Anstelle untertänigen Gehorsams gegenüber einem - mehr oder minder - autoritären Chef tritt in der Intrapreneurial Culture ein von gegenseitigem Vertrauen geprägtes Verhältnis zwischen internem Unternehmer und Sponsor, der den Intrapreneur in seinem Vorhaben berät, unterstützt und auch "den Rücken freihält". Eine Kultur des Vertrauens manifestiert sich auch in der großen Handlungs- und Entscheidungsfreiheit (*Freedom in the job*) des Einzelnen. "Das Verhalten der Mitarbeiter wird in einer solchen Kultur nicht mehr durch eine Vielzahl Regeln und Instruktionen beeinflusst, sondern durch eine klar kommunizierte Vision der Leitung, wie die Zukunft der Institution aussehen soll." (Bitzer, M.: 1991, S. 38).

Abbildung 3: Entscheidungsprozesse bei der Suche nach einer neuen Geschäftsmöglichkeit

Der Intrapreneur fragt sich:	Der Verwalter fragt sich:
Wo bietet sich eine neue Möglichkeit? Wie kann ich sie nutzen?	Welche Ressourcen unterstehen mir?
	Welche Struktur bestimmt die Beziehung unserer Organisation zum Markt?
Welche Ressourcen benötige ich dazu?	Wie kann ich den Einfluss anderer auf meine Leistung minimieren?
Wie erhalte ich diese Ressource?	Welche Möglichkeit ist am geeignetsten?
Welche Struktur ist am geeignetsten?	

Quelle: Bitzer, M.: Intrapreneurship - Unternehmertum in der Unternehmung, Stuttgart 1991, S. 22.

Größtes Gewicht wird in einer Intrapreneurial Culture dem Urteil des Kunden beigemessen, d.h. die Neuerungen orientieren sich an den Bedürfnissen der Bürger.

Entsprechend unterschiedlich sind die Verhaltensweisen von Intrapreneur und Bürokrat/Verwalter, wenn man den Entscheidungsprozess analysiert, der bei der Suche nach neuen Geschäftsmöglichkeiten abläuft (vgl. Abbildung 3).

Konzeption einer Intrapreneurship-Verwaltung

Geht man davon aus, dass die jeweilige Verwaltungseinheit nicht - oder nur marginal - in der Lage ist, ihre gesellschaftliche Umwelt zu verändern, so ist nach den innerorganisatorischen Bedingungen zu fragen, die eine aktive Wettbewerbs- und Innovationsstrategie ermöglichen.

Aus analytischen Gründen erscheint es dabei zweckmäßig, zwischen Innovationsneigung (=Motivation) und Innovationsfähigkeit (=Ressourcenpotenzial und Organisationsstruktur) zu unterscheiden. Beide, Innovationsneigung und Innovationsfähigkeit, zusammengenommen sind notwendige und zugleich hinreichende Bedingungen für Neuerungen im öffentlichen Sektor. Ist etwa die Innovationsneigung des Personals hoch bei fehlender Innovationsfähigkeit der Einrichtung (Ressourcenmangel, neuerungsfeindliche Organisationsstruktur), so können Neuerungen nicht realisiert werden - gleichsam "mangels Masse" und organisatorischer Innovationsresistenz. Umgekehrt: Sind die materiellen und strukturellen Bedingungen für die Einführung von Neuerungen vorhanden (= hohe Innovationsfähigkeit), ist aber die Innovationsneigung des Personals gering, so wird das vorhandene Innovationspotenzial nicht aktualisiert, da die beteiligten Mitarbeiter neuerungsfeindlich sind (= "Dienst nach Vorschrift").

Bei radikaler "Reduktion von Komplexität" (N. Luhmann) sind neben den - in der Regel äußerst heterogenen - Zielgruppen/Kunden der öffentlichen Verwaltung sechs Variable - besser wohl Variablengruppen - zu unterscheiden (vgl. Abbildung 4):

1. das Leitbild
2. die Verwaltungskultur
3. die Leitung
4. das Personal
5. die IuK- und die Organisationsstruktur
6. das Ressourcenpotenzial.

Die ersten vier Variablen begründen als Ensemble eine niedrige oder hohe <u>Innovations-neigung.</u> Die beiden letztgenannten gelten als Determinanten der <u>Innovationsfähigkeit.</u>

1. Leitbild

Das Leitbild einer öffentlichen Verwaltung dient der mittel- bis langfristigen Orientierung der Institution und definiert zugleich den Rahmen ihrer Tätigkeit (*Der Kunde ist König, Leistung aus Leidenschaft*). "Ein Leitbild enthält die grundsätzlichen und damit allgemeingültigsten, gleichzeitig aber auch abstraktesten Vorstellungen über angestrebte Ziele und Verhaltensweisen der Institution. Es ist ein 'realistisches Idealbild', ein Leitbildsystem, an dem sich alle unternehmerischen Tätigkeiten orientieren (oder auch orientieren sollten)." (Brauchlin, E., 1984, S.313).

Dabei haben Leitbilder einer Orientierungs- und Sinngebungsfunktion. Sie dienen der Motivation und Verhaltensentwicklung sämtlicher Mitglieder einer Institution (vgl. Abbildung 5).

Abbildung 5: Funktionen und Dysfunktionalitäten von Leitbildern

Funktionen von Leitbildern	Mögliche Dysfunktionalitäten
• Entwurf eines Zukunftsfits von Umwelt- und Unternehmungsentwicklung • Orientierungs- und Stabilisierungsfunktion • Beitrag zur Sinnfindung • Verhaltensentwicklung • Motivation und Kohäsion • Erleichterung der Koordination • Imagebildung • Unternehmungskulturelle Transformationsfunktion	• Irreale Wunschbilder vermitteln Gefühl trügerischer Sicherheit • Notwendiger Wandel wird blockiert • Kosmetische Schönfärberei von Stäben; unglaubwürdige Leerformen • „Kulturtechnokratie" mit kontraproduktiven Wirkungen

Quelle: Bleicher, K.: Leitbilder. Orientierungsrahmen für eine integrative Managementphilosophie, 2. Aufl., Stuttgart 1994, S. 22.

Bei der praktischen Implementierung zeigen sich erfahrungsgemäß einige Dysfunktionalitäten bzw. Stolpersteine, die zu beachten sind.

Neun Stolpersteine der Leitbildentwicklung

- Ein erster Stolperstein ist im einseitigen Versuch der Verwaltungsleitung zu sehen, Grundsätze quasi von außen aufzupfropfen. Nicht selten handelt es sich dabei um fremde Konzepte, die an den Bedürfnissen des eigenen Hauses vorbeigehen.

- Ein zweiter Stolperstein kann die unzureichende Beteiligung von Mitarbeitern sein. Werden die Mitarbeiter ausgeschlossen, leisten sie mit großer Wahrscheinlichkeit Widerstand; kann die Verwaltungsleitung nicht von vornherein für das Projekt gewonnen werden, versandet es frühzeitig. In solchen Fällen scheitern selbst verantwortungsbewusste und aktive Projektgruppen.

- Ein dritter Stolperstein kann daraus erwachsen, dass die Verwaltungsleitung die erstellten Grundsätze für sich selbst nicht akzeptiert.

- Ein vierter Stolperstein ist eine fehlende Organisation der Einführung.

- Ein fünfter Stolperstein bei der Einführung von Grundsätzen ist die Anwendung unzureichender methodischer Hilfsmittel; entweder werden verfügbare Methoden wie Befragungen von Bürgern, Mitarbeitern und Kunden, Kommunikationstechniken, strategische Analysen, überhaupt nicht oder falsch eingesetzt.

- Ein sechster Stolperstein ist in der Wahl der Formulierungen zu erblicken. Da man sich in manchen Verwaltungen nicht auf geeignete Formulierungen einigen kann, wählt man derart allgemeine Aussagen, so dass das entwickelte Leitbild schließlich inhaltsleer und nichtssagend wird.

- Ein siebter Stolperstein sind fehlende Maßnahmen der Information und der Aufklärung. Mitarbeiter, Kunden und Bürger müssen genauer über die Bedeutung des Leitbildes und seiner Grundsätze unterrichtet werden, zumal dann, wenn sie an seiner Erarbeitung nicht beteiligt wurden.

- Ein achter Stolperstein ergibt sich bei Grundsätzen, die Leistungen fordern, die niemand zu erbringen in der Lage ist. Sie erreichen das Gegenteil von dem, was ursprünglich beabsichtigt war. Der Grund liegt in der Überforderung der Mitarbeiter und der Führungskräfte.

- Ein neunter Stolperstein ist die Vernachlässigung der Tradition und Kultur des Hauses.

nach: Bleicher, K.: Leitbilder. Orientierungsrahmen für eine integrative Managementphilosophie, 2. Aufl., Stuttgart-Zürich 1994, S. 67 f

2. Verwaltungskultur

Definiert man Kultur als historisch abgeleitete Werte und Lebensmuster ("designs of living"), die von der Mehrzahl ihrer Mitglieder geteilt werden (Kroeber, A.; Kluckhohn, C.: 1952, S. 3), so kann idealtypisch zwischen neuerungsfeindlichen und neuerungsfreundlichen Verwaltungskulturen unterschieden werden (Wollert, A.: 1999, S.91). Innovationsfreundliche Kulturen zeichnen sich dadurch aus, dass Werte wie Leistungsorientierung, Konkurrenzdenken ("spirit of competition"), Risikobereitschaft, Experimentierfreudigkeit, Vielfalt und Infragestellen eingefahrener Routinen positiv besetzt sind und entsprechend honoriert werden.

Wichtiger Bestandteil eines Intrapreneurship-Konzepts ist die Transformation innovationsfeindlicher Verwaltungskulturen - gekennzeichnet etwa durch Absicherungsdenken, Dienst nach Vorschrift, Routinehandeln, - in eine innovationsorientierte Einrichtung, die nicht nur Neuerungen zulässt sondern auch aktiv fördert. Die Transformationsstrategien reichen dabei von einem spontan-chaotischen 'Durchwursteln' ("muddling through") aller Beteiligten bis zu einer straffen, technokratischen Leitbildvorgabe durch die Verwaltungsspitze. Eine mittlere Position verweist auf die guten Erfahrungen mit dem Gegenstromprinzip, das bottom-up- und top-down-Strategien zu kombinieren versucht, und in größeren Einrichtungen das sogenannte Babuschka-Verfahren anwendet: Wie bei den ineinander verschachtelten russischen Puppen wird das Leitbild der Organisation mit seinen tragenden Werten und Prinzipien auf Teilbereiche und -sektoren heruntergebrochen. Allerdings ist unsere Ungewissheit über den Verlauf dieses Prozesses nahezu unbegrenzt.

Neue Paradigmen des Wandels. Acht Lektionen

1. Lektion:
Sie können nicht vorschreiben, was wichtig ist. (Je komplexer der Wandel, desto weniger lässt er sich erzwingen).

2. Lektion:
Der Wandel ist eine Reise und kein festgelegter Plan. (Veränderungen verlaufen nicht linear, stecken voller Unwägbarkeiten und sind manchmal tückisch).

3. Lektion:
Probleme sind unsere Freunde. (Probleme sind unvermeidlich und ohne sie gibt es kein Lernen).

4. Lektion:
Vision und strategische Planung haben Zeit bis später. (Verfrühte Visionen und Pläne machen blind).

5. Lektion:
Ansprüche des Einzelnen und der Gruppe müssen sich die Waage halten. (Es gibt keine einseitigen Lösungen zugunsten der Isolation oder des Gruppendenkens).

6. Lektion:
Weder Zentralisierung noch Dezentralisierung bringen den gewünschten Erfolg. (Sowohl 'top-down'- als auch 'bottom-up'-Strategien sind notwendig).

7. Lektion:
Besonders wichtig ist die Verbindung mit dem weiteren Umfeld. (Die besten Organisationen lernen sowohl extern als auch intern).

8. Lektion:
Jeder ist ein Change Agent. (Der Wandel ist zu wichtig, als dass wir ihn den Experten überlassen dürften).

nach: Fullan, M.: Die Schule als lernendes Unternehmen, Stuttgart 1999, S. 47f

Zweierlei ist festzuhalten:

- Die Veränderung von Verwaltungskulturen ist ein mühsamer und andauernder Prozess, dessen Ergebnis äußerst ungewiss ist. Erfolge sind eher die Ausnahme - und nicht die Regel.
- Eine zentrale Rolle bei der Entwicklung der Organisationskultur spielt das Topmanagement der öffentlichen Verwaltung: Seine Visionen, seine Rolle als Change Agents, sein Leadership-Verhalten.

3. Leitung als Leadership

Um ein Intrapreneurship-Konzept zu entwickeln und zu implementieren braucht es eine Leitung, die mehr ist als bloße Verwaltung der Einrichtung, sondern die führt. Moderne Verwaltungsführung bedeutet Leadership, d.h. eine Führung mit entwicklungsorientierten Visionen sowie der Fähigkeit, ein Team zu bilden.

Während Management sich auf die operativen Aufgaben im Tagesgeschäft bezieht, umfasst Leadership die normativ strategische Ausrichtung der Einrichtung und ihre Potenzialentwicklung, sie umfasst die organisatorische, fachliche und die Führungsentwicklung. Als individuelle Führungsdisziplinen gelten Systemdenken, "Personal Mastery" (Senge, P.M.: 1996, s. 35) und mentale Modelle mit Sozial- und Handlungskompetenz.

Unabhängig von der jeweiligen Selbstinterpretation und dem Rollenverständnis des Führungspersonals (strukturelle, personelle, politische und symbolische Sichtweise vgl. Bolman, L.G.; Deal, T.E.: 1991, S. 368 ff) erfordern Intrapreneurship-Konzepte eine Abkehr vom konventionellen Führungsverständnis. "Unsere vorherrschenden Führungsmythen sind immer noch vom Bild des Kavalleriehauptmanns beherrscht, der zur Attacke bläst, um die Siedler vor den angreifenden Indianern zu retten. Solang solche Mythen weiterbestehen, verstärken sich die Konzentration auf kurzfristige Ereignisse und charismatische Helden und lenken uns von systemischen Kräften und einem kollektiven Lernen ab." (Senge, P.: 1996, S. 411).

Im Grunde basiert eine derartige Führungsphilosophie auf einem elitär-pessimistischen Menschenbild. Danach seien 'die' Menschen machtlos, ihnen fehle eine Vision und sie seien nicht in der Lage, Prozesse des Wandels persönlich zu meistern - "Defizite, die nur durch einige herausragende Führungspersönlichkeiten wettgemacht werden." (Senge, P.: 1996, S. 411).

Das tradierte Führungsmodell (*Männer machen Geschichte*) hat bei strukturierter Umwelt, Ein-Produkt-Verwaltungen, zentralisierter Organisation und standardisiertem Massenservice seine hohe Effizienz erwiesen. Es versagt aber nicht selten bei unstrukturierter, 'chaotischer' Umwelt, differenziertem Dienstleistungs-Portfolio und hoher Innovationsintensität.

Damit benötigt das Top-Management - auch öffentlicher Verwaltungen - die Fähigkeit, nichtlineare, komplexe Veränderungsprozesse in Teamarbeit zu koordinieren - oder gar zu gestalten. Der Umgang mit Komplexität, Risikobereitschaft, Netzwerkarbeit, Sozial- und Implementierungskompetenz - also unternehmerische Fähigkeiten im weitesten Sinne des Wortes - werden so zum neuen Leitungsprofil eines New Public Management. Dies gilt umso mehr, als Veränderungs- und Innovationsprozesse nicht präzise prognostiziert oder gar gesteuert werden können. Mehr noch. "Während Senge zu dem Schluss kommt, dass Ursache und Wirkung in komplexen Systemen weit auseinander liegen und deshalb schwer aufzuspüren sind, komme ich zu dem Schlusse, dass die Verbindung zwischen Ursache und Wirkung überhaupt verschwindet und daher unmöglich aufzuspüren ist." (Stacey, R.: 1992, S. 48).

4. Das Personal als Intrapreneure

Dreh- und Angelpunkt eines innovativen öffentlichen Sektors, der in einem Wettbewerbsmarkt operiert, ist das Personal und seine Professionalität. Diese triviale Feststellung resultiert aus der Erkenntnis, dass es bereits gegenwärtig im öffentlichen Sektor unter gleichen Arbeitsbedingungen 'gute' und 'schlechte' Finanzbeamte, kommunale Angestellte und 'gute' und 'schlechte' Lehrer gibt, die 'gute' und 'schlechte' Leistungen produzieren. Der Versuch des (Verwaltungs-)Personals, schlechte Arbeitsergebnisse den bestehenden Rahmenbedingungen (zu wenig Ressourcen, Arbeitsüberlastung, Zeitmangel) anzulasten, ist zwar psychologisch verständlich, greift aber zu kurz.

Empirische Untersuchungen des New Public Management kommen zu folgenden Ergebnissen:

- Innovatives Verhalten und konkurrenzfähige Leistungen sind primär in öffentlichen Verwaltungen zu erwarten, die markt- und wettbewerbsorientierte Dienstleister sind (oder sich zumindest als solche verstehen) - und deren Mitarbeiter sich als 'Change Agents' begreifen. Klassische Verwaltungsbeamte, die eher Sicherheitsdenken verkörpern als Wagemut, Neuerungswillen und einen 'spirit of competition' sind wenig geeignet, innovatives Verhalten einzuüben und Neuerungen in der Verwaltung durchzusetzen.

- Benötigt werden also Unternehmer innerhalb einer Neuen Öffentlichen Verwaltung (New Public Administration), die sich innovativ verhalten, mit neuartigen Serviceleistungen neue Märkte erobern, neue Verfahren durchsetzen und sich als Teil eines innovativen, lernenden Verwaltungsmilieus begreifen, d.h. die zu Intrapreneuren werden.

Um als Change Agents im öffentlichen Sektor aktiv werden zu können, sind - mindestens - vier Fähigkeiten notwendig. Sie gelten als Grundlage für die Entwicklung individueller Neuerungskompetenz:

1. Die Entwicklung einer persönlichen Vision. "Mit der Formulierung einer Vision über unsere Zukunft kommen unsere Zweifel über unsere Verwaltung und seine Zukunft zum Ausdruck". (Block, P.: 1992, S.118). Anders ausgedrückt: Eine Vision ist Ausdruck unserer Enttäuschung über die Gegenwart. Fehlt eine Vision wird sie durch Denkschablonen und Routinehandeln ersetzt.

2. Die zweite Fähigkeit - ein kritisches Infragestellen des Bestehenden - ist gleichbedeutend mit Verhaltensweisen, die sich durch "Neugierde, Experimentierfreudigkeit und Vielfalt" (Stacey, R.: 1992, S. 112) auszeichnen. Praktisch handelt es sich um eine Art persönliches "Veränderungsmanagement".

3. Das Streben nach persönlicher Meisterschaft (*Personal Mastery*) ist ein weiterer entscheidender Aspekt innovativen Verhaltens. Orientierung an den Besten, Benchmarking, ist nicht nur eine Norm für Organisationen, sondern auch für Individuen. Das Streben nach persönlicher Meisterschaft erfordert nicht nur eine Vision und kritisches Infragestellen, sondern auch die Bereitschaft zu lebenslangem Lernen.

4. Der vierte Faktor ist die Fähigkeit zur Zusammenarbeit in Teams. Komplexe Aufgabenstellungen in innovativen Verwaltungen sind mit dem Kompetenzprofil eines einzelnen Mitarbeiters in akzeptabler Zeit nicht zu verwirklichen. "Dies führt zu einer Notwendigkeit, Gruppen zu bilden, deren Mitglieder zusammen das erforderliche Profil abdecken und dadurch die Aufgabe lösen können. Dies ist die einzig plausible Erklärung für die Bildung von Teams in Unternehmen" (Müller, U.-R.: 1997, S. 194).

5. Integrative Intrapreneurship- Supportstruktur

Die skizzierten 4 Komponenten einer Intrapreneurship-Konzeption sind notwendige, aber keine hinreichenden Bedingungen für die Entwicklung und nachhaltige Implementierung dieses Konzepts. Als Support-System ist eine leistungsfähige und offene I-und K- Struktur notwendig, die interne wie externe Kommunikation ermöglicht und die notwendige informationelle Basis für ein erfolgreiches Intrapreneurship sichert.

Des Weiteren ist Intrapreneurship nur in einer dezentralisierten, flachen und 'flüssigen' Organisationsstruktur möglich - eine Struktur, die im Idealfall nicht nur Innovationen ermöglicht- sondern sogar befördert. Hierarchie, Zentralität, hohe Organisationsspannen, Kompetenzabgrenzung, Absicherungsmentalitäten   sind nach aller Erfahrung entscheidende Hemmnisse für Neuerungen durch Intrapreneure. Sie führen in aller Regel zur Resignation (Dienst nach Vorschrift) oder zum Ausscheiden des Intrapreneurs aus der Institution.

Personalentwicklung als *life long learning* Prozess mit Orientierung an der Entwicklung spezifischer unternehmerischer Eigenschaften kann drei Kompetenzclustern zugeordnet werden: Achievement-Kompetenzen, Planungs-Kompetenzen und Macht-Kompetenzen (McClelland, D.C. : 1965, S.389 ff).

Abbildung 6:   Personal Entrepreneurial Characteristics (PECs)

Achievement-Kompetenzen
Risikobereitschaft, Engagement, Persistenz

Planungskompetenzen
Ziele setzen, systematische Planung und Kontrolle, Informationssuche

Macht-Kompetenzen
Überzeugungskraft, Selbstsicherheit, Netzwerkarbeit

Quelle: McClelland, D.C.: N-achievement and Entrepreneurship. A Longitudinal Study, in: Journal of Personality and Social Psychology, Vol. 1,1965, pp 389.

Um eine tatsächlich funktionsfähige Supportstruktur zu etablieren, ist die integrative - horizontale - Vernetzung von I-und K-, Organisationsstruktur und Personalentwicklung bzw. ihr wechselseitiger Bezug. Eine kompetenzorientierte Personalentwicklung etwa, die auf eine innovationsresistente Organisationsstruktur (Hierarchie, Zentralität) stößt, kann ihr unternehmerisches Potenzial nicht entfalten. Umgekehrt formuliert: Neuerungsunterstützende Strukturen bleiben ohne Effekt, wenn das Personal verbreitete *Dienst-nach-Vorschrift*-Mentalität an den Tag legt.

6. Ressourcenpotenzial

Die Umsetzung von Neuerungen erfordert (nicht immer) zusätzliche Ressourcen, deren Größe im Wesentlichen von den jeweiligen öffentlichen Budgets bestimmt wird. Angesichts der Finanzkrise des Steuerstaates ist bei Teilen der öffentlichen Verwaltung die Einwerbung privater Mittel - etwa via Sponsoring - wichtiger Bestandteil der Budgetpolitik geworden. Ohne an dieser Stelle auf die Vor- und Nachteile einer möglichen Abhängigkeit öffentlicher Institutionen von privaten Interessen eingehen zu können, ist sicher, dass der Erfolg einer entsprechenden Aquisitionsstrategie nicht unwesentlich von den unternehmerischen Kompetenzen der Intrapreneure abhängt.

Implementierungsprobleme und Widerstände

In manchen Institutionen des öffentlichen Sektors gleicht die Einführung einer Intrapreneurship-Konzeption einer Art Kopernikanischer Wende. Vermeintlich Bewährtes muss aufgegeben werden, tradierte Routinen werden in Frage stellt, kurz: Das Old Public Management hat ausgedient.

Reformen begünstigen stets spezifische Interessenten - und belasten andere. Folglich mobilisiert die Einführung eines New Public Management Widerstände, die bis zum Scheitern des Konzepts - bzw. seiner Nicht-Einführung reichen (vgl. Abbildung 7).

1. <u>Absicherung von Systemstrukturen.</u> Innovationsschwächen der öffentlichen Verwaltung sind *weniger auf Ideenmangel als vielmehr auf das Unvermögen, Ideen in tatsächliche Innovationen umzusetzen*, zurückzuführen. "Allzu oft (wird) die auf organisatorische Konsistenz und Effizienz gerichtete Bürokratie als Kern allen Übels identifiziert". (Bitzer, M.: 1991, S. 13). Die Absicherung von Systemstrukturen, die sich in der Vergangenheit als erfolgreich erwiesen haben, ist Hauptgrund für die Innovationsresistenz der Bürokratie - selbst wenn sie sich bei wachsender Dynamisierung der Umwelt zunehmend als dysfunktional erweisen.

2. <u>Kommunikationsbarrieren und Bereichsegoismen</u> engen das Interesse und den Handlungsspielraum der Mitarbeiter auf genau vorgegebene (Routine-)Tätigkeiten mit einem sehr beschränkten Zeithorizont ein. Langfristig orientierte Innovationsaktivitäten werden so systematisch eliminiert. "Organisationen sind dazu geschaffen, jenes zu verwalten, zu bewahren und zu schützen, was bereits existiert; kreative Denker sind dazu da, jenes zu Leben zu erwecken, was noch nie da war" (Sinetar, zit. in Bitzer, M. : 1991, S. 14).

3. <u>Exzessive Planungs- und Kontrollsysteme</u> können neue Projekte bereits im Keim ersticken. Sie manifestieren eher das Misstrauen der Organisation gegenüber den eigenen Mitarbeitern als funktionale Notwendigkeiten, getreu dem Leninschen Motto *"Vertrauen ist gut, Kontrolle ist besser"*. Und hemmen so die Bereitschaft zur Übernahme unternehmerischen Risikos. Die Folge ist ein *"don't stick your neck out"* Verhalten, (denn sonst wird man um einen Kopf kürzer gemacht).

4. <u>Inadäquate Belohnungssysteme</u> ersticken unternehmerische Initiativen, wenn Fehlschläge mit dem Risiko von Karrierestopps oder gar -rückschlägen verbunden sind, Erfolge hingegen keinerlei positive Effekte auf Karriere oder Gehalt haben. Die Ergebnisse eines derartig ungleichgewichtigen Risiko-Erfolgs-Systems (das im öffentlichen Sektor verbreitet ist) sind vorhersehbar: *Es ist rational, nicht zum Intrapreneur zu werden - oder anders ausgedrückt: Unternehmerische Initiativen sind irrational.*

5. <u>Innovationsmangel als personales Problem.</u> Einerseits wird häufig der *"lack of entrepreneurial talents"* beklagt, andererseits stoßen gerade Intrapreneure als "fanatische Querköpfe" sehr oft auf Widerstände innerhalb der Organisation. *Ideenreiche Mitarbeiter fallen mit Initiativen unangenehm auf.* Tatsächlich existiert unter den Mitarbeitern häufig ein latentes Potenzial an unternehmerischen Persönlichkeiten, die bestehende Organisation und Kultur verhindern jedoch seine Aktualisierung. Neue Ideen und Innovationen werden so im Keime erstickt.

Die Verwaltungsleitung steht also - nimmt sie ihren Leadership Auftrag Ernst - vor der Aufgabe, innerhalb der Organisation einen Entwicklungsprozess einzuleiten, der die skizzierten

Widerstände gegen Neuerungen systematisch abbaut und gleichzeitig die *driving forces* der Innovationen nachhaltig unterstützt.

Probleme und Schwachstellen des Intrapreneurship-Konzepts

Da das interne Unternehmertum ein unternehmensweites Konzept ist, wird dem Versuch einer Revitalisierung bürokratischer Institutionen durch Intrapreneurship wenig Erfolg beschieden sein, wenn es nicht die volle Unterstützung des Top-Managements hat. Lippenbekenntnisse und nur kurzfristige opportunistische Zusagen reichen nicht aus.

Die soziale Innovation Intrapreneurship bedeutet vor allem einen kulturellen Wandel, der einen langfristigen Zeithorizont umfasst - und entsprechend langfristiger Unterstützung auch eventuell nachfolgender Verwaltungsleitung.

Ein "dramatischer" Wandel bedarf nicht nur des Commitments des Top-Managments sondern auch aller anderen Mitglieder der jeweiligen Organisation.

Die Verankerung von Intrapreneurship auf allen Ebenen der Einrichtung ist weniger eine Führungs- und Organisations- als vielmehr ein kulturelles Problem. Kultureller Wandel entzieht sich aber einer technokratischen Steuerung durch Sozialingenieure. Der Aufforderung *"to create an entrepreneurial culture"* kann realistischerweise überhaupt nicht nachgekommen werden. Allenfalls können Entwicklungsimpulse gegeben - und Rahmenbedingungen geschaffen werden, innerhalb derer jeder zum internen Unternehmer werden *kann.* "Ein Unternehmensklima, in dem jeder meint, er müsse ein Intrapreneur sein, obwohl er das Fähigkeitsprofil des internen Unternehmers gar nicht besitzt, würde zu einem Innovationsopportunismus führen, der kaum den gewünschten Erfolg bringen wird " (Bitzer, M.: 1991, S. 47).

"When a large company tries to encourage everyone to be entrepreneurial, it often finds everyone is off spending money on wild, impractical schemes. This so called entrepreneurial philosophy of 'Ready, fire, aim' has caused more than one company to shoot itself right in the foot." (Shostack, G.L., 1988, p. 50).

Literaturverzeichnis

Bitzer, M.:	Intrapreneurship - Unternehmertum in der Unternehmung, Stuttgart 1991.
Bleicher, K.:	Leitbilder. Orientierungsrahmen für eine integrative Managementphilosophie, 2. Aufl., Stuttgart 1994.
Block, P.:	Der autonome Manager, Frankfurt a. Main 1992.
Bolman, L.G.; Deal, T.E.:	Reframing Organizations, San Francisco 1991.
Brauchlin, E.:	Schaffen auch Sie ein Unternehmensleitbild, in: O-Management Zeitschrift, H.7/8, 1984, S. 313-327.

Braun, G.: Intrapreneurship oder die Innere Führung als betrieb-liche Führungsphilosophie, in: Opitz, E. (Hrsg): 50 Jahre Innere Führung, Bremen 2001, S. 116-130.

Fels, G.: Der Staat unter Modernisierungsdruck, in: Institut der deutschen Wirtschaft (Hrsg.): Wege zu einem effizienten Staat, Köln 2003, S. 11-19.

Fullan, M: Die Schule als lernendes Unternehmen, Stuttgart 1999.

Knight, R.M: Corporate Innovation and Entrepreneurship: A Canadian Study, in: Journal of Product Innovation, Vol. 4, 1987, pp. 284-297.

Kopke, J.: Cooperative Entrepreneurship. Entrepreneurial Dynamics and their Promotion in Self-help Organizations, Marburg 1992.

Kroeber, A.; Kluckhohn, C.: Culture - A Critical Review of Concepts and Definitions, New York 1952.

Kuhn, Th.: Internes Unternehmertum. Begründung und Bedingungen einer "kollektiven Kehrtwendung", München 2000.

McClelland, D.C.: N-achievement and Entrepreneurship. A Longitudinal Study, in: Journal of Personality and Social Psychology, Vol. 1,1965, pp. 389-407.

Morris, M.H.; Kuratko, D. F. Covin, J. G.: Corporate Entrepreneurship & Innovation, Ohio 2003.

Müller, U.R.: Machtwechsel im Management, Freiburg-Berlin-München 1997.

Peters, T.: Re-imagine. Spitzenleistungen in chaotischen Zeiten, Offenbach 2007.

Roberts, E.B.: Managing New Technical Ventures, in: Technology, Innovation and Corporate Strategy, Cambridge, 1978, pp. 121-145.

Schumpeter, J.: Theorie der wirtschaftlichen Entwicklung, 7. Aufl., Berlin 1987 (1. Aufl. 1911).

Senge, P.M,:   Die fünfte Disziplin, 3. Aufl., Stuttgart 1996.

Shostack, G.L.:   Innovation and Entrepreneurship: planning on the
                    long run, in: Journal of Business Strategy, Vol. 9,
                    July/August 1988, pp.49-50

Sinetar, M.:   Entrepreneurs, Chaos, and Creativity - Can Creative
                    People Really Survive Large Company Structure ? in:
                    Sloan Management Review, Winter 1985, pp. 57-62.

Stacey, R.:   Managing the Unknowable, San Francisco 1992.

Thome, Th.:   Unternehmer im Unternehmen. Ein Beitrag zur
                    Intrapreneurship-Diskussion, Diss. Marburg 1998.

Rolf Christiansen (Landrat des Landkreises Ludwigslust)

„Steuerung (Führung) von innovationsorientierten Systemen; Personelles Leitbild"

Steuerung von
innovationsorientierten Systemen;
Personelles Leitbild

Landratsamt Ludwigslust – von der Behörde
zum Dienstleister

Think ahead – move forward,

Güstrow, 24.04.2008 Landrat Rolf Christiansen

Landkreis Ludwigslust

Raum für Zukunft

- **„Binnenunternehmertum** bezeichnet das unternehmerische Verhalten von Mitarbeitern in Unternehmen und öffentlichen Einrichtungen. Die Mitarbeiter sollen sich so verhalten, als ob sie selbst Unternehmer wären." (Wikipedia zu „intrapreneurship")

- Verwaltungsangestellte und -Beamte als Unternehmer?
- In Deutschland?
- Im öffentlichen Dienst?
- In Mecklenburg – Vorpommern?

?

www.kreis-lwl.de   2

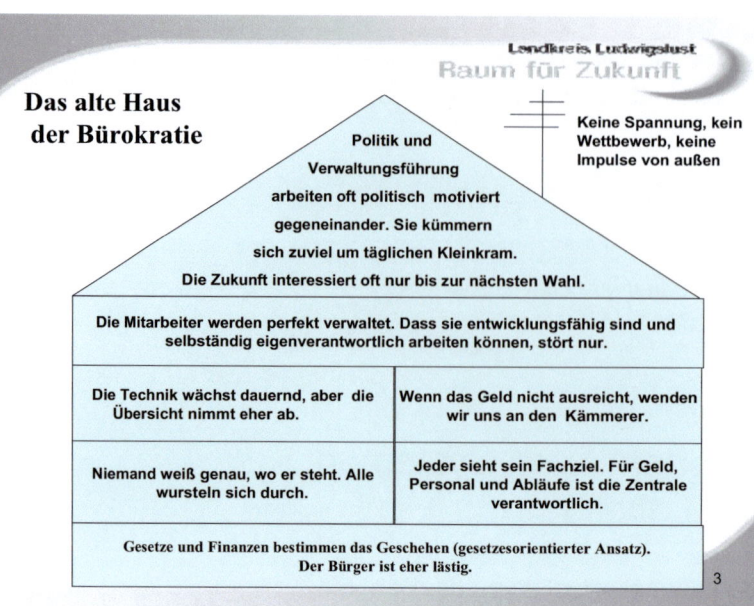

Das alte Haus
der Bürokratie

Landkreis Ludwigslust
Raum für Zukunft

Politik und Verwaltungsführung arbeiten oft politisch motiviert gegeneinander. Sie kümmern sich zuviel um täglichen Kleinkram. Die Zukunft interessiert oft nur bis zur nächsten Wahl.

Keine Spannung, kein Wettbewerb, keine Impulse von außen

Die Mitarbeiter werden perfekt verwaltet. Dass sie entwicklungsfähig sind und selbständig eigenverantwortlich arbeiten können, stört nur.

Die Technik wächst dauernd, aber die Übersicht nimmt eher ab.

Wenn das Geld nicht ausreicht, wenden wir uns an den Kämmerer.

Niemand weiß genau, wo er steht. Alle wursteln sich durch.

Jeder sieht sein Fachziel. Für Geld, Personal und Abläufe ist die Zentrale verantwortlich.

Gesetze und Finanzen bestimmen das Geschehen (gesetzesorientierter Ansatz). Der Bürger ist eher lästig.

3

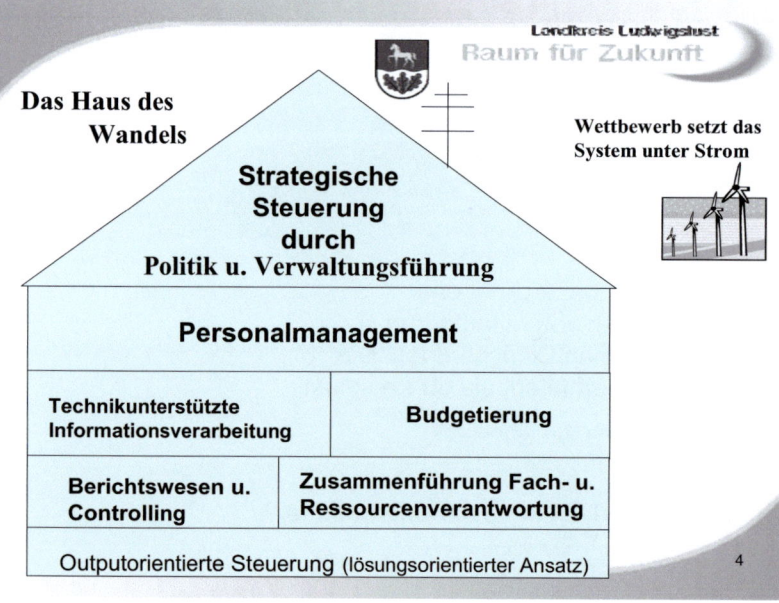

Das Haus des
Wandels

Landkreis Ludwigslust
Raum für Zukunft

Strategische
Steuerung
durch
Politik u. Verwaltungsführung

Wettbewerb setzt das System unter Strom

Personalmanagement

Technikunterstützte Informationsverarbeitung

Budgetierung

Berichtswesen u. Controlling

Zusammenführung Fach- u. Ressourcenverantwortung

Outputorientierte Steuerung (lösungsorientierter Ansatz)

4

Mitarbeiter, die

- verantwortlich mitgestalten,
- lösungsorientiert,
- kundenorientiert,
- und kostenorientiert handeln.

> Leitbild, gemeinsam entwickelt 1998

www.kreis-lwl.de

5

Leitbild des Landratsamtes Ludwigslust

Das Leitbild dient uns als verbindliche Orientierungs- und Handlungsgrundlage.Zum Landratsamt Ludwigslust kann auf Dauer nur gehören, wer sich mit dem Leitbild identifiziert.

I.   Das bieten wir unseren Kunden:

1. höflichen, vertrauensbildenden Umgang
2. umfassendes Informations- und Serviceangebot
3. hohes Niveau bei Beratung und Bearbeitung
4. schnellstmögliche Erledigung der Anliegen
5. optimalen Einsatz von Zeit und Geld
5. kundenfreundliche Öffnungszeiten und
7. individuelle Terminvereinbarungen

www.kreis-lwl.de

6

II. Das ist für uns selbstverständlich:

1. hohe Eigenverantwortung bei der täglichen Arbeit

2. kulturvoller Umgang untereinander

3. kooperativer Arbeits- und Führungsstil

4. hohe Qualität unserer Produkte und Leistungen

5. ständig aktueller Wissens- und Ausbildungsstand

6. Einhaltung der allgemeinen Grundsätze der Verwaltungstätigkeit

Wir messen uns ständig an der Erfüllung des Leitbildes.

www.kreis-lwl.de   7

Warum und wie wird der Mitarbeiter (und die Führungskraft) zum Binnenunternehmer?

- weil er den eigenen Vorteil erkennt,
- durch echte Mitwirkung,
- durch konsequente Führung (Vorbild...)

www.kreis-lwl.de   8

Hierarchieebenen

alt (bis 31.12.1998):

(1) Landrat

(2) Beigeordnete

(3) Dezernenten

(16) Amtsleiter

(25) Sachgebietsleiter

57 Leitungspositionen

neu (Stand 01.01.2008):

(3) Verwaltungsvorstand

(22) Fachdienst-/Teamleiter

_____

25 Führungspositionen

<u>Führungskräfte</u>, die neue Führungsanforderungen erfüllen

Fachkompetenz
- allgemeine Fachkenntnisse
- betriebswirtschaftliches Grundverständnis
- technologisches Vorausdenken
- unternehmerisches Denken

Sozialkompetenz
- Teamfähigkeit / Kooperationsfähigkeit
- Kommunikationsfähigkeit
- Kontaktfähigkeit
- Motivationsfähigkeit / Führung
- Durchsetzungsvermögen

Methodenkompetenz
- interdisziplinäres / systemisches Denken
- analytisches Denken
- Organisationsfähigkeit/ Selbstorganisation

Persönliche Kompetenz
- Kreativität
- konzeptionelle Gesamtsicht
- Flexibilität
- Stressresistenz / Belastbarkeit
- selbständiges Arbeiten
- Entscheidungsfähigkeit
- Verantwortungsbereitschaft

- **Führung auf Zeit** (fünf Jahre)

  dabei Personalauswahl durch selbst entwickeltes
  Beurteilungswesen mit den Komponenten:

  - - Abwärtsbeurteilung durch Vorgesetzen
  - - Horizontalbeurteilung durch Kollegen
  - - Selbstbeurteilung
  - - Aufwärtsbeurteilung durch Mitarbeiter

Modifizierte Maßnahmen im Sinne der
Neuen-Steuerungs-Modelle

- Dezentrale Ressourcenverantwortung
- Budgetierung
- Kosten- und Leistungsrechnung
- Produktbildung
- Technikunterstützte Informationsverarbeitung
- Controlling
- Personalmanagement
- Zielvereinbarung
- Qualitätsmanagement

Landkreis Ludwigslust
Raum für Zukunft

Verwaltung 21 online konkret:

- Reformierte Kreisverwaltung nach den Prinzipien der Neuen Steuerungsmodelle
- Kommunale Kooperation
- Kommunalportal Ludwigslust
- Kreisnetz
- Kooperative/kommunale Bürgerbüros vor Ort

www.kreis-lwl.de 13

Landkreis Ludwigslust
Raum für Zukunft

Ein weiser Rat:

Setzen Sie auf die Mitarbeiter, die Sie haben.
Andere haben Sie nicht!

www.kreis-lwl.de 14

Vielen Dank !

www.kreis-lwl.de
christiansen@ludwigslust.de
03874 / 624 - 1000

Dr. Klaus Cußler (Paul-Ehrlich-Institut Langen)

„Vieles ist möglich … Ergebnisse und Erfahrungen eines Projektes zur Integration von behinderten Menschen in Ausbildung, Studium und akademischer Arbeitswelt"

Einleitung

Die Bekämpfung von Diskriminierung und Benachteiligung auf dem Arbeitsmarkt ist ein wichtiges Ziel der Europäischen Union. Der Europäische Sozialfonds fördert deshalb arbeitsmarktpolitische Programme, die auf diesem Gebiet neue Wege beschreiten, zum Beispiel durch die Gemeinschaftsinitiative EQUAL. Schwerpunkte von EQUAL waren u.a. die Förderung lebenslangen Lernens sowie die Unterstützung beruflicher und sozialer Integration von Gruppen, die am Arbeitsmarkt benachteiligt sind. Im Unterschied zu früheren arbeitsmarktpolitischen Programmen der EU förderte EQUAL nicht einzelne Initiativen, sondern Projekte, die in ein Netzwerk eingebunden sind und Entwicklungspartnerschaften genannt werden. Damit soll gewährleistet werden, dass projektspezifische Wirkungen und Ergebnisse auf breiter Ebene dauerhaft umgesetzt werden können.

Im Rahmen dieses Programms koordinierte das Paul-Ehrlich-Institut (PEI) von 2005 bis 2007 das EQUAL-Projekt „Vieles ist möglich – Tandem-Partner in der Wissenschaft".

Erfahrung mit der Integration behinderter Mitarbeiter und Mitarbeiterinnen

Das PEI, ist eine wissenschaftliche Einrichtung des Bundes, die für die Zulassung und Prüfung immunbiologischer Arzneimittel zuständig ist und auf den damit verbundenen Gebieten der Lebenswissenschaften Forschung betreibt. Bereits 1996 rief das PEI eine Beschäftigungskooperation zur Integration und Weiterbildung schwerbehinderter Wissenschaftler, die sog. „Tandem-Partnerschaften", ins Leben. In Zusammenarbeit mit der Zentralen Auslands- und Fachvermittlung (ZAV) der Bundesagentur für Arbeit und dem örtlichen Arbeitsamt wurden arbeitsuchende behinderte Wissenschaftler gemeinsam mit nichtbehinderten Mitarbeitern eingestellt. Beide bilden dabei ein sich ergänzendes Team, die Tandem-Partnerschaft. In unterschiedlichen Abstufungen und Varianten wurde das Modell der Arbeitsassistenz verwirklicht. Mit Unterstützung entsprechend geschulter Personen, wurde Wissenschaftlern und anderen Arbeitnehmern aus wissenschaftlichen Assistenzberufen (z.B. Laboranten) die Möglichkeit gegeben, sich aktiv in das Arbeitsleben und die Forschungsaktivitäten des PEI einzubringen. Das geschilderte Projekt ermöglicht Menschen mit einer Behinderung neben dem beruflichen Einstieg eine Weiterqualifizierung und Fortsetzung des Berufslebens. Das Ausprobieren eigener Möglichkeiten, Erfolgserlebnisse im Beruf, und die Beteiligung am sozialen Leben und die daraus resultierende erfolgreiche Integration dieser Mitarbeiter hat dazu geführt, dass das Miteinander als selbstverständlich empfunden wird.

Das Projekt
„Vieles ist möglich - Tandempartner in der Wissenschaft"

Auf der Grundlage der jahrelangen Erfahrungen mit der Integration von schwerbehinderten Menschen übernahm das PEI im Rahmen der europäischen Gemeinschaftsinitiative "EQUAL" die Koordination des Projekts "Vieles ist möglich - Tandempartner in der Wissenschaft". In Zusammenarbeit mit dem Robert Koch-Institut, der Bundesakademie für öffentliche Verwaltung, zwei Universitäten, einigen kleineren und größeren Unternehmen und einem Selbsthilfeverband wurde diese Entwicklungspartnerschaft konzipiert und realisiert. Das Projekt wurde vom Landeswohlfahrtsverband Hessen und der ZAV mitfinanziert. Ebenso erfuhr das Projekt Unterstützung von der Beauftragten der Bundesregierung für die Belange behinderter Menschen.

Die Idee des Netzwerkes „Vieles ist möglich - Tandempartner in der Wissenschaft" und seiner Ziele entsprang aus der Erkenntnis, dass Menschen mit körperlichen - insbesondere auch sehr schweren - Behinderungen im Bereich der Wissenschaft und Forschung deutlich unterrepräsentiert sind, obwohl sie mit entsprechend angepassten Unterstützungsmöglichkeiten ihren studierten und/oder erlernten Berufen nachgehen könnten. In diesem Bereich sollte daher beispielhaft der gesamte berufliche Werdegang vom Ausbildungsberuf über das Studium und die Promotion hinweg bis zur Qualifikation als Fachwissenschaftler ermöglicht werden. Damit sollte eine integrative Gestaltung des Ausbildungs- und Arbeitsumfelds aufgezeigt werden, die auch eine Vorbildfunktion für andere Bereiche von Forschung und Wissenschaft erfüllen soll.

Insbesondere für schwerbehinderte Wissenschaftlerinnen und Wissenschaftler in den Lebenswissenschaften ist eine hohe Qualifikation Grundvoraussetzung für den Einstieg ins Berufsleben. Promotion bzw. Diplom kommen daher eine immense Bedeutung zu. Ein Promotionsstudium ist mit Einschränkungen der Sinne oder der Mobilität in aller Regel nur schwer zu realisieren. Von experimentellen Arbeiten im Labor scheint dieser Personenkreis praktisch ausgeschlossen. Durch Schaffung von Partnerschaften mit nichtbehinderten Mitarbeitern und die Bereitstellung von barrierefreien Laborarbeitsplätzen wurden jedoch auch diesem Personenkreis entsprechende Qualifikationsmöglichkeiten eröffnet.

Zusammenfassend ließen sich die Ziele des Projektes wie folgt beschreiben:

- Weiterentwicklung von Integrationsmodellen für schwerbehinderte Menschen im Bereich von Wissenschaft und Forschung
- Weiterverbreitung der Modelle auf andere Bereiche auch außerhalb von Wissenschaft und Forschung, insbesondere in der privaten Wirtschaft
- Verbesserung des Übergangs von Schule zum Studium für diejenigen Menschen, die sich das Ziel gesetzt haben, in Wissenschaft und Forschung tätig zu werden
- Verbesserung des Übergangs von Ausbildung/Studium/Promotion auf den allgemeinen Arbeitsmarkt

Arbeitsgruppen

Um die Ressourcen und das Know-How aller Beteiligten in Hinsicht auf die Erreichung der Projektziele sinnvoll zu bündeln und zu intensivieren, wurden thematische Schwerpunkte festgelegt und entsprechende Arbeitsgruppen gebildet. Unter Einbindung der strategischen Partner konnten so spezifische Probleme erörtert und entsprechende Aktivitäten entwickelt werden.

Themenfeld Arbeitsmarkt

Die Arbeitsgruppe „Arbeitsmarkt" hat sich auf das Ziel des „Abbaus von Vorurteilen bei Arbeitgebern und Ermutigung, neue Wege zu gehen", konzentriert und sich die Verfolgung des Ziels „Schwerbehinderte Arbeitssuchende informieren, ermutigen und fördern" als Schwerpunktthema gesetzt. Im Rahmen der durchgeführten Aktivitäten wurde z. B. eine Fragebogenaktion für 134 Arbeitgeber aus dem Bereich Wissenschaft und Forschung verschiedener Größenordnungen gestartet. Abgefragt wurden u. a. die Beschäftigungsquote schwerbehinderter Mitarbeiter, Einsatzgebiete, bestehende Probleme und Bedenken. Aus dieser Aktion und den interessanten Ergebnissen wurde ein Bericht erstellt, und die Arbeitgeber, die dies wünschten, wurden über Fördermöglichkeiten für schwerbehinderte Arbeitnehmer informiert. Weiter wurden die Rahmenbedingungen (Jury, Schirmherrschaft, Ausschreibung, Preis) für die Verleihung eines Integrationspreises an einen Arbeitgebenden, der sich im Bereich der Integration schwerbehinderter Menschen im Bereich der Wissenschaft verdient gemacht hat, erarbeitet und koordiniert.

Themenfeld Ausbildung

In der Arbeitsgruppe „Ausbildung" wurden die Ergebnisse und Erfahrungen aus den konkreten Arbeitsfeldern, in denen schwerbehinderte Auszubildende beschäftigt wurden, thematisiert und im weiteren Verlauf Problemstellungen definiert. Für den Bereich des Übergangs zwischen Schule und Beruf wurden in Zusammenarbeit mit Lehrer/innen und Schüler/innen Fragebögen entwickelt, welche die Problemfelder und die notwendigen Unterstützungsmaßnahmen aus der Sicht der Nutzer/innen beschreiben sollen.

In den vier Teilprojektpartnern sind im Rahmen der Projektaktivitäten insgesamt sechs Auszubildende eingestellt worden. Während sich der Auswahlprozess zu Beginn des Projektes etwas schwierig gestaltete (es gab nur wenige Bewerbungen), waren die Erfahrungen nach der Einstellung der betreffenden Jugendlichen durchweg positiv.

In allen Fällen konnten die Anforderungen, die mit dem jeweiligen Ausbildungsplatz verbunden waren, von den Jugendlichen erfüllt werden. In einzelnen Fällen wurden als zusätzliche Unterstützung Mentoringsysteme installiert, um im Sinne des „Tandem"-Gedankens auf die Unterstützung erfahrener Kolleginnen und Kollegen zurückgreifen zu können. Aufgrund der positiven Erfahrungen werden nunmehr bei einzelnen Projektpartnern inzwischen (völlig unabhängig von der EQUAL-Förderung) weitere neue Auszubildende eingestellt. Mit einer Förder- und Berufsfachschule für Körperbehinderte, wurde im Rahmen der Projektarbeit nach einem ersten Erfahrungsaustausch eine enge Kooperation ins Leben gerufen. Abgangsschülerinnen und –schüler senden nunmehr regelmäßige Bewerbungen an die Projektpartner mit dem Ergebnis, dass inzwischen einige Ausbildungsverträge geschlossen wurden.

Die Firma Merck hat inzwischen ihren Ausbildungsbereich barrierefrei gestaltet, und wird die Auszubildenden mit Behinderungen auch über die Projektlaufzeit hinaus weiterqualifizieren.

Themenfeld Studium

In der Arbeitsgruppe „Studium & Behinderung" wurden besonders wichtige Themen aus dem universitären Bereich bearbeitet.

Bei einer von der AG gestalteten Fachtagung zu Fragen der Chancengleichheit für behinderte und chronisch kranke Nachwuchswissenschaftler/-innen in der Graduiertenförderung wurden insbesondere die Probleme des Nachteilsausgleichs und der Finanzierung angesprochen. Wesentliche Aspekte der Diskussion wurden danach in die Fördergrundsätze in den *Bundesbericht zur Förderung des Wissenschaftlichen Nachwuchses* aufgenommen. Die Möglichkeiten zur Förderung des behindertenspezifischen Bedarfs werden auf der Website der Deutschen Forschungsgemeinschaft nunmehr dargestellt.

In einem Expertenworkshop zu den Beschlüssen von Bologna (Schaffung eines gemeinsamen europäischen Hochschulraumes) wurden weiterhin Empfehlungen und ein Positionspapier zur Verankerung von Nachteilsausgleichen in Bezug auf Studienzulassung, Arbeitsbelastung sowie Studien- und Prüfungsmodifikationen für die verantwortlichen Vertreter/-innen der Länder und Universitäten erarbeitet und verabschiedet. Das Ergebnis dieser Bemühungen ist, das Studiengänge ab Januar 2008 nur dann akkreditiert werden, wenn die Prüfungsordnungen die besonderen Belange behinderter Studierender im Studium und bei Prüfungen explizit berücksichtigen (Beschluss des Akkreditierungsrates vom 8. Oktober 2007).

Innovation

Waren Maßnahmen und Initiativen der Integration von Menschen mit Behinderungen in Arbeit und Beschäftigung in Deutschland bisher schwerpunktmäßig auf Arbeitsplätze mit niedrigem Qualifikationsniveau konzentriert, hatte sich das Projekt zum Ziel gesetzt, hier neue Zeichen zu setzen. Den Menschen mit Behinderungen sollten im Rahmen des Projektes, entsprechend ihren intellektuellen und körperlichen Ressourcen, adäquate und attraktive Arbeitsmöglichkeiten geboten werden. Diese sollten dabei in Arbeitszusammenhänge integriert werden, die ein hohes Maß an Unabhängigkeit ermöglichen. Der Zielgruppenaspekt fokussierte sich somit nicht allein auf die Menschen mit Behinderungen, sondern darüber hinaus auch auf ihre gesunden Kolleginnen und Kollegen. Sie sind es nämlich, die durch den direkten Kontakt und die persönlichen Erfahrungen mit den vermeintlich „behinderten" Beschäftigten Vorbehalte abbauen und somit ein großes Stück Normalität ermöglichen können.

Die positiven Rückmeldungen der beteiligten Personen und die durchweg hohe Qualität der praktischen Arbeiten bzw. Promotionen zeigten, dass das Projekt den richtigen Weg eingeschlagen hat. Die starke Nachfrage nach Ausbildungs- und Arbeitsplätzen im Rahmen der Projektarbeit macht auf der anderen Seite aber auch die Notwendigkeit einer konsequenten Weiterführung der Arbeit deutlich.

Empowerment

Bei der Durchführung des Projektes waren die schwerbehinderten Menschen als „Experten in eigener Sache", ob als Auszubildende, Doktoranden/-innen oder Wissenschaftler/-innen, Hauptakteure. Bereits hinsichtlich der eigenen Biographie wurden die meisten selbst mit dem Vorurteil vieler Arbeitgeber konfrontiert, weniger leistungsfähig und häufiger krank zu sein. Sie erhielten in dem Projekt die Möglichkeit, dieses Vorurteil einerseits durch das Schaffen von Fakten, andererseits aber auch durch die begleitende wissenschaftliche Evaluation selbst zu widerlegen. Im Sinne des „Empowerment" war die Planungsgruppe des Projektes zu 50 % mit Menschen mit Behinderungen sowie ehemaligen langzeitarbeitslosen Menschen besetzt. Sie waren zum Teil selbst maßgeblich an der Entwicklung des Konzeptes der Partnerschaft vertreten. Des Weiteren war auch die Schwerbehindertenvertretung (selbst schwerbehindert und auf Arbeitsassistenz angewiesen) eng in die Planungsgruppe eingebunden.

Im Rahmen ihrer Ausbildung, Tätigkeit oder ihrer Promotion erhielten die Menschen mit Behinderungen im Arbeitskontext vielfach die Gelegenheit (z.B. bei der Vorstellung von Forschungsergebnissen oder Dissertationen) ihre Leistungsfähigkeit unter Beweis zu stellen.

Mainstreaming

Aufgrund der umgangreichen und z. T. schon langjährigen Erfahrungen mit der Umsetzung des Tandem-Modells kommt dem Mainstreaming der Projekterfahrungen eine besondere Bedeutung bei.

So wurden neben einem eigenen Newsletter bisher mehr als dreißig eigene und fremde Presseartikel über die Projektarbeit und die bisherigen Zwischenergebnisse in regionalen und überregionalen Printmedien veröffentlicht. Des Weiteren gab es eine Reihe von Veranstaltungen und Präsentationen, auf denen die Fachöffentlichkeit bzw. die Verantwortlichen von Behörden, Institutionen und Forschungsunternehmen über die Ansätze und Möglichkeiten des Tandem-Modells informiert wurden. Hier ist insbesondere die Podiumsdiskussion

„Jobs ohne Barrieren – auch in der Wissenschaft?" am 22.06.2006 in Berlin

zu nennen. Das Ziel dieser Veranstaltung war es, neue Denkanstöße zu geben und zu zeigen, dass die Integration von hoch qualifizierten, schwer behinderten Menschen im Bereich Wissenschaft möglich ist und lohnenswert sowohl für Arbeitgebende und Arbeitnehmende als auch für die gesamte Gesellschaft.

Zur Sensibilisierung der Gesellschaft für das Thema der Integration von schwerbehinderten Menschen in den Bereich der Wissenschaft wurde ein Kinospot von der EP in Auftrag gegeben und in ca. 200 Kinos gezeigt, ein Dokumentarfilm auf DVD produziert und der Integrationspreis „Wissenschaft ohne Barrieren" an drei Preisträger verliehen.

Herausragend für die Zielgruppe behinderter Menschen waren die beispielhafte Integration und die spezifischen Veranstaltungen zum Studium, die das Selbstbewusstsein und Verfolgen eigener Interessen stärkten und zu positiveren Zukunftsaussichten beitrugen. Einige im Rahmen der EP integrierte, behinderte Wissenschaftlerinnen konnten dauerhaft eingestellt werden und sich weiterqualifizieren. Für die Politik erarbeitete die EP Empfehlungen, Gutachten und Forderungen. Sie sensibilisierte politische Akteure aus Parteien, Bundesregierung und Ministerien für das Thema. Institutionen und Verwaltungen sowie Unternehmen im Forschungsbereich erhielten konkrete Beispiele, Wege und Konzepte zur Integration behinderter Menschen.

Die Projektmitarbeiter/innen haben zahlreiche Gelegenheiten genutzt, um die Projektanliegen bzw. die Erfahrungen und Ergebnis in die Öffentlichkeit zu tragen.

Sie selbst agierten somit als Multiplikatoren ihrer Ideen.

Nachhaltigkeit

Besonders hervorzuheben ist in diesem Zusammenhang die Tatsache, dass die Integrations- und Unterstützungsmaßnahmen im PEI direkt am Arbeitsplatz und nicht in externen Projekten bzw. Maßnahmen durchgeführt werden. Integration in normalen Arbeitszusammenhängen wird somit Wirklichkeit und baut Barrieren auch innerhalb der übrigen Belegschaft ab. Über das EQUAL-Projekt wurden inzwischen insgesamt 24 Menschen mit Behinderungen im PEI beschäftigt. Dazu kommen noch eine Vielzahl anderer „normaler" Beschäftigungsverhältnisse von Menschen mit Behinderungen, so dass das PEI (bei etwa insgesamt 700 Arbeitsplätzen) mit einer Quote von über 15 % weit über dem gesetzlich vorgeschriebenen Soll der Pflichtarbeitsplätze liegt.

Auch über die Projektlaufzeit hinaus wird die Unterstützung von Menschen mit Behinderungen an den Ausbildungs- und Arbeitsplätzen des PEI weitergeführt. Ebenso wird der Ausbildungsverbund mit der Firma Merck KGaA weitergeführt und somit dauerhaft die Möglichkeiten der praktischen Integration von jugendlichen Auszubildenden gesichert.

Das Projekt hat auch die sehr schwierige Phase zwischen Hochschulausbildung und Beruf in Angriff genommen. Für schwerbehinderte Wissenschaftler/-innen ist ein Promotionsstudium an Universitäten selten zu realisieren, da die Laborbereiche nur in wenigen Fällen behindertengerecht eingerichtet sind. Eine behindertengerechte Ausstattung von Laborarbeitsplätzen ist kurzfristig nicht möglich, insbesondere wenn Investitionen in umfangreiche individuelle Hilfen (z.B. bauliche Änderungen) notwendig sind. Das PEI hat im Verlauf des Projekts eine behindertengerechte bauliche Infrastruktur geschaffen, so dass auch experimentelle Laborarbeiten durchgeführt werden können. Diese Infrastruktur wird auch weiterhin erhalten, und somit die weitere Beschäftigung von schwerbehinderten Wissenschaftler/innen gewährleistet bleiben.

Die Resonanz auf das Projekt ist sehr positiv und nachhaltig. Es hat uns sehr gefreut, die Ergebnisse unserer Arbeit auf dieser Tagung präsentieren zu dürfen. Weitere Informationen sind auf der Projekt-Homepage www.tandem-in-science.de zu finden.

Christoph Diensberg (HIE-RO, Institut an der Universität Rostock)
„Arbeiten in Netzwerken – Netzwerkkompetenzen für Intrapreneurship"

EINLEITUNG

'Unternehmertum und Netzwerkorganisation' auf der einen Seite und 'öffentliche Verwaltung' auf der anderen Seite: ist das nicht ein Gegensatz? Der Kontrast verschwimmt aber bei näherem Hinsehen, zum Beispiel beim Blick auf 'öffentliche Unternehmen'. Oder man kann weiter denken an Regiebetriebe, Eigenbetriebe, Anstalten öffentlichen Rechts, wo unternehmerische Potenziale etwa im Sinn von Geschäftschancen bis hin zu Gewinnerzielung sichtbar werden, auch genutzt. Umgekehrt findet man dann im privaten Bereich Non-Profit-Organisationen, die auf Gewinn verzichten. 'New Public Management' zeigt als ein weiterer Begriff dass öffentliche und private Sphäre auch im Bereich des Organisierens nicht (mehr) wie vielleicht gewohnt abzugrenzen sind. Falsch wäre auch ein Kontrast von einer Welt öffentlichen Verwaltungshandelns als Gebiet ohne Handlungsspielräume und einer Welt der Privatwirtschaft als Reich der Freiheit und Dynamik. In vielen Fällen stimmt dieser Gegensatz nicht, wie bremsende Bürokratien und demotivierende Führungssysteme auch in Privatunternehmen zeigen. Innovationsprobleme und Führungsdefizite sind keine Probleme nur in öffentlicher Verwaltung. Aufgaben von Unternehmertum und Innovation stellen sich hier wie dort – wenn auch unter verschiedenen Bedingungen, mit Chancen und Risiken.

Potenziale für unternehmerisches Handeln setzen Entscheidungs- und Handlungsspielräume voraus, und sind üblicherweise auf Führungsebenen größer als auf unteren Ebenen. Sie lassen sich durch Verantwortungsdelegation und Spielraumgestaltung nach unten hin ausdehnen. Dezentral ausgedehnte Befugnisse und Verantwortung sind ein wichtiges Element internen Unternehmertums[4]. Neben (unterschiedlich ausgestalteten) dezentralen Befugnissen trifft man schließlich auch im Verwaltungsbereich auf Strukturen eines informalen, kooperativen, aushandelnden oder moderierenden Handelns (sh. z.B. Schuppert 1998, 34 ff.), die ebenfalls als Indikatoren für Entscheidungsspielräume auf unternehmerische Handlungspotenziale hinweisen, und ansatzweise auch auf Netzwerkhandeln. Mit Neuzuschnitten an den Grenzen von öffentlichem und privatem Sektor, mit einer „sich entgrenzenden Verwaltungsorganisation" (ebd., S. 55) betritt auch Verwaltung die Organisationswelt von Netzwerken und hybriden Organisationsformen. Verwaltungen sind zudem heute zunehmend in Netzwerkvorhaben und -projekten aktiv, oft zusammen mit Akteuren aus Wirtschaft, Wissenschaft und Kultur. Der zunächst vermutete Gegensatz relativiert sich also deutlich.

Beim Blick dann in die Literatur und Forschung zu den Begriffen 'Unternehmertum' und 'Netzwerkorganisation' fällt aber auf wie vieldeutig und unscharf die Begriffe sind, und die Definitionsversuche zahlreich. Die gemeinten Phänomene sind schwer zu fassen, sind nicht eindeutig, nicht justitiabel, und sehen manchmal je nach Standpunkt ganz verschieden aus.

---

[4] Dass bei Dezentralisierung von Verwaltung neben positiven Effekten auch viele negative Erfahrungen gesammelt wurden (vgl. Kuhlmann 2006), zeigt die Umsetzungsschwierigkeiten und warnt vor rezepthafter oder vorwiegend ökonomisch-kurzfristig intendierter Umsetzung ohne Blick auf weitere Zusammenhänge.

Was zum Beispiel der eine als Unternehmertum begreift und umsetzt, bewertet der andere als Bruch von Regeln, als Angriff und Bedrohung.

Für die Förderung von 'Unternehmertum' als Handlungsoption ist die definitorische Unschärfe dennoch durchaus ein Vorteil, denn man meint (und erwartet) ja damit meist ein Handeln, das initiativ wird, das kreativ ist und etwas nach vorne bringen will, das auf Neues, auf Lösungen und auf besseren Nutzen gerichtet ist, auch auf Kritik am Bestehenden. Letztlich eröffnet die definitorische Unschärfe eine große Anwendungsbreite, so wie in der folgenden Beschreibung: „Mit Unternehmertum (Entrepreneurship) bezeichnen wir das Erkennen und Durchsetzen von Chancen (...). Unternehmertum ist keine ökonomische Kategorie. Unternehmerisches Handeln lässt sich in allen Funktionssystemen der Gesellschaft beobachten (Religion, Wissenschaft, Politik, Erziehung, Sport usw.)." (Röpke 2002, S.2).

Dieser Beitrag stellt zur Förderung von Unternehmertum in und mit öffentlicher Verwaltung Überlegungen zusammen
• zu Arten, Grundstrukturen und Eigenheiten von Netzwerken/ Netzwerkorganisationen;
• zu Führungs- und Managementaufgaben von/ in Netzwerkorganisationen;
• zur Bedeutungszunahme organisierter Netzwerkarbeit für öffentliche Verwaltung.

Dass ein Arbeiten mit und in Netzwerken für öffentliche Verwaltung wichtiger wird, wird am Ende mit der Generierung und Durchsetzung von Innovationen (die nicht nur technische, sondern auch soziale, organisatorische usw. sein können) begründet. Diese Zielüberlegung ist, auch wenn sie das Ende des Beitrags bildet, grundlegend.

JENSEITS VON BEGRIFFEN

Jenseits von Begriffen geht es vor allem um Problemlösungen, um Aufgaben und Fähigkeiten, und um Erwartungen. Zu externen Erwartungen an Verwaltung gehört es zum Beispiel dass sie sich an allgemeinen Problemlösungen beteiligt und dass sie auch Neues mit unterstützt. Man erwartet dass sie dabei zum Beispiel dienstleistungsorientiert handelt, effizient und auch verlässlich. Hinter Begriffen wie Innovationsfähigkeit, Dienstleistungsorientierung, Flexibilisierung usw. stehen verschiedenste Handlungserwartungen von Kunden, Bürgern, Mitarbeitern, Vorgesetzten, Kooperationspartnern usw.

Solche Handlungserwartungen wie „unternehmerisch sein" oder „netzwerkfähig sein" sind aber als Zielstellung zunächst zu abstrakt. Ein Verhaltensziel ist aus arbeitspsychologischer Sicht eindeutiger zu vermitteln wenn die Zielbestimmung exakt und einfach verstehbar ist (vgl. z.B. Weinert 1998). Weil zu Unternehmertum oder Netzwerkhandeln aber immer auch Handlungsspielräume gehören, kann hier die Zielbestimmung nicht durch Vorgaben erfolgen. Was im Konkreten gemeint ist und was zu tun ist lässt sich nicht einfach vorgeben oder hierarchisch durchsetzen, sondern kann nur durch Kommunikation (also beidseitig) geklärt, organisiert und vereinbart werden. Auch in diesem Sinn gilt: „Unternehmerisches Handeln ist kommunikatives Handeln." (Röpke 2002, S. 149).

Analog ist für ein 'Intrapreneurship/ Unternehmertum in öffentlicher Verwaltung' vor Ort dann ähnliches zu leisten wie es diese Tagung auf anderer Ebene tat. Man wird jeweils die Möglichkeiten und Grenzen ausloten müssen, sich über das Gemeinte und Nicht-

Gemeinte zu verständigen haben, um dies auf konkrete Problemstellungen und Lösungen zu beziehen. Das wird ggf. auch zu Erkenntnissen führen die für mehrere oder viele gelten und nicht nur für den Einzelfall. Es wird aber nicht möglich sein, solche oder andere Erkenntnisse (wie auch etwa aus dieser Tagung) ohne weitere Kommunikation und Deutungsarbeit wie ein fertiges Produkt oder Rezept in eine Organisation (Verwaltung, Unternehmen) zu transferieren.

In diesem Beitrag gehe ich deshalb auch davon aus dass Unternehmertum und das Arbeiten in Netzwerkwerken
- die Entwicklung von Problemlösungen, Fähigkeiten, Zielen und Sichtweisen anspricht und dass es hier um Lernprozesse geht;
- dass dabei weniges objektivierbar ist und dass es in der Regel um intersubjektives Einschätzen, Präzisieren und Sich-Verständigen geht;
- dass es also auf Kommunikation und soziale Kompetenz ankommt.

„Kommunikationsvermögen ist unternehmerische Schlüsselkompetenz" (Röpke 2002, S. 149). Man muss vielleicht diesen Aspekt für öffentliche Verwaltung noch deutlicher betonen als in privatwirtschaftlichen Marktzusammenhängen, wo sich unternehmerische Initiativen und Innovationen im Wettbewerb beweisen müssen. Das setzt dort quasi erfolgreiche Kommunikation voraus. Wettbewerb ist hier kommunikativer Filter und Feedback-Geber, und auch Aus-Sortierer.
Hingegen lässt sich im Verwaltungsbereich bzw. in hierarchisch funktionierenden Kontexten das Neue im Zweifel auch ohne Wettbewerb durchsetzen, muss sich vielleicht nicht einmal bewähren. Das Innovations-Kriterium *alleine* wäre für die Bewertung von Unternehmertum in öffentlicher Verwaltung und auch für Intrapreneurship ungeeignet, wenn nicht auch gut konzipierte Evaluationen dazu treten.

ARTEN VON NETZWERKEN UND BEDEUTUNG VON NETZWERKORGANISATIONEN
Netzwerke gelten als „hybride Organisationsformen" (vgl. z.B. Teubner 2000; Siebert 2001), als schwer zu fassende und uneindeutige organisationale Mischform, insbesondere im Vergleich zu unseren gewohnt hierarchischen Organisationen. Aber selbst dafür ist die Variationsbreite hoch und kulturell verschieden, wie folgende Abbildung mit Humor zeigt:

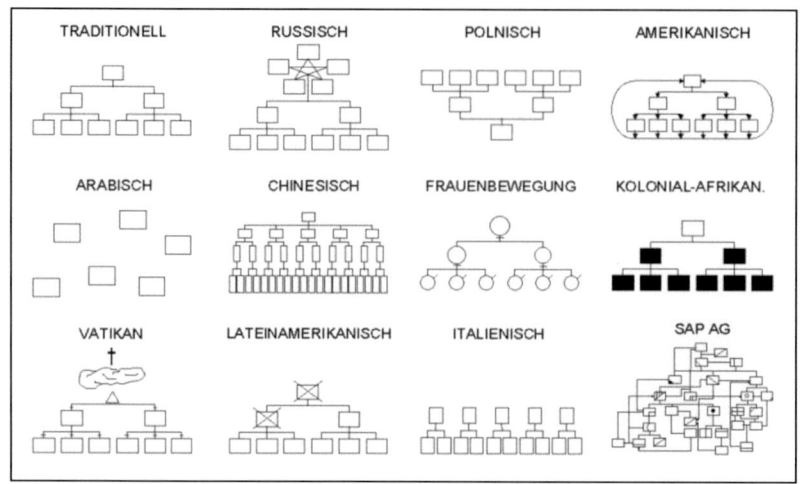

Abb. 1: Variationstypen hierarchischer Organisation (Quelle:
http://www.brainworker.ch/Netzwerke/organisationsstruktur.jpg)

Insofern klingt die Einordnung von Netzwerken als eine Organisationsform „jenseits von
Markt und Hierarchie" (wie es oft zu lesen ist) zu einfach.

Versucht man dann den Organisationstyp von Netzwerken konkreter zu fassen dann tritt
einem im Alltag eine Vielzahl unterschiedlicher Netzwerktypen und Bezeichnungen entgegen:

Arten von Netzwerken … in Schlagworten		
…regionale Netzwerke		
… Innovationsnetzwerke		
..IT-Netzwerke	…offenes/ geschlossenes Netzwe	
… Politiknetzwerke		
Persönliche Netzwerke	formales/ informales Netzwerk	
oder auch …		
…. Internet	… community	
… Verbund	….Allianz	…Cluster
… Verein	… connections	…Branch
….. etc		

Abb. 3: Arten von Netzwerken (Quelle: Vortragsfolie)

Netzwerke und Netzwerkorganisationen treten also verschieden auf; „DAS" Netzwerk gibt
es nicht. Sie sind auch keine ganz neue Organisationsform. Allerdings nahm ihre Bedeutung
in der Wirtschaft spätestens seit den 1980er Jahren und ausgehend von Japan (vgl. Teubner
2000, S. 364) auch auf marktlichen Wettbewerbsarenen zu, d.h. Unternehmen versuchten

verstärkt sich aus der Organisationsform als Netzwerk heraus Wettbewerbsvorteile zu erwirtschaften. Dies gilt zum Beispiel für den Bereich der Produktion, für Forschung und Entwicklung, und bekanntlich auch für den Vertrieb.

Die Forschung zu Netzwerkorganisationen nennt für organisierte Netzwerke folgende Kennzeichen (vgl. dazu Sydow 2001 a):

- eine Kooperationsform autonom bleibender Einheiten – d.h. deren weiterhin eigenständiges Handeln bleibt grundsätzlich erhalten (wenn auch graduell unterschiedlich gehandhabt bzw. geregelt);
- es existiert eine gemeinsame, übergreifende Zielstellung, von der her das Netzwerk sich begründet;
- es handelt sich um ein Beziehungsgeflecht – d.h. es ist kein nur formales Miteinander, sondern eine reale, zeitdauernde Transaktionsbeziehung;
- die Koordinationsform ist ein Hybrid marktlicher und hierarchischer Transaktion – d.h. der Modus der Zusammenarbeit erfolgt nicht nur über Preis- oder Hierarchiemechanismen (variiert dazwischen aber im Einzelfall);
- die Mitgliedschaft ist freiwillig und es gibt jeweils die Austrittsmöglichkeit – was aber mit Sanktionen verbunden sein kann.

Solche Kennzeichen lassen zugleich noch vieles offen, etwa den Grad der beibehaltenen Autonomie, die Intensität der gemeinsamen Zielstellung oder der Beziehungen, die genaue Form der Koordination und auch den Grad der Freiwilligkeit. Ein Handlungsschema liefern sie nicht. Und klare Handlungshinweise zu erhalten ist auch deshalb schwierig, da es 'die' Netzwerkforschung und eine einheitliche Definition über die Begriff 'Netzwerk' und 'Netzwerkorganisation' nicht gibt. Typologierungsmöglichkeiten sind „grenzenlos" (Sydow 2001 b, S. 298). So kann man etwa unterscheiden nach Art der Entstehung (geplant vs. emergent), Formalität (formal vs. informal), Teilhabemöglichkeit (offen vs. geschlossen) und vieles weitere mehr (vgl. ebd. S. 299 – Tabellenübersicht dort).

Lassen sich die zahlreichen Typologisierungen von Netzwerken auf wenige Grundformen mit größerer Reichweite und Aussagekraft reduzieren? Dazu zwei Beispiele:
Jakobsen (2003, S. 6 ff.) unterscheidet in einer Literaturanalyse die vier Grundzugänge: (a) Organization Theory, (b) Transaction Costs, (c) Business Network, und (d) Social Network Analysis. Er nennt damit einige Theoriebrillen, durch die auf das Phänomen 'Netzwerk' geschaut wird. Aber auch solche Zugänge können wiederum mit zahlreichen vorgenannten Typologisierungen kombiniert werden, so dass sich die Möglichkeit, verdichtet etwas Verallgemeinerbares über Netzwerke als solches aussagen zu können, nicht verbessert – im Gegenteil. Was zu sehen ist, bleibt perspektivenabhängig und partiell.
Fleisch (2003, S. 72 f.) stellt in Anlehnung an Alstyne (1997) einen tabellarischen Vergleich der Koordinationsformen Hierarchie, Netzwerk und Markt auf – folgend der in der Netzwerktheorie verbreiteten Auffassung, Netzwerke als Hybrid von Markt und Hierarchie zu sehen. Er nimmt dann zu unterschiedlichen Attributen (z.B. Vertrauen, vertikale Integration, Anreize usw.) jeweils Einschätzungen zu deren Ausprägung vor. Die Übersichtlichkeit bestimmter Merkmalseinschätzungen schwindet jedoch und wird auch falsch, je mehr man jeweils an andere Netzwerktypologien denkt (die Perspektive variiert) und sich von einem normativen Ideal verabschiedet.

Aussagen über den Gegenstand 'Netzwerk' sind also stark perspektivenabhängig. Sie werden auch zeit- bzw. phasenabhängig, wenn wie andere Organisationsformen auch Netzwerke Entwicklungsstadien bzw. Lebenszyklen durchlaufen (was in der theoretischen Diskussion und Forschung noch wenig berücksichtigt wird – vgl. auch Straßheim 2002, S. 25; ein idealtypisches Genesemodell von Netzwerk-Evolution liefern Aderhold et al. o.J.)[5]. All dies unterstreicht die Schwierigkeit, generalisierbare Handlungsempfehlungen über Netzwerke zu erhalten. Gleichwohl lassen sich viele Hinweise gewinnen.

ANFORDERUNGEN AN MANAGEMENT UND FÜHRUNG

Was bedeutet das also nun für ein Management von/ in Netzwerkorganisationen? Es steht vor komplexen Herausforderungen, die andersartige Kompetenzen erfordern als man sie ggf. hat und kennt. Sydow (2001 b, S. 310 ff.) charakterisiert diese Aufgaben als „Management von Spannungsverhältnissen" und zeigt damit ansatzweise das praktische Spektrum der Anforderungen – wobei der Führungsaspekt erst einmal außen vor bleibt. Sydow stellt zunächst einen Zirkel von vier grundlegenden Managementfunktionen (auch) für Netzwerke auf (sh. Abb. 3):

(1) <u>Selektion der Netzwerkpartner und Netzwerkaktivitäten</u>: Auswahlentscheidungen betreffen zum einen die Frage, wer mitmachen soll und wer nicht. Zum anderen geht es darum, den „scope of alliances" (Khanna 1998) abzustecken: welche Aktivitäten will man innerhalb des Netzwerks gemeinsam verfolgen und welche auch gerade nicht. Selektionen gelten als elementar für den Erfolg von Netzwerken, das Erreichen komparativer Vorteile gegenüber alternativen Organisationsformen. Umgekehrt lassen sich Misserfolge von Netzwerken auf falsche Selektionen zurückführen (vgl. Jakobsen 2003, S. 2). Dies wiederum wird auch davon abhängig sein, ob der Kontext der Netzwerkarbeit geeignet ist, Feedback über Erfolg oder Misserfolg zu geben (das Umfeld eine Art von Wettbewerb ist), oder ob das Netzwerk es sich leisten kann, sich abzuschotten und zu erstarren. Solche Erstarrungen werden demzufolge vor allem im Bereich von 'Policy-Netzen' (Verwaltungen, öffentliche Institutionen) thematisiert (vgl. Wilbers 2000, S. 54). Ein 'underperforming' wird wahrscheinlicher, wenn in Auswahlentscheidungen zu stark Gewohnheiten einfließen und Partner eben der wird, wen man kennt und wem man vertraut (vgl. Jakobsen ebd., S. 3). Netzwerkpartner sollen hinsichtlich ihrer Kompetenzen unterschiedlich getaktet sein, aber in Zielen und Werten einen gewissen Gleichtakt und Kompatibilität aufweisen (vgl. Endres/ Wehner 2001).

(2) <u>Allokation von Aufgaben und Ressourcen:</u> Netzwerkorganisation ist eine arbeitsteilige Kooperationsform. So wird empfohlen, die Netzwerkmitglieder sollten sich auf diejenigen Aufgaben beschränken, zu denen sie die größte Kompetenz haben (Siebert 2001, S. 10). Zusätzlich wird man hier von der Annahme ausgehen müssen, dass jeder beteiligte Netzwerkpartner ein basales Interesse daran hat, seine originäre

---

[5] In Analogie zu gruppendynamischen Prozessen mag es etwa auch in Netzwerkorganisationen *typische* Phasen wie 'Forming, Storming, Norming, Performing' geben, so dass z. B. auf den ersten Blick dysfunktional scheinende Phänomene ('Storming') im zweiten Blick und falls die Hypothese stimmt dann funktionalen Charakter erhalten. Theoretisches Hintergrundwissen stellt zwar noch keine direkte Handlungsanweisung, hilft aber in der sachgerechten Bewertung.

Kernkompetenz innerhalb der gemeinsamen Netzwerkarbeit nicht zu verlieren oder aufzugeben, statt dessen sie zu halten oder zu stärken. Insofern stellt die Aufgaben- und Rollenverteilung auch an jeden Beteiligten Fragen, die dann 'Risiken von Kompetenzverlust und Abhängigkeit' (vgl. Sydow 2001 b, S.306 f.) ansprechen und die geklärt und bewältigt werden müssen. Der Umgang mit Informationen und Netzwerkwissen – Generierung, Bewertung, Speicherung, Verteilung und Nutzung – stellt sich hier als eine der übergreifenden Aufgaben, denn hiervon hängt auch ab, ob sich das Netzwerk insgesamt größere Handlungsmöglichkeiten eröffnen kann als es jeweils einzelne Akteure hätten (vgl. Sydow/ van Well 2001, S. 125).

(3) <u>Regulation der Zusammenarbeit</u>: Sie meint das institutionelle Arrangement der Netzwerkpartner untereinander – wie sie ihre Kooperation gestalten und absichern wollen. Die netzwerktheoretische Diskussion fragt also, wie Netzwerke eigenständige Transaktionsregeln formen, die sich von reinen Marktregeln (gegenüber diesen enger) oder Hierarchieregeln (gegenüber diesen lockerer) unterscheiden. Dies wird häufig als Hybridform angesehen, von manchen aber auch als eigenständiges, generisches Modell (z.B. bei Semlinger 2001).

(4) Oft wird auch die Frage gestellt, welche Bedeutung in der Netzwerkregulation die Kategorie 'Vertrauen' hat oder haben soll. Einige sehen sie als eine konstituierende Grundlage von Netzwerkkooperation (so Aderhold et. al. o.J. S. 8), andere sehen sie als zu brüchige Basis (so Semlinger 2001, S. 51), weitere heben hervor, wie dies nur abhängig von zusätzlichen, auch kulturellen Rahmenbedingungen zu beantworten ist (so Bachmann/ Lane 2001).[6] Für den Kooperationsmodus relevant ist auch, wie die grundsätzlich ja weiter autonomen Netzwerkakteure mit ihren jeweils eigenen Interessen im Netzwerk umgehen: Das Netzwerk als Harmonieveranstaltung oder nicht auch durch divergente Interessen und Mikropolitik mitgeprägt? Konfliktpotenziale gibt es oft reichlich, andererseits besteht ebenso ein tendenzieller Zwang zu gemeinsamen Lösungen (vgl. Semlinger 2001, S. 64) – auch aus dem ökonomischen Grund (Reduktion von Transaktionskosten), Wettbewerbsvorteile gegenüber externen Mitbewerbern überhaupt erzielen zu können. Eine vorab klar definierte strategische Führung in einer Netzwerkorganisation mag das Risiko des ständigen Aufflackerns interner Probleme reduziert erscheinen lassen. Aber auch dann gilt: „Interorganisationale Netzwerke sind komplexe, polyzentrische Systeme, die ex definitione über mehrere Steuerungszentren verfügen." (Sydow 2001 b, S. 305). Nicht zuletzt muss die Netzwerkarbeit für die beteiligten Partner lohnenswert erscheinen, und mit der Kosten-Nutzen-Frage oder im Sinn der 'Anreiz-Beitrags-Theorie' sind auch die Aspekte von Anreizen und negativen Sanktionen wichtige Eckpunkte der Regulation in Netzwerken (vgl. ebd. S. 313).

---

[6] Wichtiger als dies allgemein beantworten zu wollen ist m. E.: (1) Nicht Vertrauen als Wert an sich, sondern seine Funktionen zu betonen (Kalkulierbarkeit, Verlässlichkeit, Reduzierung von Transaktionskosten). Diese lassen sich bei mangelndem Vertrauen ggf. auch ergänzend absichern (Regeln, Vereinbarungen). (2) In der praktischen Arbeit die Vermeidung bzw. Reduktion von Misstrauen als Angelpunkt zu sehen, da dies problembezogener benennbar ist als mit dem weitspannenden, unspezifischen Vertrauensbegriff zu arbeiten.

(5) Bewertungsfragen/ Evaluation: Sie werden von Sydow (2001 b, S. 314) auf alle jeweils auswählbaren Aspekte bezogen (beispielsweise Leistungsbeiträge, Regeln, Ressourcen, Selektionsverfahren, Handlungsalternativen). Mit anderen Worten: es werden keine zusätzlichen Hinweise gegeben. Bewertungsthemen und Bewertungsaspekte sind eben die vier im Modell fokussierten Managementpraktiken, die Perspektive, dass es sich jeweils um einen Ausgleich von Spannungsverhältnissen handelt, und dabei die Berücksichtigung von Erkenntnissen der Netzwerkforschung.

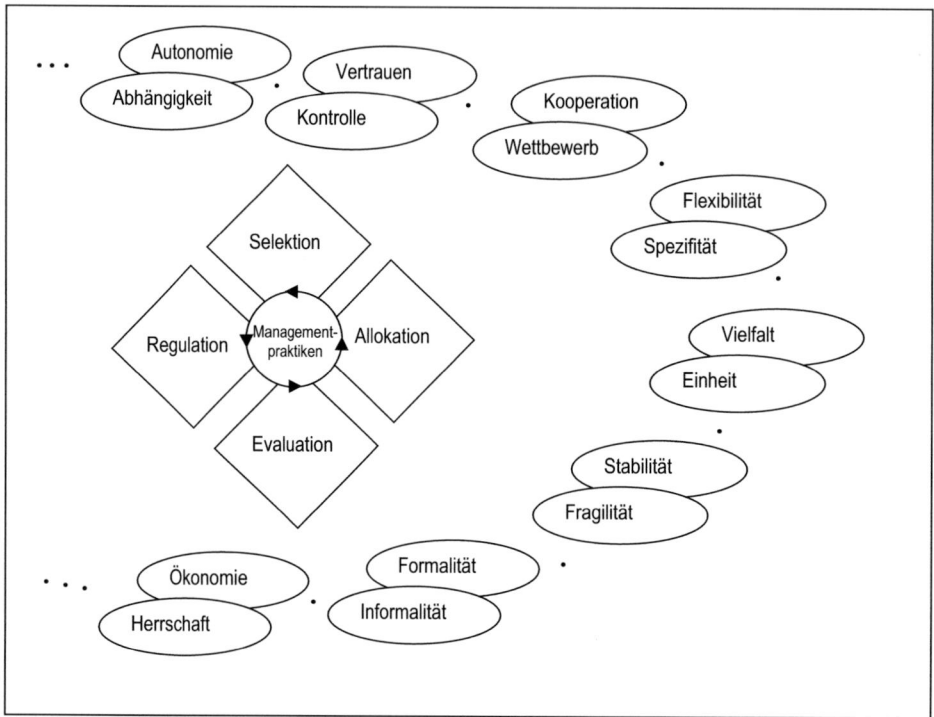

Abb. 2: Netzwerkmanagement als Management von Spannungsverhältnissen (Quelle: Sydow 2001 b, S. 317)

Die Rede von 'Managementaufgaben' impliziert neben anderem, dies als laufende Aufgaben anzusehen und nicht nur einmaliges Entscheiden. Endres/ Wehner (2001) weisen darauf hin, dass sich dies im Fluss der sozialen Prozesse der Netzwerkarbeit stetig ergibt. Umgekehrt gesprochen: Wo Netzwerke solche Entscheidungen zu stark zementieren (oder i. e. S. managen wollen in Form allzu starrer Festlegungen) nehmen sie sich Möglichkeiten zu verändern, zu lernen und sich anzupassen und auch ökonomisch von den besonderen Chancen sozialer Prozesse einer Netzwerkarbeit zu profitieren. „Verabschieden sollte man sich folglich von der unhaltbaren Vorstellung, es gäbe grundsätzlich Spielräume bzw. Strukturen, die sich vollständig durchkalkulieren und kontrollieren lassen." (Aderhold et al. o.J., S.10). Nimmt man ergänzend den Gedanken der Pfadabhängigkeit von Netzwerken dazu (Sydow 2001 b, S. 317), dann gewinnen Grundsatzentscheidungen in der Anfangsphase von Netzwerkorganisationen an Bedeutung.

Wenn unter den vielfach noch denkbaren weiteren Gesichtspunkten der Führungsaspekt in den bisherigen Überlegungen dennoch weitgehend außen vor blieb, entspricht das durchaus dem Stand der Diskussion zumindest im deutschsprachigen Raum. Damit ist vermutlich ein für die Tragfähigkeit organisierter Netzwerke wichtiger Aspekt unterbelichtet – der Zerfall vieler öffentlich finanzierter Netzwerke nach Förderende mag dafür ein Indiz sein (so: Aderhold et al. o.J. S.17, Fußnote). Der Gedanke, dass funktionierende Netzwerke wohl weniger gemanagt als mehr kultiviert werden (vgl. ebd., S. 11) läuft ebenfalls in diese Richtung und weist zudem dahin, Führung hier nicht a-priori nur auf Einzelpersonen zu beziehen. Das Handeln in Netzwerken stellt also hohe Anforderungen an die jeweiligen Akteure. Die Organisationsform 'Netzwerk' „(...) schafft zusätzliche Komplexität." (Sydow 2001 b, 310)

Zusammengefasst gibt die Netzwerkforschung folgende Hinweise:
- Es gibt eine Vielfalt unterschiedlicher Netzwerktypen.
- Chancen und Risiken von Netzwerkarbeit sind kaum generalisierbar. Sie gelten verlaufsbezogen, situativ, kontextspezifisch – und im Vergleich zu Alternativen.
- Im Profit-Bereich entstehen Netzwerke dann, *wenn* es aus Sicht der Akteure ökonomische Vorteile gegenüber alternativen Organisationsformen gibt. Es gibt Situationen, unter denen die Netzwerkbildung ökonomisch geboten ist.
- Kommunikation hat für Netzwerke eine noch höhere Bedeutung als für andere Organisationsformen.
- 'Vertrauen' ist als Voraussetzung für Netzwerke eine umstrittene Kategorie.
- Eine starke Übereinstimmung in Zielen und Werten verschiedener Partner wird häufig als wichtige Voraussetzung gelingender Netzwerkarbeit genannt.
- Die Kooperationsintensität wird enger als in marktlicher Zusammenarbeit und lockerer als in hierarchischer Zusammenarbeit gesehen.
- Managementaufgaben für Netzwerke wie Notwendigkeiten der Selektion, der Allokation, der Regulation und der Evaluation werden als „besonders", „andersartig" bezeichnet, und vor allem als besonders anspruchsvoll angesehen. Netzwerkmanagement bedeutet den Umgang mit Spannungsverhältnissen.

Die folgenden zwei Aspekte fassen die Problematik noch knapper: Netzwerkentwicklung ist gekennzeichnet durch „Idiosynkrasie und Pfadabhängigkeit" (Sydow 2001 b, S. 317). Von den Begriffen her gedacht (Sydow führt es dort nicht weiter aus) heißt das:

(1) Idiosynkrasie: Es gibt zahlreiche Eigenarten eines Netzwerkes, die so nur für dieses jeweilige Netzwerk gelten und nicht für andere. Und was für viele andere Netzwerke zu gelten scheint, kann für das jeweilige Netzwerk für das man sich nun interessiert oder in dem man konkret handelt, gerade nicht der Fall sein.

(2) Pfadabhängigkeit: Die Performance von Netzwerken/ Netzwerkorganisationen ist eine Frage ihrer Entstehung und Geschichte, eines emergenten Entwicklungsverlaufs (neben steuernden Eingriffen zählen ebenso Zufälle und Kleinigkeiten mit, von denen man erst später merkt und oft erst in der Sackgasse, dass sie zählen bzw. gezählt haben – sie sind

dann aber nicht mehr oder kaum zu ändern). Zeitlich frühere Ereignisse und Festlegungen/ Entscheidungen sind hierbei grundsätzlich festlegender als spätere[7].

Bedeutungszunahme organisierter Netzwerkarbeit für öffentliche Verwaltung – Ausblick vor dem Hintergrund von Innovationsprozessen

Netzwerkarbeit ist kein Selbstzweck. Hinter der Schaffung von Netzwerken und der Beteiligung in Netzwerken sollten funktionale Gründe stehen. Die folgenden Überlegungen gehen davon aus, dass sich – auch für Politik und Verwaltung – grundsätzliche Oberziele fortentwickeln, von denen her sich solche Funktionen bestimmen lassen.

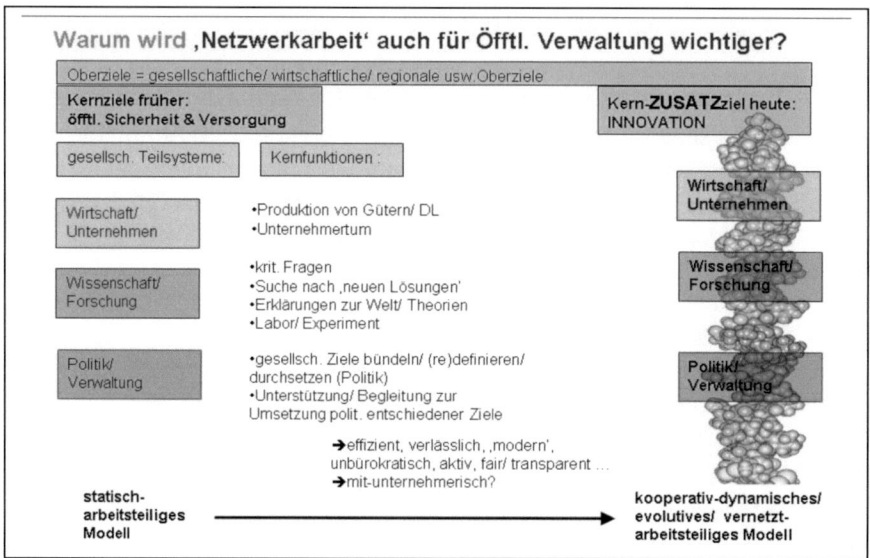

Abb. 4: Netzwerkarbeit bei zunehmend vernetzten Innovationsprozessen

Klassische gesellschaftliche Oberziele sind insbesondere Sicherheit und Versorgung, auf die hin grundlegende Teilsysteme der Gesellschaft ihre arbeitsteilige Funktion erfüllen. Man erwartet zum Beispiel von Wirtschaft und Unternehmen, dass sie zur Versorgung der Bevölkerung Güter und Dienstleistungen produzieren und entwickeln. Von Wissenschaft und Forschung wird erwartet, dass sie mit wissenschaftlichen Erklärungen, Experimenten und Fragestellungen Beiträge dazu leisten. Von Politik erwartet man dazu die Organisation und Bündelung gesellschaftlicher Diskurse und Ziele, und von öffentlicher Verwaltung Unterstützung zu deren Um- und Durchsetzung.

Man kann dies als 'statisch-arbeitsteiliges Modell' bezeichnen, weil die arbeitsteilige Rollenverteilung mehr oder weniger stabil und geklärt ist. Auch im Kontext verwaltungsbezogener Binnenmodernisierung von zum Beispiel Effizienzsteigerung oder Bürokratieabbau ändert sich an dieser Statik grundsätzlich nichts.

---

[7] Weiterführend zur Theorie der Pfadabhängigkeit für Organisationen: Schreyögg/Sydow (2003).

Zu diesen klassischen Oberzielen tritt heute und vor dem Hintergrund von Standortwettbewerb zunehmend das der Innovation. Hierzu übernimmt die Darstellung (Abb. 4) auf der rechten Seite den Ansatz des sogenannten 'Dreifach-Helix Innovationsmodells' bzw. 'Triple-Helix Innovation Model' (vgl. Etzkowitz, Leydesdorff 2000; Leydesdorff 2003), das für die Entwicklung regionaler und nationaler Innovationssysteme entwickelt wurde. Das Modell geht davon aus, dass viele grundlegenden und systembezogenen (also auch komplexen und vernetzten) Innovationen in einer modernen Wissensgesellschaft nicht mehr traditionell arbeitsteilig durch einzelne gesellschaftliche Teilsysteme alleine oder in klassisch vordefinierter Rollenverteilung durch mehrere umgesetzt werden können. Beispiele dazu sind nicht nur komplexe Innovationen im Bereich der Technik und Industrie (z.B. die Förderung moderner Industriecluster, von Umwelttechnologien, Biotechnologien usw.), sondern auch solche im Bereich der Organisation (z.B. Logistiknetzwerke, Verwaltungsmodernisierung) oder solche im Sozialen (z.B. in Bildung).

Die Analogie der Dreifach-Helix unterstreicht dabei nicht nur eine Arbeitsteilung, sondern auch deren Dynamik und Veränderlichkeit in der Aushandlung und im Lernen von Rollen und Aufgaben. Abb. 4 spricht deshalb von einem 'kooperativ-dynamischen, evolutiven, vernetzt-arbeitsteiligen Modell'. Denn in der Arbeit an komplexen Innovationsaufgaben verändert sich auch der Gegenstand, es verändern sich Sichtweisen oder auch tatsächliche Zusammenhänge, nicht alles kann vorausgesehen und fest geplant werden, und eine notwendige Arbeitsteilung und der Modus der Kooperation müssen sich insofern im Prozess selbst weiter entwickeln können.

Zudem unterstreicht das Modell die Notwendigkeit eines Netzwerkhandelns, in das hier auch öffentliche Verwaltung eingebunden ist, und für das sie dann auch Kompetenzen und Fähigkeiten benötigt. Beispielsweise gehören dazu Fähigkeiten (vgl. oben), nicht nur nach formalen und hierarchischen Modi handeln zu können, es gehört dazu das Einbringen von Kernkompetenzen als Dienstleistung, es gehört dazu die Erfüllung von Erwartungen der Netzwerkpartner (z.B. qualitativ, zeitlich), und auch die Anpassung des Handelns an sich verändernde Bedingungen. Kompetenzen und Prozesse einer Verwaltung wären also im Hinblick auf die Mitarbeit in solchen vernetzten Innovationsprozessen konkret zu bewerten und zu verbessern.

Das Modell der Dreifach-Helix Innovationsprozesse dient hier also abschließend als ein Vorschlag für eine konzeptionelle Hintergrundfolie für einen sinnvollen und zielbezogenen Rahmen. Ohne ein Zielgerüst wären die Fragen und Aufgaben von 'Netzwerkarbeit' und 'Intrapreneurship' für öffentliche Verwaltung möglicherweise zu isoliert und ließen sich kaum sinnvoll angehen.

Das Triple-Helix Modell ist hier gleichwohl nur ein möglicher Vorschlag, begründet mit der grundlegenden Notwendigkeit von Innovationen und den Komplexitätsanforderungen vieler Innovationen heute. Im Wissenschaftsdiskurs wird bei Anwendung dieses Modells bislang meist auf die Anforderungen an Wirtschaft und Wissenschaft und deren Kooperation abgestellt (z.B. auch bei Etzkowitz, Webster 1998), wobei die Anforderungen an Politik und insbesondere an Verwaltung leider selten ins Blickfeld geraten. Das heißt aber nicht dass dies ein möglicherweise lohnenswertes und wichtiges Thema wäre: die Weiterentwicklung von Verwaltung, Verwaltungsprozessen und Verwaltungskompetenzen zur besseren Unterstützung komplexer Innovationsprozesse im vernetzten Handeln mit verwaltungsexternen Innovationsakteuren.

LITERATUR

Aderhold, J./ Meyer, M./ Ziegenhorn, F.: Wie funktionieren Netzwerke? o. J. (Quelle: http://www.tu-chemnitz.de/wirtschaft/bwl5/personal/mmeyer/v6_netzwerk.pdf 20.06.2003; http://www.soziologie.uni-halle.de/aderhold/docs/ wie-funktionieren-netzwerke-veroeffentlicht.pdf - 15.10.2008)

Alstyne, M.V., The State of Network Organization. A Survey in three Frameworks, in: Journal of Organizational Computing, Jg. 7, 1997, Nr. 3.

Bachmann, R./ Lane, C. : Vertrauen und Macht in zwischenbetrieblichen Kooperationen – Zur Rolle von Wirtschaftsrecht und Wirtschaftsverbänden in Deutschland und Großbritannien, In: Sydow 2001 a, S. 75-106.

Endres, E./ Wehner, T.: Störungen zwischenbetrieblicher Kooperation – Eine Fallstudie zum Grenzstellenmanagement in der Automobilindustrie, in: Sydow 2001 a, S. 215-259.

Etzkowitz, H., Leydesdorff, L.: The dynamics of innovation: from national systems and 'mode 2' to a Triple Helix of university-industry-government relations. Research Policy 29(2) 2000, 109-123.

Etzkowitz, H.; Webster, H.: Capitalizing Knowledge. New intersections of Industry and Academia, New York, 1998.

Fleisch, E.: Das Netzwerkunternehmen: Strategien und Prozesse zur Steigerung der Wettbewerbsfähigkeit in der „Networked Economy", St. Gallen 2000.

Jakobsen, M.: Managerial Challenges within Networks: Emphasizing the Paradox of Network Participation, Aarhus School of Business (Denmark), Dpt. of Accounting, Working Paper 03-18, 2003.

Khanna, T.: The Scope of Alliances, in: Organization Science, vol. 9, No. 3, May-June 1998, 340-355.

Kuhlmann, S.: Hat das „Neue Steuerungsmodell" versagt? Lehren aus der „Ökonomisierung" von Politik und Verwaltung, in: Verwaltung und Management, 3/2006, S. 149-153.

Leydesdorff, L.: The mutual information of university-industry-government relations: an indicator of the Triple Helix dynamics, Scientometrics 58(2) 2003, 445-467.

Röpke, J. (2002): Der lernende Unternehmer. Zur Evolution und Konstruktion unternehmerischer Kompetenz, Marburg 2002.

Schreyögg/ Sydow (2003): Schreyögg, G./Sydow, J. (Hrsg.): Managementforschung 13: Strategische Prozesse und Pfade, Wiesbaden 2003.

Schuppert, G. F. (1998): Geändertes Staatsverständnis als Grundlage des Organisationswandels öffentlicher Aufgabenwahrnehmung, in: Budäus, D. (Hrsg.): Organisationswandel öffentlicher Aufgabenwahrnehmung, Baden-Baden 1998, S. 19-59

Semlinger, K. (2001): Effizienz und Autonomie in Zulieferungsnetzwerken – Zum strategischen Gehalt von Kooperationen. In: Sydow, J.: Management von Netzwerkorganisationen, Beiträge aus der „Managementforschung", 2., aktualisierte und erweiterte Auflage, Wiesbaden 2001, S. 29-74.

Siebert, H.: Ökonomische Analyse von Unternehmensnetzwerken, in: Sydow, J. (2001 a) (Hrsg.): Management von Netzwerkorganisationen, Beiträge aus der „Managementforschung". 2., aktualisierte und erweiterte Auflage, Wiesbaden 2001. S. 7-27.

Soete, B./ Wurzel, U. G./ Drewello, H.: Innovationsnetzwerke in Ostdeutschland: Ein noch zu wenig genutztes Potential zur regionalen Humankapitalbildung, in: DIW-Wochenbericht 16/02, 2002.

Straßer, G.: Lernprozesse auf dem Weg zu einer regionalen Vernetzung – Anmerkungen zur wissenschaftlichen Begleitung im Landkreis Hersfeld-Rotenburg, in: Weber, S. (Hrsg.): Netzwerkentwicklung in der Jugendberufshilfe. Erfahrungen mit institutioneller Vernetzung im ländlichen Raum, Opladen 2001, S. 175-184.

Straßheim, H.: Wissensgenerierung und Wissenstransfer in Netzwerken der lokalen Beschäftigungspolitik, Discussion Paper FS II 02-204, Wissenschaftszentrum Berlin für Sozialforschung (WZB), 2002.

Sydow (2001 a): Sydow, J. (Hrsg.): Management von Netzwerkorganisationen. Beiträge aus der „Managementforschung", 2., aktualisierte und erweiterte Auflage, Wiesbaden 2001.

Sydow (2001 b): Sydow, J.: Management von Netzwerkorganisationen – Zum Stand der Forschung, in: Sydow 2001 a, S. 293-339.

Sydow, J./ van Well, B.: Wissensintensiv durch Netzwerkorganisation – Strukturationstheoretische Analyse eines wissensintensiven Netzwerkes, in: Sydow 2001 a, S. 107-150.

Teubner, G. (2000): Die vielköpfige Hydra: Netzwerke als kollektive Akteure höherer Ordnung, in: Hejl, P. M.; Stahl, H. K. (Hrsg.): Management und Wirklichkeit, Das Konstruieren von Unternehmen, Märkten und Zukünften, Heidelberg 2000, S. 364-386.

Weinert, A. B.: Organisationspsychologie, 4. vollst. überarbeitete und erweiterte Aufl., Weinheim 1998.

Wilbers, K.: Berufsbildende Schulen in regionalen Bildungsnetzwerken. Papier an den Arbeitskreis „Berufliche Aus- und Weiterbildung" der Bund-Länder-Kommission für Bildungsplanung und Forschungsförderung (BLK) – Kurzfassung und Hintergrundpapier – Köln, November 2002 (Manuskript).

Thomas Fiskbaek (Thomas Deutschland)
„Das Thomas-System"

Abstract:
Wie sichern wir uns zukünftig die Mitarbeiter in öffentlichen Positionen?
Wie finden wir Fach- und Führungskräfte für die Zukunft?

Für die Personalentscheidung ist nicht die fachliche Qualifikation alleine entscheidend. Immer mehr wird die soziale und persönliche Eigenschaft bedeutend.

Mit der <u>Personalsuche mit Profil</u> werden zuerst die Kriterien zur erfolgreichen Ausübung der Funktion festgelegt. Wie muss diese Person sein, um an dem freien Arbeitsplatz erfolgreich zu werden und motiviert zu arbeiten?
Im zweiten Schritt werden die Bewerber/ Kandidaten analysiert. Wo sind ihre Stärken, Motivationsfaktoren, Berufsausrichtung, Eigenschaften und welche Führungshinweise sind für diesen Kandidaten empfehlenswert.
Die Gegenüberstellung (Kandidat = Arbeitsplatz) zeigt die Übereinstimmung, den Eignungswert und das Entwicklungspotenzial des Bewerbers/Mitarbeiters auf.

Eine zielführende Analyse ist unverzichtbares Hilfsmittel für die Zukunft des öffentlichen Dienstes, das sich durch eine hohe Validität und daher auch hohe Akzeptanz bei Mitarbeitern und Vorgesetzten auszeichnen wird.

Vortrag:

Etwas zu finden, was zu uns passt, ist sehr schwer. Die meisten Konflikte und Unzufriedenheit entstehen, weil wir mit einer Situation nicht glücklich sind. Das fängt bei Spielkameraden und Schulkameraden an, setzt sich bei der Wahl der falschen Sportart, beim Studium, Lehrstelle, und mündet schließlich beim Arbeitsplatz oder in der Partnerwahl. Menschen, die glücklich und erfolgreich sind, sind Menschen, die ihren Platz gefunden haben, wo sie Spaß haben und sich sicher fühlen: Arbeit, Familie, Sport etc. Wie findet man seinen Platz? Glücksgefühle und Erfolg hat nichts mit Geld oder Status zu tun. In unserer Persönlichkeit und in unserem Verhalten finden wir unsere Talente und Motivation. Wer das nicht entdeckt hat, kann nicht wissen, wo sein Platz ist. Und wer nicht weiß, wo die Reise hingeht, wird nie ankommen!

Sportler, die irgendwann ganz oben angekommen sind, sind Menschen, die ganz früh ihre Talente und Motivation gefunden haben. Ihre intensische Motivation ist so stark, dass sie bereit sind, 7 Tage pro Woche hart zu trainieren. Ihre Grenzen zu überschreiten, um ihren Ziele zu erreichen und um dort anzukommen, wo sie ankommen möchten, ist Ausdruck inneren Genusses.

Das Glück der Leistungssportler können natürlich nicht alle haben. Es ist allerdings unsere Pflicht, uns gegenseitig zu helfen: Eltern ihren Kindern, Lehrer ihren Schülern, Trainer ihren Sportlern und Vorgesetzten ihren Mitarbeitern. In allen Fällen geht es darum, jedem Menschen hinter die Fassade zu schauen, die richtigen Fragen zu stellen und die richtigen Antworten zu geben.

Häufige Probleme sind:

- der Sohn, der den Beruf seine Vaters übernimmt,
- der Bruder, der den gleichen Sport treibt wie seinen erfolgreicher größerer Bruder oder
- der fachlich sehr kompetente Mitarbeiter, der auf Grund seiner Fachkenntnisse zur Führungskraft befördert wird, allerdings ohne Führungskompetenz, Menschenkenntnis oder Motivationsfähigkeit in Richtung Menschenführung.

Alle diese Beispiele mögen als Gründe hinreichen, warum sehr viele Menschen sich unglücklich fühlen, unmotiviert zu Arbeit, Schule oder Training gehen, oft krank sind und Minderleistungen erbringen.

In dem Bereich, der das normale Verhalten der Menschen beschreibt, gibt es keine schlechten, unmotivierten Menschen, aber sehr viele, die nicht wissen, wo die Reise hingeht, und von daher auf dem falschen Weg sind.

Wenn es so einfach wäre, den richtigen Weg zu finden, hätten viel mehr Menschen ihren Weg gefunden. Es gibt unterschiedliche Vorgehensweisen, um Talent und Motivation eines Menschen zu finden.

Wir haben über 50 Jahre Erfahrung mit dem „DISC"-Verfahren von Thomas International. Mit diesem System können wir mit sehr großer Sicherheit und Validität Menschen analysieren und somit die richtigen Fragen stellen und Antworten geben. Dadurch ist einerseits die Chance gegeben, möglichst früh den richtigen Weg einzuschlagen, und andererseits die Möglichkeit einer schnellen Umkehr gegeben, wenn der falsche Weg eingeschlagen wurde.

Durch Verhaltens-Analysen, Team-Analysen und kognitive Tests wird Einzelpersonen, Unternehmen und Organisationen geholfen, den richtigen Weg zu finden. Die Thomas-Analyse hilft, die Stellenanforderungen zu definieren und Bewerber zu analysieren, um sicherzustellen, dass die zukünftigen Mitarbeiter langfristig in ihren neuen Jobs motiviert und zufrieden arbeiten und erfolgreich werden.

Johannes Flensted-Jensen (County Mayor of Aarhus Region)
„Effizienz großer Verwaltungseinheiten"

Efficiency in a large public organisation

Valuebased management
Aarhus County
Denmark

Johannes Flensted-Jensen
Vicepresident of Central Denmark Region

Aarhus County:

**Provided services to
645,000 citizens**

Employed 22,000 people

**Annual budget: 1,3 billion euro
(health care: 860 million euro)**

The business model

described – in a language understood by everybody regardless of educational background and line of business - how the County of Aarhus worked to secure high-quality services for the county's users and citizens.

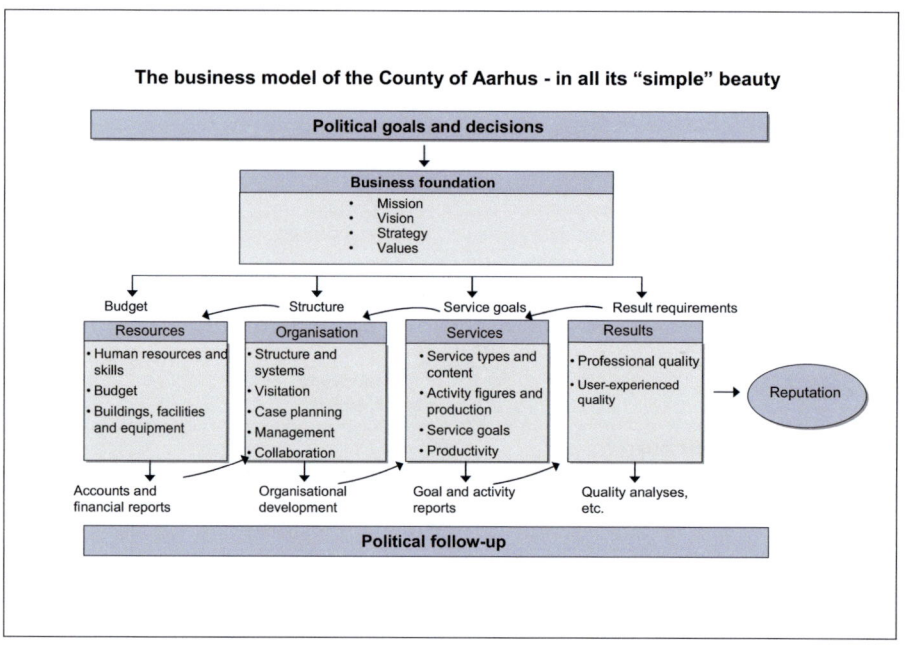

Citizen-elected representatives chart the course

Political goals and decisions

What is our task? Where do we want to go?
How do we get there? How should we deal
with citizens, users and colleagues?

Political goals and decisions

Business foundation

- Mission
- Vision
- Strategy
- Values

Mission for the County of Aarhus

To provide education, health care, care, a healthy environment, regional development and good traffic conditions for all our citizens.

We are managed by an elected council, the Aarhus County Council, and we are part of the local democracy system in Denmark.

Vision for the County of Aarhus

We are known and appreciated for providing excellent public service to our citizens at the lowest possible cost.

We have the best workplaces in the country which offer staff attractive conditions for personal and professional development.

Our work is based on knowledge, and this, among other things, has made us a leader in the public sector.

We collaborate; with businesses, educational institutions, research institutions, other counties and municipalities to ensure a fair and equitable development in Denmark.

Six shared fundamental values

- Dialogue
- Openness
- Respect
- Development
- Commitment
- Credibility

What do we want to achieve?

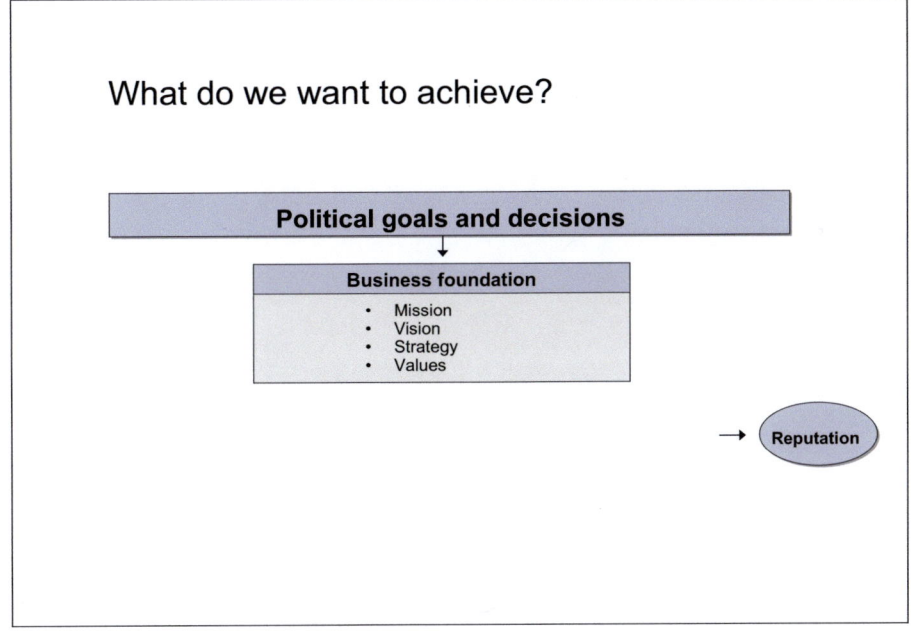

Political goals and decisions

Business foundation
- Mission
- Vision
- Strategy
- Values

Reputation

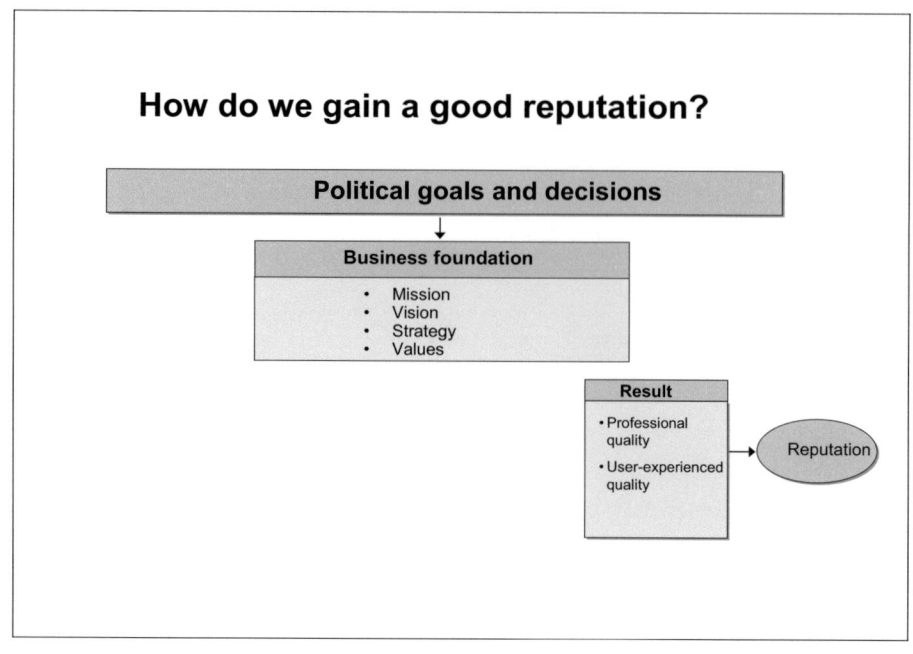

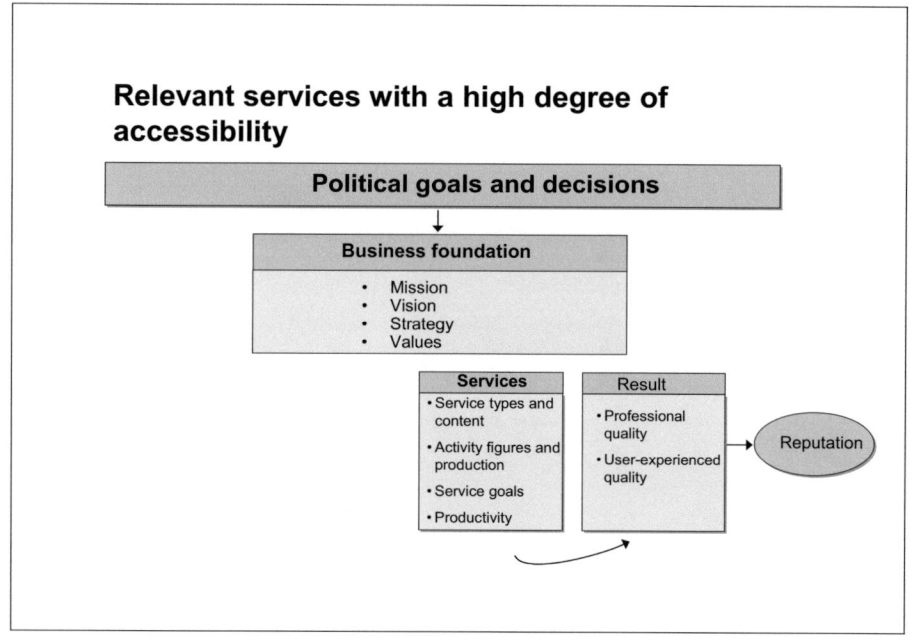

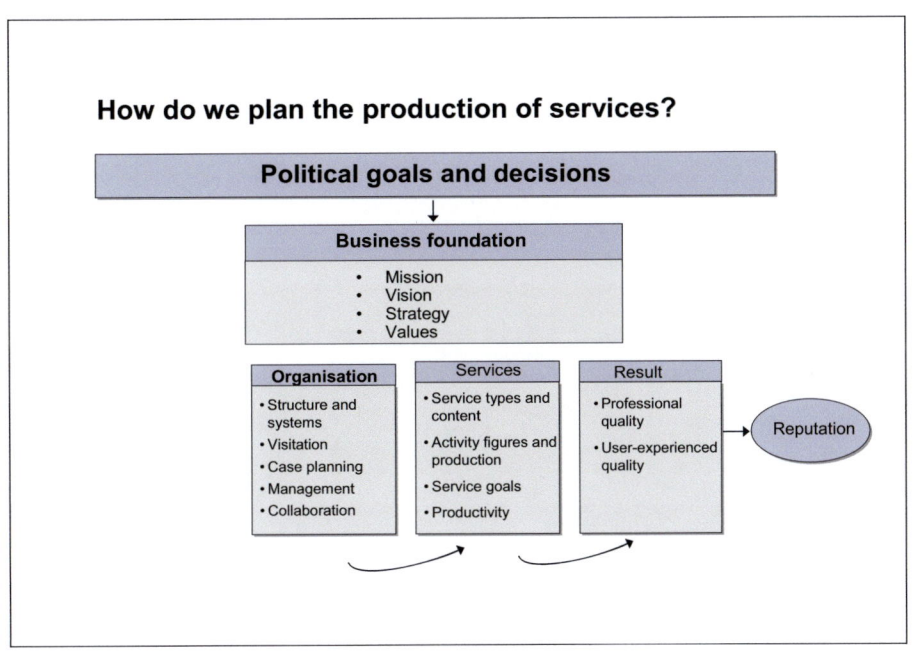

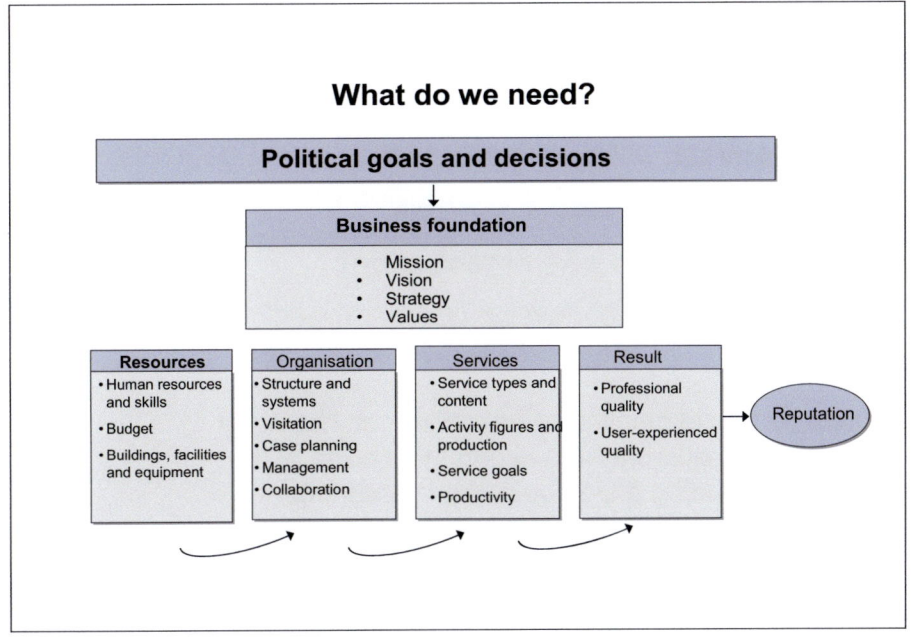

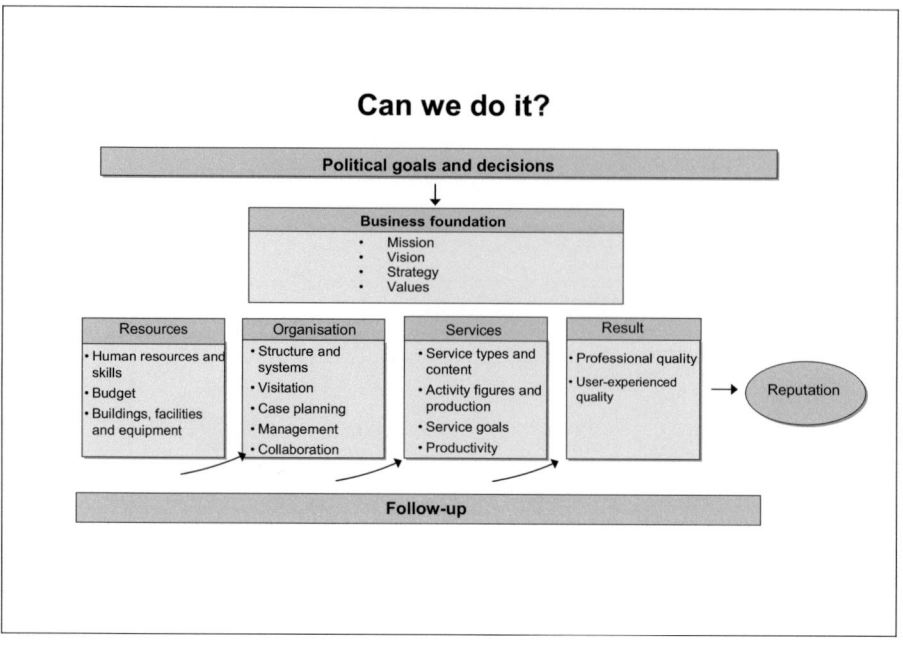

How can we improve **results**?

Can we develop our **services**?

Can we improve work **organisation**?

Can we increase and/or develop our **resources**?

The business model functioned as a common "frame of reference" for a result-oriented dialog in all parts of the organisation, including dialog between management-levels about goals, strategies and results.

The six "key points" of the business model (balanced focus):

- Are the users satisfied?
- Are the users treated in accordance with the professionally established standards/quality?
- Will we meet our service goals?
- Is productivity increasing as planned?
- Are the employees satisfied?
- Can we keep the budget?

The birth and implementation of the model

- The Model was born in dialog with local working committees – ownership is important

- The Model was implemented in training programs for leaders at all levels

- The Model was used as a tool in revealing strengths and weaknesses in the performance of the different institutions

- The Model was used as a part of the foundation in coaching local leaders – performed by the internal department of education and training

Barriers

- **The problem concerning management domain:** Each leader's starting point is to seek the greatest possible sovereignty in connection with management concepts. This can be overcome by gaining a broad acceptance of the model from the workers and the surroundings. While at the same time connecting result-dependent wages with success in implementing the organisational model.
- **Establishment of relevant and generally accepted success criteria:** This can be achieved by letting the professionals themselves articulate the criterias.
- **Differences in professional traditions:** Medical doctors have a tradition for scientific documentation in their work. Social workers don´t.
- **All workers recognise when they succeed in their work**. The point is to ensure that these successes are articulated in an open dialogue concerning standards in the organisation.

A "new" model in a new context
- Region Midtjylland

- The business model has been used as a guide for the creation of a new organisation - Region Midtjylland - composed of parts of 4 former Counties (Århus, Vejle, Viborg and Ringkjøbing) each with their own organisational culture.
- a "new" (similar) model has been developed through a broad dialog with politicians and employees (over a period of more than two years).
- The new model puts a stronger focus on the significance of the surrounding world, including a marked-oriented public sector with activity-based revenue.
- The work with the new model has supported the development of a common frame of reference (common language) in the new organisation.
- The Management model, and its arias of focus, creates the framework for result-oriented dialog across the organisation and the evaluation of managers and institutions.

Denmark and its Regions

1/1 - 2007

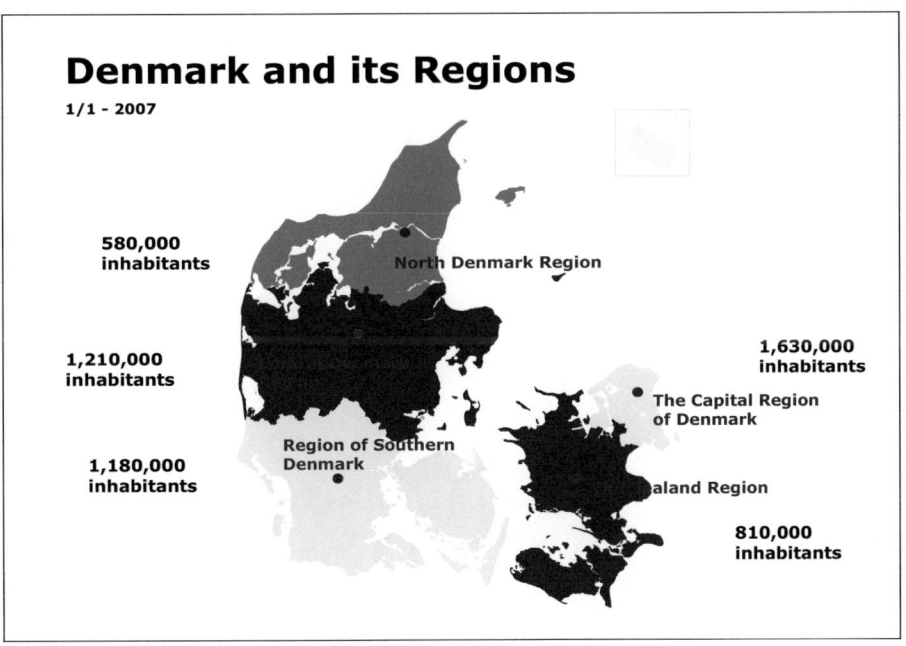

580,000 inhabitants

North Denmark Region

1,210,000 inhabitants

1,630,000 inhabitants

The Capital Region of Denmark

Region of Southern Denmark

1,180,000 inhabitants

aland Region

810,000 inhabitants

Political & administrative levels

- **National**   Parliament
                     Government/Ministry of Welfare and
                     Ministry of Health and Prevention

- **Regional**   5 regions
                     with 41 politicians in each

- **Local**   98 municipalities
                     with 25-31 politicians in each

Population

- Central Denmark Region has approximately 1,2 mio. inhabitants
- Approximately 22 percent of the overall population in Denmark

Political organisation

- 41 politicians forming the Regional Council
- A chairman
- Two vice-chairmen
- An executive committee of 19 members

Regional tasks

- **Health**
  including hospitals, national health service, GPs and medical specialists
- **Psychiatry and social care**
  Psychiatric treatment, running of 55 institutions for vulnerable groups
  and groups with special needs in the social and educational area
- **Regional development**
  nature and environment, business, tourism, employment, education and
  culture, etc.

Financing of the region

The region cannot impose taxes. The
funding comes from the state and the
municipalities – in part based on activity.

- The state 15,2 billion DKK
- Municipalities 5,1 billion DKK
- Other regions 1,7 billion DKK
- Loan 0,6 billion DKK

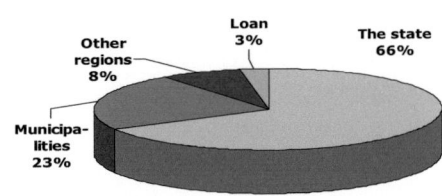

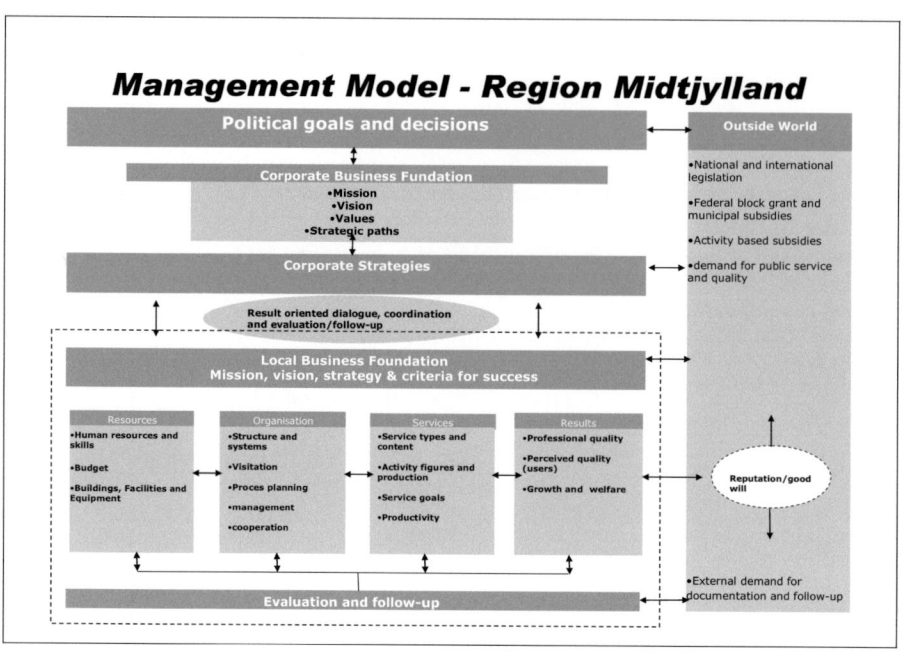

Prof. Dr. Christian Friedrich (Verwaltungsfachhochschule Gießen)
„Was können Verwaltungsmanager von erfolgreichen Entre-/ Intrapreneuren lernen"

- Zusammenfassung -

In den letzten 15 Jahren hat sich in Bundes-, Landes- und Kommunalverwaltungen einiges bewegt. Wir befinden uns jetzt eher in einer Phase der Konsolidierung. Die Universität Münster spricht sogar von beginnender Stagnation, bedingt zum Teil durch fehlenden politischen Willen zur Reform und fehlenden Anreiz für das Personal, überlagert durch Ängste und Unsicherheiten bei Mitarbeiterinnen und Mitarbeitern. In diesem Klima kann Innovation kaum stattfinden, aber ohne Innovation kann sich der öffentliche Sektor kaum weiter entwickeln. Wie schlecht es damit aussieht, hat eine Studie der Verwaltungsfachhochschule in Giessen aus dem Jahr 2008 gezeigt, die belegt, dass nur ca. 9% der Verwaltungen in Hessen ein brauchbares Ideen/Innovationsmanagement betreiben.

Es ist an der Zeit, sich zu überlegen, wie Verwaltungen sich in den nächsten 10-15 Jahren weiter entwickeln können. Eine Möglichkeit bietet sich dadurch, dass man über den Tellerrand hinaus schaut und zum Beispiel bei erfolgreichen Entre/Intrapreneuren sich Anregungen holt.

In unseren Studien in den letzten 10 Jahren haben wir uns in verschiedenen Ländern mit der Frage beschäftigt, warum so viele Unternehmer scheitern und was die Erfolgreichen anders machen. Ergebnisse unserer Untersuchungen zeigen, dass ein hoher Prozentsatz des Erfolges von der Person des Unternehmers abhängt. Wichtige Erfolgsparameter waren: Leistungsmotivation, Innovationsstreben, Eigeninitiative (selbst startend, proaktiv, mit hohem Durchhaltevermögen), Lernen durch Erfolge und Misserfolge. Eine weitere wichtige Erfolgsvariable war die Planung. Die Ergebnisse der Studien für Entrepreneure konnte auch für Intrapreneure (Manager, die Profit Center in einer Firma relativ selbstständig leiten) insgesamt bestätigt werden.

Wie kann man diese Ergebnisse für die Praxis nutzbar machen?

Auf Grund der Studienergebnisse wurde ein dreitägiges Training für Eigeninitiative, Planungsstrategien und Innovation entwickelt. Das Training wurde in einem experimentellen Design gegen eine Kontrollgruppe getestet, die nicht am Training teilnahm. Es konnte gezeigt werden, dass die Gruppe, die am Training teilgenommen hat, in den Bereichen Eigeninitiative, Innovation und die Fähigkeit zu planen, 6 und 18 Monate später sich verbesserten und die Firmenergebnisse sich ebenfalls nach oben entwickelten. Die Kontrollgruppe blieb unverändert.

Dies bedeutet, dass man mit Hilfe von Personalentwicklungsmaßnahmen in relativ kurzer Zeit, zum Beispiel die Innovation von Menschen steigern kann.

Da Führungskräfte in der öffentlichen Verwaltung sich in einer schnell verändernden Welt in Zukunft mehr durch Proaktivität, Innovationskraft und hohe Leistungsbereitschaft auszeichnen werden müssen, wird empfohlen, die Ergebnisse der Studien zu erfolgreichen Entrepreneuren/ Intrapreneuren auf die Manager der Verwaltung zu übertragen. Dies bedeutet, auch im Bereich Personalentwicklung neue Trainingsmaßnahmen maßzuschneidern, die in anderen Bereichen erfolgreich getestet wurden, um so zum Beispiel die Innovation bei Führungskräften in der öffentlichen Verwaltung zu erhöhen. Dies kann ein Schritt in die Richtung sein, um beginnende Stagnation zu überwinden.

What can managers in the civil service learn from successful intra/entrepreneurs

Prof. Dr. C. Friedrich

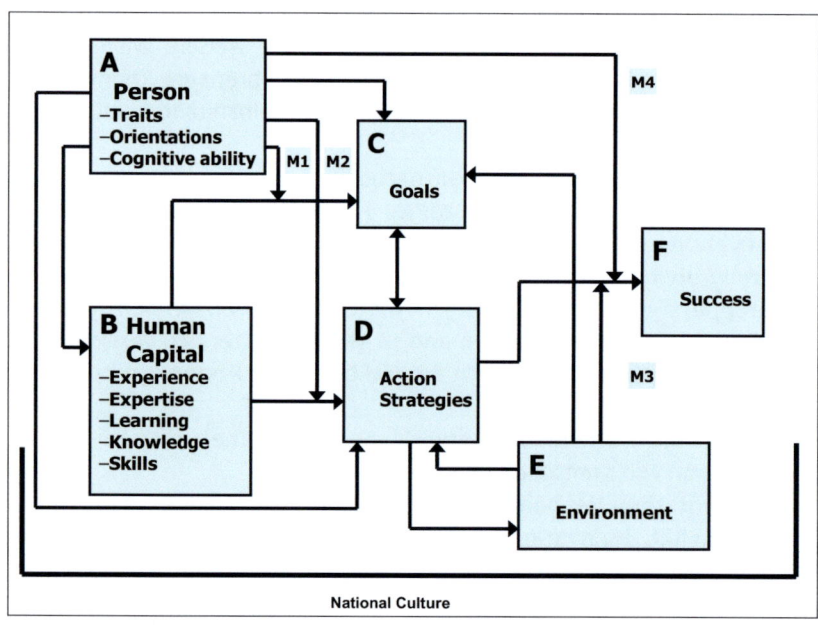

Strategy Characteristics

Four different Strategy Characteristics of The Owners:

1. **Complete Planning**
    Owner plans ahead and actively structures the situation.
2. **Critical Point Planning**
    Owner works on and plans the most difficult and most important point first.
3. **Opportunistic Strategy**
    Owner has a proactive orientation on opportunities with little planning and deviates from goals when new opportunities are perceived.
4. **Reactive Strategy**
    Owner reacts to the situation; thus the owner is neither proactive nor planning.

Entrepreneurial Orientation(EO)

- Innovativeness
- Risk taking
- Autonomy
- Competitive aggressiveness
- Learning Orientation
- Achievement Orientation
- Personal Initiative

Results Process Characteristics

- Complete Planning .04

- Critical Point Planning .61

- Opportunistic Strategy .03

- Reactive Strategy -.62

Results Entrepreneur Orientation

Variable and Scales	2	3
1. Learning orientation	.20**	.47**
2. Achievement orientation	.25**	.49**
3. Autonomy orientation	.12	.32**
4. Competitive Aggressiveness	.13*	.40**
5. Innovative orientation	.09	.44**
6. Risk-taking orientation	.09	.40**
7. Personal initiative[a]	.29**	.61**

Note. n range from 211 to 294. [a]z-standardized data. Figures in parentheses are Cronbach's alpha or correlations for scales with less than three items.

Results

- Across countries, a reactive strategy is always negatively related to success.

- Entrepreneurial Orientation highly correlates with success.

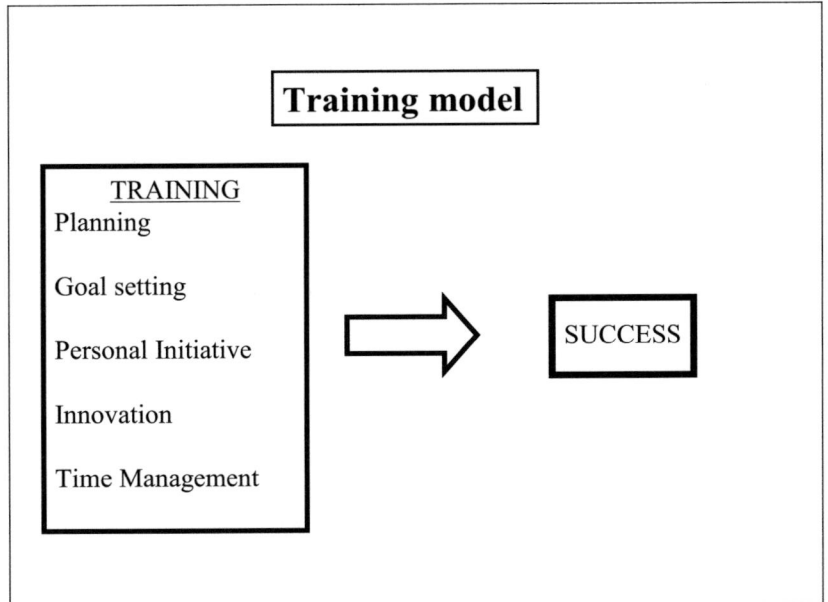

How to measure the effectiveness of training

- Reaction measures *(trainees satisfaction with the training)*
- Learning measures *(assesses the gain in training specific knowledge)*
- Behaviour measures *(were the participants able to apply the learned skills to job situations)*
- Success measures *(measure training outcome in terms of objective results)*

Kirkpatrick (1987)

Experimental Design

	T1	Intervention	T2	T3	T4
Training Group	O	Entrepr. Training	O	O	O
Control Group	O			O	O

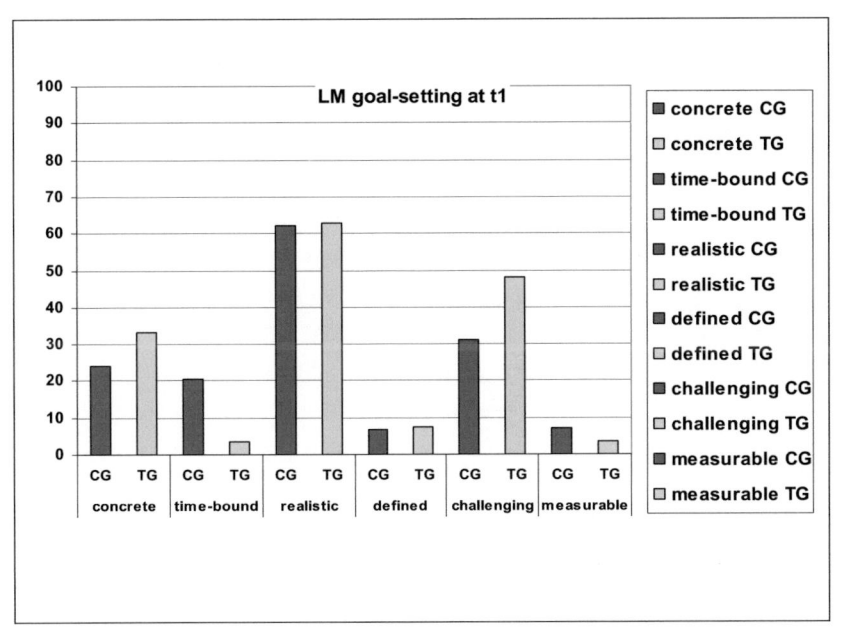

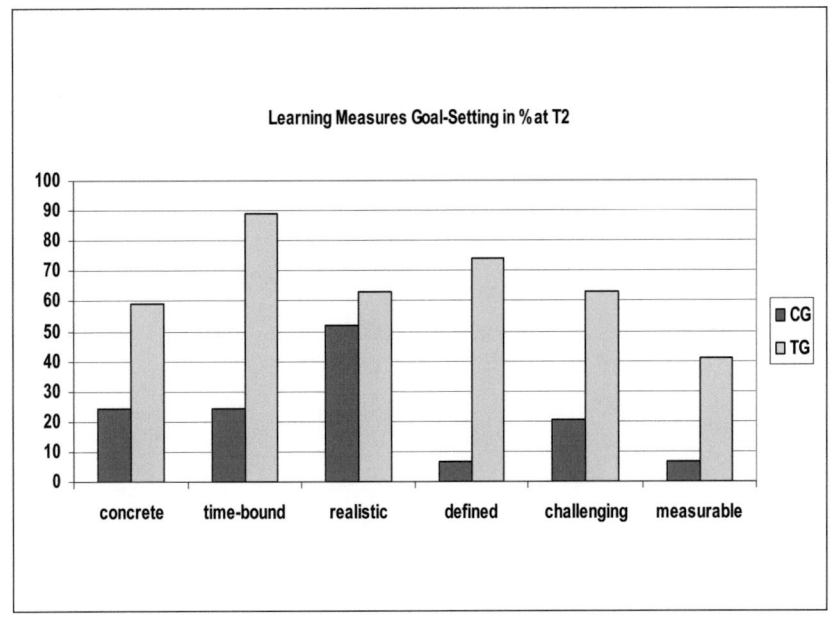

Change Measures Innovation T3

Innovation	Group	M	SD	T	df	Significance
Number of ideas	TG	.84	.22	5.86	32	<.01
	CG	.37	.25			
Innovativeness	TG	2.34	.83	6.11	32	<.01
	CG	.84	.59			

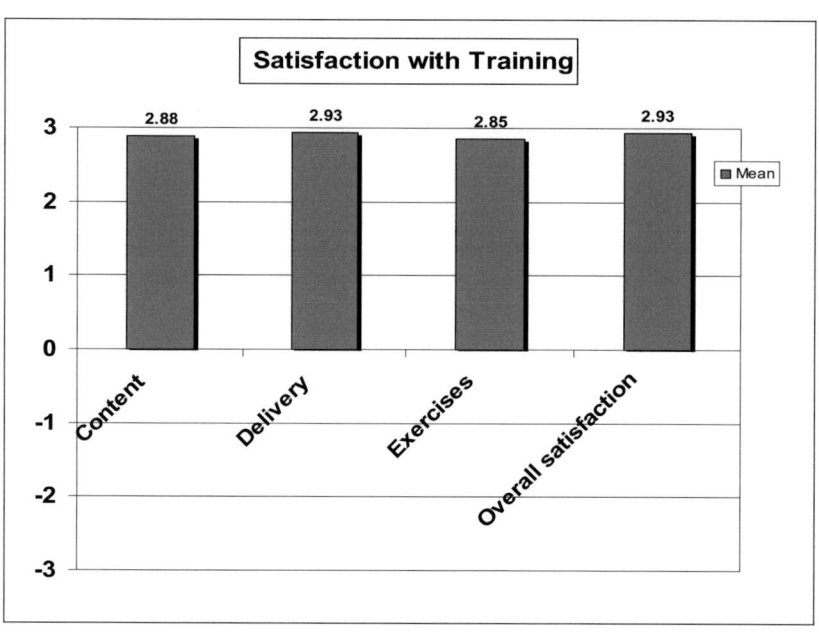

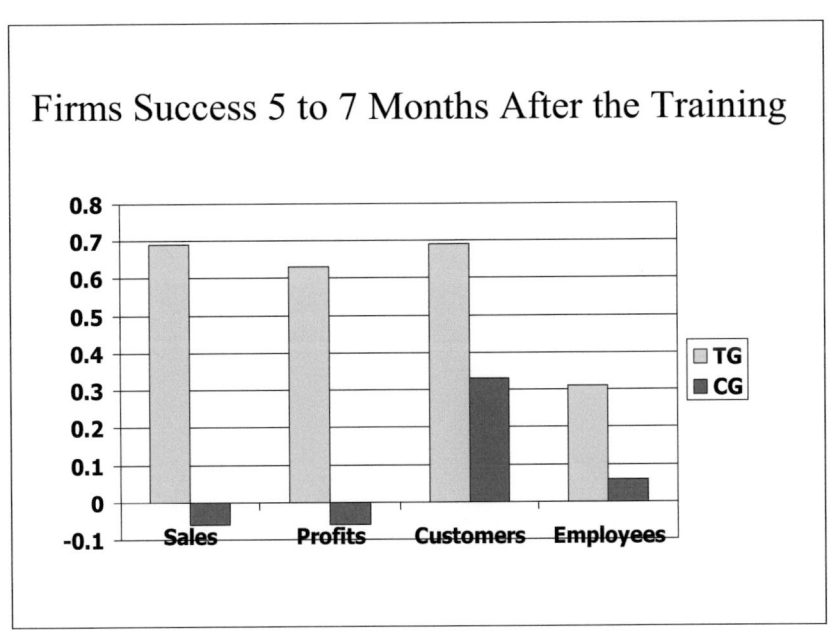

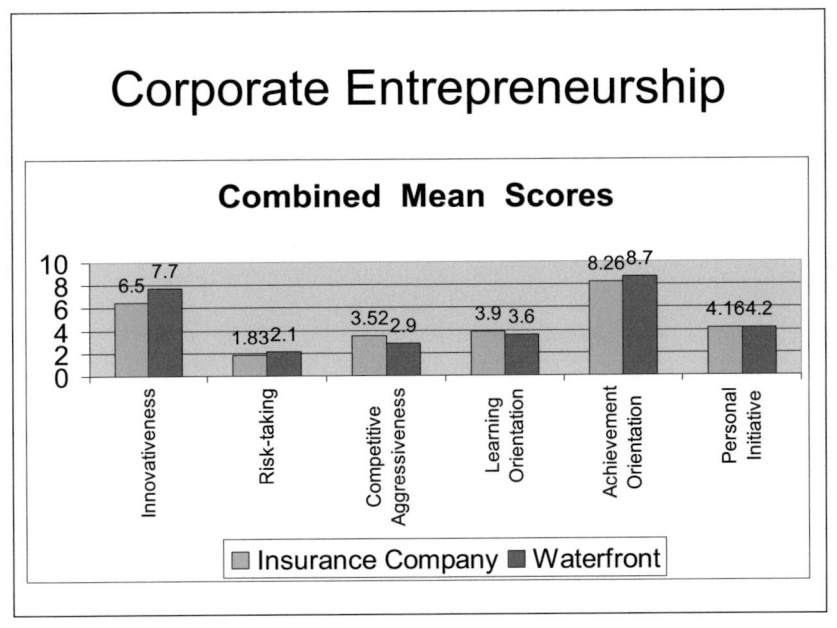

Lessons for the Civil Service
Change and Improve

- Personal Initiative
- Innovation
- Achievement Orientation
- Learning Orientation

Prof. Dr. Alfred Gomolka (Mitglied des EU-Parlaments,
Ministerpräsident a. D.)
„Grußwort"

Meine sehr geehrten Damen und Herren,
herzlichen Dank für die freundliche Begrüßung.

Ich bin dem Wunsche sehr gern nachgekommen, hier ein kurzes Grußwort zu sprechen, weil verschiedene Gründe dafür sprechen. Als erstes möchte ich auf etwas hinweisen, was gelegentlich untergeht, was aber ein grundsätzliches Problem der Europäischen Union, der Länder und der Regionen ist. Sie können beobachten sowohl institutionell als auch inhaltlich als auch im Haushalt, dass die europäische Union zunehmend ein Interesse an den Regionen hat:

- Die Regionen haben ein eigenes Beratungsgremium im Ausschuss der Regierungen erhalten.
- Es gibt vielfältigste Beziehungen zur Förderung der regionalen Kooperation über die Euro-Regionen bspw. und
- Es gibt eine Ausweitung des Haushaltes.

Alle diese Dinge belegen ein zunehmendes Interesse der Europäischen Union an den Regionen. Und hier tut sich ein Spannungsbogen auf.

Ich halte diese Entwicklung für sehr wichtig und richtig. Aber gleichzeitig spüren wir, dass die nationalen Verwaltungen hier Hürden aufbauen und sich sperren, diese Tendenzen zuzulassen. Auf der anderen Seite ist es nach meinem Dafürhalten objektiv wichtig, dass diese Beziehung zwischen der Europäischen Union und den Regionen gepflegt und ausgebaut wird, weil nur auf diese Weise der Entfremdung vorgebeugt werden kann, die zwangsläufig mit dem Wachstum der Union verbunden ist.

Wir haben eine enorme Phase der Erweiterung sowohl quantitativ als auch qualitativ durchlaufen. Jetzt muss eine Phase der Vertiefung folgen, und ein wesentlicher Bestandteil dieser Vertiefungsphase sollte der Ausbau der direkten Beziehungen zwischen Regionen und der Europäischen Union sein, was zwangsläufig dann mit dem Verlust nationalen Einflusses verbunden wäre und deswegen nicht gern gesehen wird.

Nicht desto weniger halte ich das für eine Tendenz, die richtig ist, die man weiter beobachten und pflegen sollte. Ich betone das ganz am Anfang, weil ich glaube, dass mit dieser Bewegung auch eine Aufwertung der Regionen verbunden ist, die sich nicht zuletzt auch in der Administration niederschlagen wird. Insofern gibt es durchaus eine inhaltliche Beziehung. Und besonders wichtig werden solche Entwicklungen dann, wenn, wie in unserem Lande, schwerwiegende strukturelle Probleme in den Regionen hinzukommen. Ich nenne nur einige Stichworte, die sehr geläufig sind:

- Das ist die demographische Entwicklung,
- Das ist die Wanderungsbewegung, die stark negative Akzente in unserem Land aufweist und in Teilen unseres Bundeslandes sehr stark ausgeprägt ist.

Der jüngste Besuch von Herrn Minister Tiefensee im Uecker-Randow-Kreis hat das noch mal unterstrichen. Gleichzeitig erfolgte der Hinweis darauf, dass durch grenzüberschreitende Kooperation zumindest Entlastungseffekte erzielbar sind. Ich möchte Sie also bitten, einfach in Ihrer Tätigkeit diese möglichen Entlastungseffekte, die aus der Kooperation unterschiedlich entwickelter Strukturen und Regionen hervorgehen mit zu nutzen. Ich verkenne dabei keineswegs, dass es schwerwiegende Auswirkungen in den nächsten Jahrzehnten geben wird, die sich in einer Ausdünnung der Bevölkerung, im Niedergang von einzelnen Streusiedlungen ergeben werden. Dies führt zu einer Veränderung der sozialen wie auch der technischen Infrastruktur, was wiederum Niederschlag finden wird in der Verwaltung.

Wie sollte grundsätzlicherweise die Antwort der Verwaltung ausschauen?
Für mich ist ein wesentlicher Ansatz, der häufig vernachlässigt wird, die Durchsetzung des Subsidiaritätsprinzips. Diese zungenbrecherische Wortwahl weist im Grunde genommen auf eine simple Tatsache hin, auf einen Begriff der aus der christlichen Soziallehre stammt. Anfang der 30er Jahre wurde er formuliert, nicht zuletzt als eine Antwort auf negative politische Entwicklungen, auf das Aufkommen des Faschismus auf der einen Seite, Aufkommen des Stalinismus auf der anderen Seite.

Und die Antwort war ein Appell an das Individuum.

Sinngemäß heißt es in der Enzyklika kortragesimo angro, dass dasjenige, was der einzelne oder die kleine Gemeinschaft leisten kann und zu einem guten Ende führen kann, ihr nicht entzogen werden darf, sonst verstößt es gegen die Gerechtigkeit. Dies ist also eine klare Betonung der individuellen Leistung und der individuellen Verantwortung. Und ich halte das für einen Schlüssel auch in ihrer künftigen und jetzigen Tätigkeit, die Stärkung des Individuums in seinen Handlungsmöglichkeiten soweit zu betonen, dass ein Vorhaben angefangen und zu einem guten Ende gebracht werden kann. Das bedeutet letztendlich eine Kompetenzverlagerung. Und hier gibt es eine interessante Parallele zu meinem ersten Gedanken, eine Kompetenzverlagerung nach unten. Genauso wie die Kooperation mit der Europäischen Union und den Regionen eine Kompetenzverlagerung nach unten unter Überspringen oder Ausschalten der nationalen Ebene bedeuten kann, würde die stärkere Durchsetzung des Subsidiaritätsprinzips bedeuten, dass Kompetenz in die Kommunen verlagert wird, dass Kompetenz in die Familien verlagert wird, wo immer das sinnvollerweise möglich ist, um die Bedingungen des Benannten zu einem guten Ende zu bringen.

Meine Damen und Herren, ich glaube, dass unser Bundesland, so schwierig die Situation ist, eine Schrittmacherfunktion übernehmen kann, mit dieser skizzierten Entwicklung. Ich glaube gerade die Schwierigkeiten, die wir jetzt durchlaufen, werden in den anderen Regionen mit Zeitverzögerung, aber in ähnlicher Intensität auftreten, so dass die Erkenntnisse, die wir hier sammeln können, die Sie diskutiert haben, weit über den heutigen Tag hinausreichen. Dafür danke ich Ihnen sehr, und ich wünsche Ihnen noch weiteren Erfolg. Herzlichen Dank.

Dr. Michael Heinrichs (Institut für Fortbildung und Verwaltungsmodernisierung, Fachhochschule für öffentliche Verwaltung, Polizei und Rechtspflege Güstrow) und Iris Surburg (minds)

„Landkarte – Spiel - Intrapreneurship"

Abstract

In autumn 2007 the Institute of advanced vocational training and modernisation of public administration made an evaluation among the students of the University of Applied Sciences in Güstrow in order to gather some valid informations with regard to motivation and attitude to intrapreneurship. It can be stated that students come from homes, in which parents work as employees or public officials. Econonomic items are seldom subjects of discussion. Furthermore it is very easy for them to adapt themselves and to take on a subordinate role. Vocational security is the main reason to enter public administration. With regard to modernisation of public administration the result is not very encouraging, though it is necessary and without alternative. One solution might be the integration of game elements in order to create a climate of independence and ambiguity tolerance as well. Another tool to accelerate the process of modernisation should be seen in, a constructive change with regard to recruitment and development of human resources in order to get the right people into the right place at the right time.

Vortrag:

In der Süddeutschen Zeitung" vom 18. Juli 2005 stand unter dem Titel "Freizeit für Führungskräfte" zu lesen: „Keine Frage, kommen doch nach herkömmlichen Karrierekonzepten diejenigen am vortrefflichsten davon, die sich nichts trauen, das tun, was andere von ihnen verlangen, und die vermeiden, die Schuld für Fehler zu übernehmen, nie um Ausreden verlegen sind und stets Sündenböcke benennen können." Binnenunternehmertum ist in deutschen Institutionen nicht die Regel, sondern die Ausnahme. Binnenunternehmerische Verhaltensweisen bedrohen etablierte Besitztümer sowie Besitzstände und haben unüberschaubare Folgen – vor allem für die Initiativträger von Innovationen. Selbständigkeit, Risikofreude und Kreativität und Mut finden in der Regel außerhalb des beruflichen Spielfeldes statt, ... aber da mit Leidenschaft, Engagement, Risikofreude und Kreativität, sozusagen als Surf- oder auch Gartenzwerg-Flow. Besagter Artikel war einer der Anlässe und Ausgangspunkt zugleich für das Institut für Fortbildung und Verwaltungsmodernisierung zur Untersuchung der Studierendenschaft vom Oktober 2007. Darin ging es u. a. darum, die Motivationslage der Studierenden und Auszubildenden hinsichtlich der Aufnahme des Studiums bzw. der Ausbildung zu untersuchen, um pädagogische Verbesserungen einfacher und zielgerichteter - auch im Hinblick auf Intrapreneurship-Education - umsetzen zu können. 173 Studenten wurden befragt. Der Rücklauf lag bei nahezu 100%.

In der Untersuchung, ging es u. a. auch darum, die mentalen Landkarten zu skizzieren, das kulturelle Budget der Studenten – das Kapital, das sie mit in die Ausbildung bringen – aufzuzeigen und Hinweise auf Erwartungen an die zukünftige Tätigkeit im öffentlichen Dienst zu erhalten. Grundannahme war, dass die beobachteten Landkarten und Sinnstiftungssysteme nicht aus dem Nichts entstehen, sondern systemisch bedingt sind und im Sozialisationsprozess erlernt wurden bzw. dort gerannen. Das bedeutet, dass tradierte Einstellungen, Handlungsmuster, Werte, Normen als Landkarte weiterleben und – auch wenn nicht bewusst – weitergegeben und repräsentiert werden.

Intrapreneurship-Education muss von daher die Studierenden dort abholen, wo sie stehen, und bei den Voraussetzungen beginnen, die die Studierenden und Auszubildenden als kulturelles Budget mit sich bringen.

Unter Sozialisation, so der Soziolinguist B. Bernstein, versteht man den Prozess, in welchem das biologische Sein in ein spezifisches kulturelles transformiert wird und dadurch das menschliche Wesen eine eigenständige kulturelle Identität erhält. Ausgehend davon, dass die entscheidenden Sozialisationsagenturen Familie, Peer-Gruppe, Schule und Arbeit sind, wurde im Fragebogen auf diese Sozialisationsagenturen zurückgegriffen, um Einstellungen zur Verwaltung, Wirtschaft und Intrapreneurship im Sozialisationsprozess der Studierenden zu beleuchten. Die Frage lautet: Welche soziologischen und psychischen Konditionierungen – Landkarten, kulturelles Budget – liegen vor bei Personen, die in eine Verwaltung eintreten?

Als erstes ist zu beobachten, dass die berufliche Sicherheit in den Elternhäusern einen übergroßen Stellenwert einnimmt.

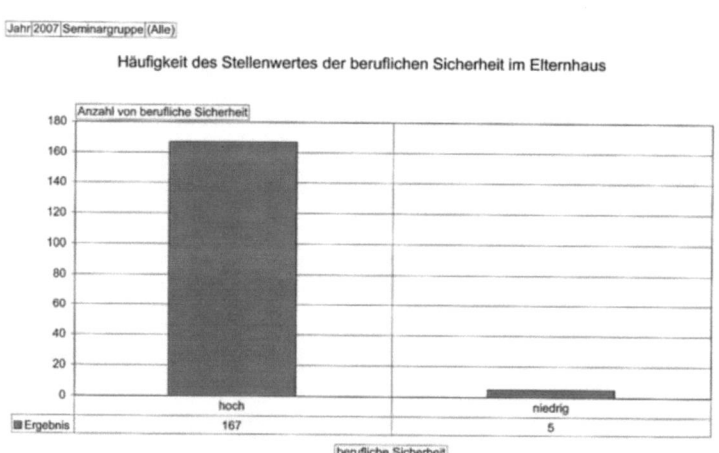

Jahr 2007 Seminargruppe (Alle)

Häufigkeit des Stellenwertes der beruflichen Sicherheit im Elternhaus

Anzahl von berufliche Sicherheit	hoch	niedrig
Ergebnis	167	5

berufliche Sicherheit

Sieht man diesen hohen Stellenwert in Relation zum Beschäftigungsstatus der Eltern, so stammen 143 Studierende bzw. Auszubildende aus Elternhäusern, in denen die Eltern entweder angestellt oder verbeamtet sind.

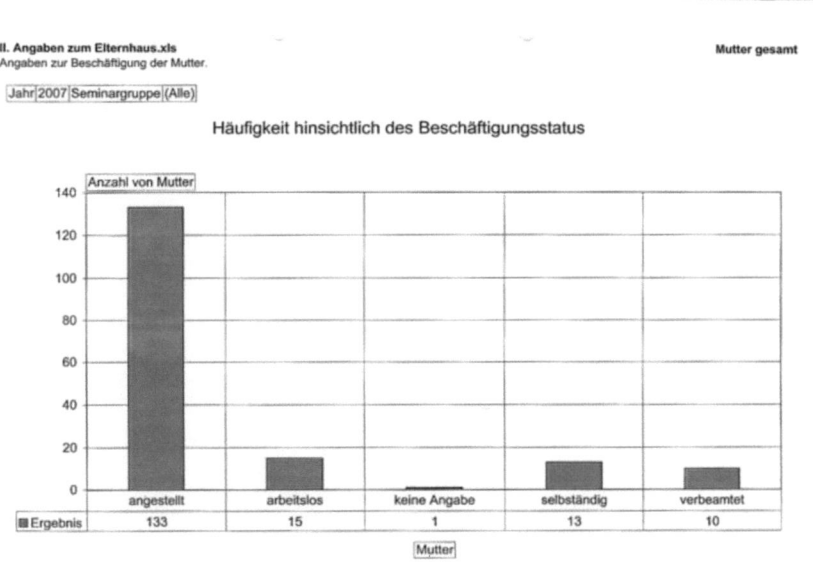

II. Angaben zum Elternhaus.xls
Angaben zur Beschäftigung der Mutter.

Mutter gesamt

Jahr 2007 Seminargruppe (Alle)

Häufigkeit hinsichtlich des Beschäftigungsstatus

Anzahl von Mutter

	angestellt	arbeitslos	keine Angabe	selbständig	verbeamtet
Ergebnis	133	15	1	13	10

Mutter

Entsprechend und geradezu zwangsläufig wird die berufliche Sicherheit für die Berufswahl eingeordnet. 162 Befragte gaben die Note eins bzw. zwei.

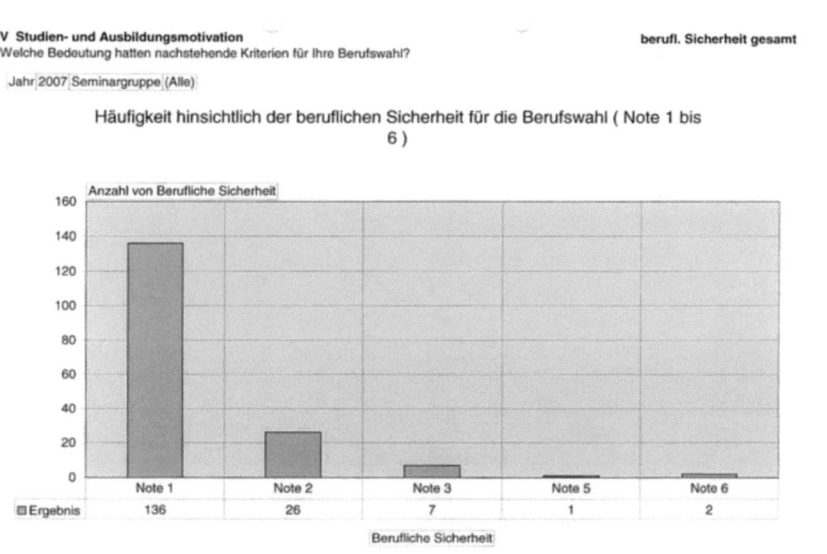

V Studien- und Ausbildungsmotivation
Welche Bedeutung hatten nachstehende Kriterien für Ihre Berufswahl?

berufl. Sicherheit gesamt

Jahr 2007 Seminargruppe (Alle)

Häufigkeit hinsichtlich der beruflichen Sicherheit für die Berufswahl (Note 1 bis 6)

Anzahl von Berufliche Sicherheit

	Note 1	Note 2	Note 3	Note 5	Note 6
Ergebnis	136	26	7	1	2

Berufliche Sicherheit

Über die Privatwirtschaft als Terrain der Selbständigen wurde nur in ⅓ der Elternhäuser gesprochen. Dies wirft einen bezeichnenden Blick auf den Stellenwert der Selbständigen.

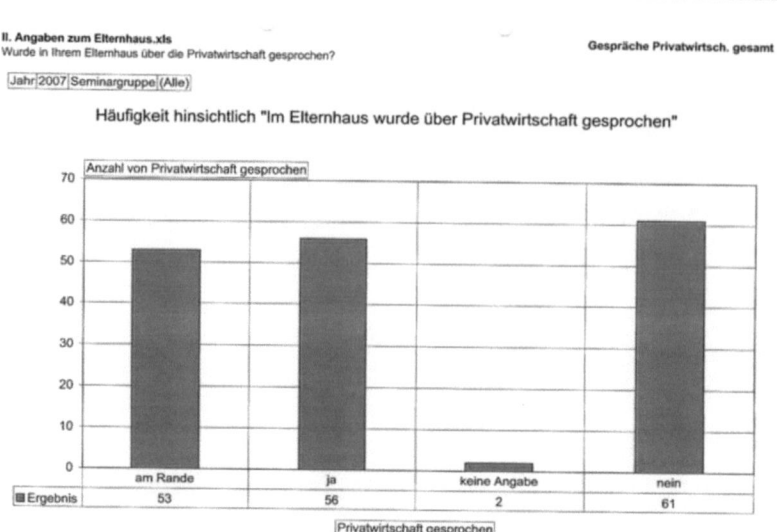

Häufigkeit hinsichtlich "Im Elternhaus wurde über Privatwirtschaft gesprochen"

Privatwirtschaft gesprochen	am Rande	ja	keine Angabe	nein
Ergebnis	53	56	2	61

Entsprechend fallen die Anregungen zum Selbständigmachen in den Familien aus. 152 der Befragten gaben an, nicht zum Schritt des Selbständigmachens angeregt worden zu sein.

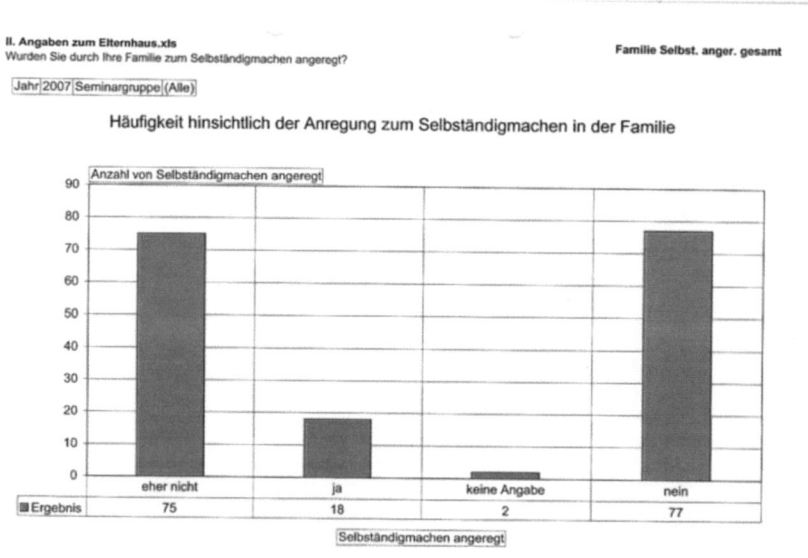

Häufigkeit hinsichtlich der Anregung zum Selbständigmachen in der Familie

Selbständigmachen angeregt	eher nicht	ja	keine Angabe	nein
Ergebnis	75	18	2	77

Selbständig sein heißt flexibel sein, bedeutet, auch dann zu arbeiten, wenn andere Pause haben. Selbständig sein beinhaltet zudem auch Verzicht, manchmal sogar auch Verlust. Damit umgehen zu können, dies beherrschen zu können, bedeutet auch Verzicht auf feste und tradierte Strukturen. Für die Berufswahl gaben 128 der Befragten an, dass feste Strukturen bei der Berufswahl für sie entscheidend waren.

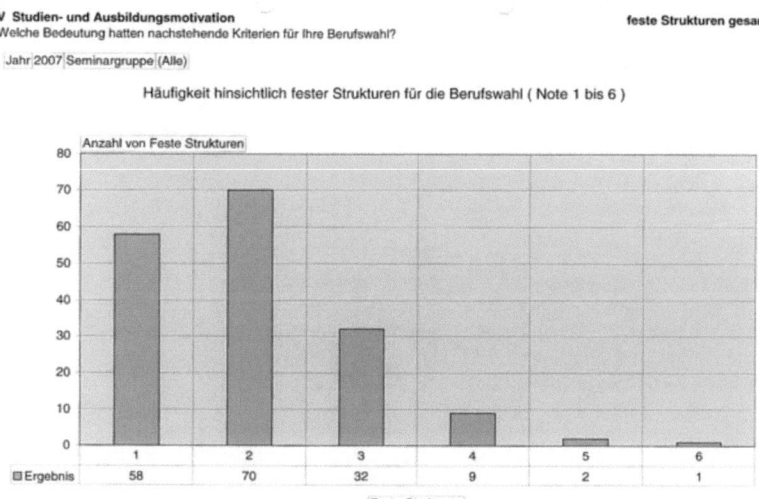

V Studien- und Ausbildungsmotivation
Welche Bedeutung hatten nachstehende Kriterien für Ihre Berufswahl?

feste Strukturen gesamt

Jahr 2007 Seminargruppe (Alle)

Häufigkeit hinsichtlich fester Strukturen für die Berufswahl (Note 1 bis 6)

	1	2	3	4	5	6
Ergebnis	58	70	32	9	2	1

Feste Strukturen

Anpassung wie auch Unterordnung nahmen dabei einen hohen Stellenwert ein, was auf den autoritären Erziehungsstil in den Familien zurückzuführen sein dürfte.

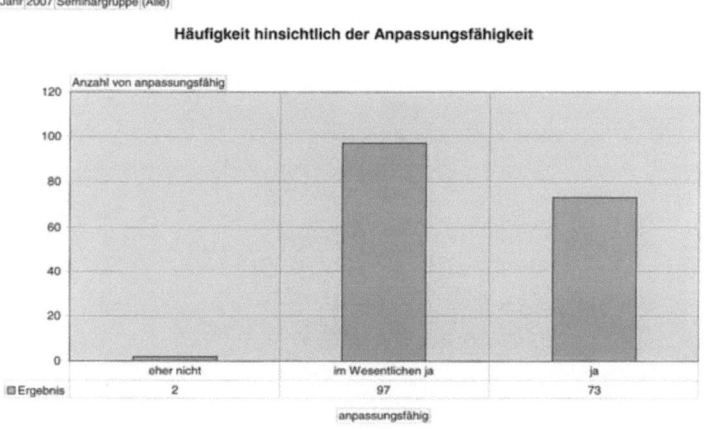

Häufigkeit hinsichtlich der Anpassungsfähigkeit

	eher nicht	im Wesentlichen ja	ja
Ergebnis	2	97	73

anpassungsfähig

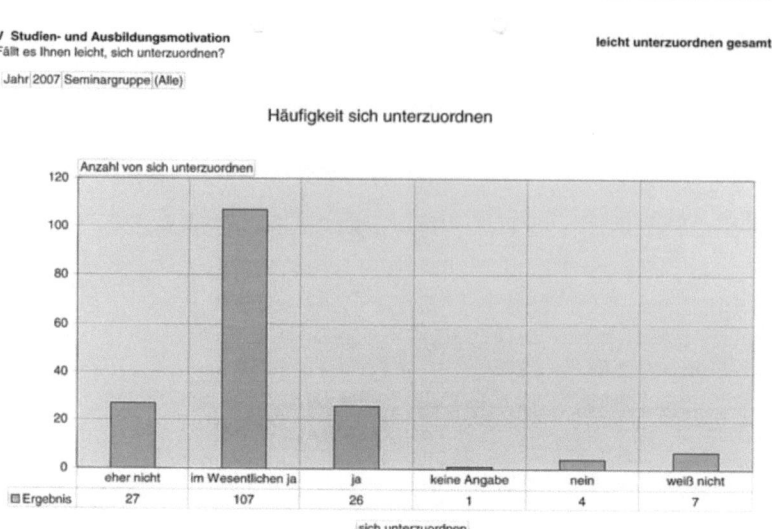

V Studien- und Ausbildungsmotivation
Fällt es Ihnen leicht, sich unterzuordnen?

leicht unterzuordnen gesamt

Jahr 2007 Seminargruppe (Alle)

Häufigkeit sich unterzuordnen

	eher nicht	im Wesentlichen ja	ja	keine Angabe	nein	weiß nicht
Ergebnis	27	107	26	1	4	7

sich unterzuordnen

Die Erwartung an den Beruf in der öffentlichen Verwaltung schätzen die befragten Studierenden und Auszubildenden realistisch und nüchtern ein. 100 der Befragten gaben an, späterhin nicht kreativ zu sein.

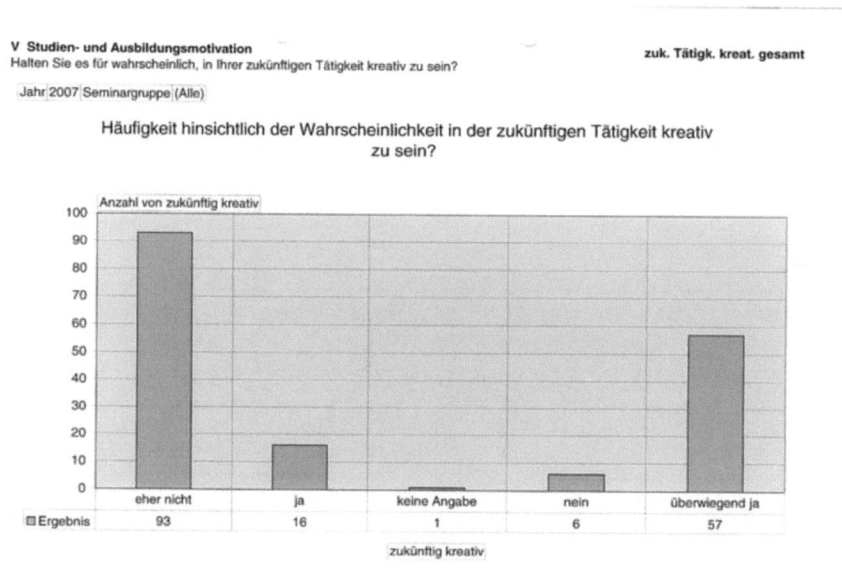

V Studien- und Ausbildungsmotivation
Halten Sie es für wahrscheinlich, in Ihrer zukünftigen Tätigkeit kreativ zu sein?

zuk. Tätigk. kreat. gesamt

Jahr 2007 Seminargruppe (Alle)

Häufigkeit hinsichtlich der Wahrscheinlichkeit in der zukünftigen Tätigkeit kreativ zu sein?

	eher nicht	ja	keine Angabe	nein	überwiegend ja
Ergebnis	93	16	1	6	57

zukünftig kreativ

Wie entkommt man nun diesem skizzierten Dilemma, das auf vorgefertigten Landkarten basiert? Eine pädagogische Möglichkeit ist die Verschiebung hin zum Spiel, in welchem frei simuliert werden kann, das aber auch Raum bietet zur freien Entfaltung, um somit Selbstbewusstsein tanken und in den beruflichen Alltag herüberretten zu können.

124

Mit Spiel und Spielen sind vier Mythen verknüpft, die das tägliche Leben geprägt haben und prägen, die Unternehmen, die Kultur, Gesellschaft und Politik. Sie waren die Begleiter des industriellen und mechanistischen Zeitalters, die das Spiel ausschließlich in der Welt der Kinder sahen. Diese Mythen haben dazu geführt, dass es heute schwierig ist, die Werte, die eigentlich mit Spiel und Spielen verbunden sind, für die postindustrielle sinnstiftend zu nutzen.

- **Mythos 1:** **Nur Kinder Spielen**

- **Mythos 2:** **Spiel und Arbeit sind Gegensätze**

- **Mythos 3:** **Spiel und Spielen ist überflüssig**

- **Mythos 4:** **Spiel ist unproduktiv**

Grundlage einer jeden Neuanschaffung – materiell oder ideell – ist das Spiel, die dialektische, produktive und nach Vorne gerichtete Auseinandersetzung mit der Welt. Das Spiel ist die alternative Realität, wo wir sie simulieren, üben, erfassen und uns etwas Neues vorstellen können. Für einen begrenzten Zeitraum haben wir die größtmögliche Freiheit, all das zu tun, was wir wollen. Im Spiel werden Autonomie, Selbständigkeit und Selbsttätigkeit wach. Im Spiel wird die andere Perspektive eröffnet: der andere Blick, die Anamorphose.

Johan Huizinga – in der Tradition Friedrich Schillers „Erziehung des Menschengeschlechts" sieht neben Caillot, Maslow und Mead drei Schritte in der menschlichen Entwicklung:

➢ **Homo Sapiens**	-	**Denken**	-	**Lernen**
➢ **Homo Faber**	-	**Technik**	-	**Werkzeuge/Kapital**
➢ **Homo Ludens**	-	**Spiel**	-	**Spiel**

Festzuhalten ist:

- Spiel hat nichts mit dem Alter zu tun. Zahlreiche Menschen und Betriebe spielen ihr Leben lang, um Alterserscheinungen und Veralterung entgegenzuwirken.

- Spiel und Arbeit sind keine Gegensätze, sondern integriert. Nur wenn Arbeit und Spiel integriert werden, lässt sich das Potenzial des Menschen – spielerische Leichtigkeit – in Gänze einsetzen. Wenn Arbeit Spiel wird und Spiel Arbeit, entfalten sich die menschlichen Talente in Vollendung.

- Es ist von zentraler Bedeutung, dass gespielt wird. Fehlendes Spiel ist ein Zeichen von Vergangenheitsbezug, Erstarrung und zunehmender Stagnation. Es ist eine Vorwarnung von Bürokratisierung und interner, negativer Spielregeln. Spiel ist das aktive Element in der organisatorischen und individuellen Erneuerung.

- Ohne Spiel gäbe es viele Vereinfachungen des täglichen Lebens nicht, z. B. Edisons Glühlampe, Bells Grammophon, Nebenprodukte des täglichen Innovationsspiels aus der multiplen Werkzeugkiste.

Linus Paulig, zweifacher Nobelpreisträger, erkannte: „Die beste Art, eine gute Idee zu erhalten oder zu bekommen, ist, eine Fülle von Ideen zu generieren." Um dieses jedoch generieren zu können, ist ein Umsteuern zur Entfaltung erforderlich. Das setzt Mut voraus. Oder wie Søren Kierkegaard, der dänische Philosoph, es formulieren würde: „Wagen heißt, für einen Augenblick die Bodenhaftung aufgeben. Nicht zu wagen heißt, sich selbst aufgeben." Dieses Ziel zu erreichen, bedeutet Investitionen in Bildung und Schaffung von Spielräumen, denn schon längst ist die Grenze einer ausschließlich lernenden Verwaltung überschritten:

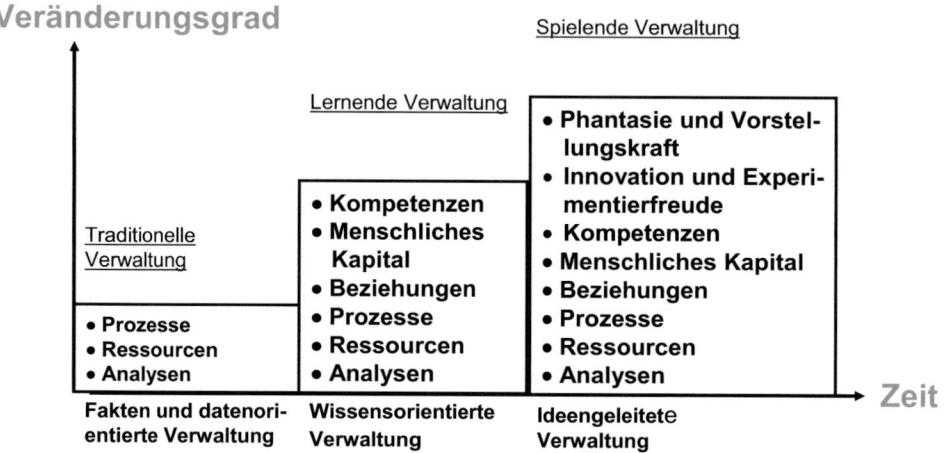

Die menschliche Muskelkraft als Produktivitätsfaktor ist in der westlichen Welt in hohem Grad durch geistige Produktivität ersetzt worden, unterstützt und verteilt durch technologische Neuerungen. Wissen ist heute der Rohstoff, den es heißt, in Wertschöpfung umzusetzen. Viel Wert sind allerdings die mentalen Rohstoffe nicht, wenn in Institutionen und Organisation diese nicht auch von einem Klima begleitet werden, das zu Kreativität, Phantasie und zu einer spielerischen Einstellung zur Arbeit einlädt. Viel Wert haben diese mentalen Rohstoffe auch nicht, wenn es an Phantasie fehlt oder es intern wie auch extern nicht erwünscht ist, sich der Phantasie zu bedienen, oder es an den richtigen Strategien fehlt, Vorteile daraus zu ziehen. Wie in der Wirtschaft kommt es auch in der Verwaltung darauf an, eine Balance zwischen konvergentem und divergentem Denken zu finden, zwischen freiem Spiel und regelgebundenem Spiel:

spielen	at lege	at spille
Regelgebundenheit	*Konvention* *[LEGO]*	*Regelgebundenheit*

Fünf Grundzüge des Spiels lassen sich herausfiltern:

> *Spiel ist eine freiwillige Aktivität*

> *Spiel ist von der Wirklichkeit getrennt*

> *Spiel nimmt den ganzen Menschen ein*

> *Spiel ist begrenzt auf Raum und Zeit*

> *Spiel hat keine Regeln sondern Konventionen*

In einer Verwaltung geht es nicht ohne Spielregeln. Aber es kommt auf die Führungskraft an, nicht nur Konkurrenz, Chance, Simulation und Flow personell und individuell abgestimmt zu dozieren. Es geht vielmehr um die Führungskraft als Dirigent von Talenten. Um Freiräume für Innovation und Veränderung zu schaffen, muss sie – gerade bei großen Vorhaben – Möglichkeiten des Spiels ermöglichen:

Unterschiede zwischen freiem Spiel und Regelspiel

Effektivierung und Optimierung Talent wird ins Spiel gebracht				Innovation und Veränderung Spiel ist
Konkurrenz	Chance	Simulation	Flow	1. Freiwillige Teilnahme
				2. Abtrennung von Realität
				3. Totale Hingabe
				4. Unsicherheit und Chaos
				5. Begrenzt in Zeit und Raum
(Agôn)	(Alea)	(Mimikry)	(Ilinx)	6. Einfache Konventionen
				7. Spontaneität
➤ Klare Zielorientierung ➤ Klare Spielregeln ➤ Viel Facharbeit				➤ Ziel in sich selbst ➤ Einfache Konventionen ➤ Zielerreichung und Nebenprodukte

Die Untersuchung hält den Mut, unternehmerisch denkende Studierende und Auszubildende zu entwickeln, in Grenzen. Und doch gibt es eine Chance, in die DNA der Verwaltung einzugreifen, um beschriebene Elemente – generell ein Klima von Innovation – zu schaffen. Denn die Voraussetzungen sind gegeben, so sie denn wirklich genutzt werden:

- ➤ **Personalrekrutierung**   **(Resonanzprinzip)**

- ➤ **Personalausbildung**   **(Fachorientierung)**

- ➤ **Personalfortbildung**   **(Gattungstechnik)**

- ➤ **Personalentwicklung**   **(numerische Verschiebung)**

- ➤ **Personalführung**   **(Fachkompetenz orientiert)**

Ohne schwarz malen zu wollen, aber es gibt keine wirkliche Alternative. So führt Prof. Molzberger u. a. aus:

„Wir leben inmitten des größten geistigen Umbruchs seit Jahrhunderten, möglicherweise seit Jahrtausenden. Wir stehen inmitten des Übergangs auf die post-industrielle Gesellschaft. Wir sprechen von einer neuen Epoche der Menschheitsgeschichte: einem globalen Paradigmenwechsel von Denkhaltung und Werten. Hinter den Phänomenen, die uns erschrecken und erschüttern, steht eine fundamentale Neuorientierung unseres Denkens, ein geistiger Aufbruch."

Dieser „geistige Aufbruch", Kondratieff nennt es die Megatrends, bedeutet für Unternehmen, sich vom Denken des Industriezeitalters, in dem Produkte im Mittelpunkt standen und Mitarbeiter primär Kostenfaktoren waren, zu lösen. Die Frage nach dem Sinn löst damit die Frage nach der Technologie, die immer weniger wettbewerbsentscheidend sein wird, ab.

Ein Aufbruch zu einem neuen Bewusstsein, in dem Mitarbeiter, Kunden, Partner als Menschen in ihrem Bedürfnis nach Entfaltung und Höherentwicklung wahrgenommen werden.

Die nachhaltige Gestaltung von Unternehmen und Verwaltungen findet immer auf der immateriellen Ebene statt, d. h. auf der geistigen bzw. Werteebene. Dort entscheiden Denkhaltungen, Visionen und Verhalten über die Zukunft. Nur auf der immateriellen Ebene können Probleme der materiellen Ebene, wie knappe Liquidität, fehlender Umsatz oder zu hohe Kosten dauerhaft und ursächlich gelöst werden. Maßnahmen, die auf der Symptom-Ebene ansetzen, wirken immer nur kurzfristig.

Es kommt auf das Zusammenwirken an, auf das Schaffen eines geistigen Klimas, das Innovation und Veränderungen wie auch den Willen zum Wollen befördert. Langfristig kommt dabei der Personalausbildung der entscheidende Impuls zu. Und da lässt sich einiges machen, wenn der Spielraum, der gegeben ist, sinnstiftend und vielseitig ausgefüllt ist. Spiel ist eine Strategie für Binnenunternehmertum und Binnenengagement, Lernen und Motivation, so Jesper Bove-Nielsen in seinem Werk „Corporate Kindergarten". Dazu gehören als zukünftige und gleichwertige Studienelemente:

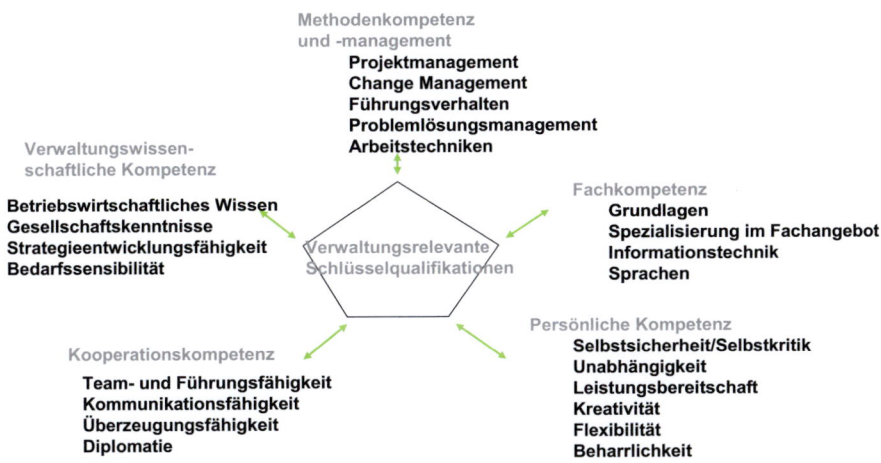

Methodenkompetenz
und -management
Projektmanagement
Change Management
Führungsverhalten
Problemlösungsmanagement
Arbeitstechniken

Verwaltungswissen-
schaftliche Kompetenz

Betriebswirtschaftliches Wissen
Gesellschaftskenntnisse
Strategieentwicklungsfähigkeit
Bedarfssensibilität

Verwaltungsrelevante
Schlüsselqualifikationen

Fachkompetenz
Grundlagen
Spezialisierung im Fachangebot
Informationstechnik
Sprachen

Kooperationskompetenz
Team- und Führungsfähigkeit
Kommunikationsfähigkeit
Überzeugungsfähigkeit
Diplomatie

Persönliche Kompetenz
Selbstsicherheit/Selbstkritik
Unabhängigkeit
Leistungsbereitschaft
Kreativität
Flexibilität
Beharrlichkeit

Verwaltung ist dann nicht nur eine beliebige Knetmasse und die Mitarbeitenden sind nicht länger nur Kostenstellen. Christoph Columbus sagte, dass das Leben mehr Phantasie beinhaltet, als wir uns vorstellen können. Wenn wir über die Ozeane von neuen Möglichkeiten und Bedrohungen, die auf uns lauern, navigieren, müssen wir anders denken, als wir es bislang gewohnt waren. Es muss anders gehandelt wie auch anders geführt werden. Die Motivation muss die Arbeit vorantreiben, nicht die Furcht, im schlimmsten Fall die Angst. Sehen wir also zu, dass wir die Segel setzen.

Prof. Dr. Bengt Johannisson (Universität Växjö)

„Potenziale und Grenzen einer unternehmerischen öffentlichen Verwaltung im Zusammenhang von ökonomischen und regionalen Entwicklungen"

(The Potentials of and Limitations to an Intrapreneuring Public Administration in Economic and Regional Development)

Aim and Outline of the Presentation

There are three ways of relating entrepreneurship as creative change and renewal on one hand, public administration as a kind of management on the other hand. First, public administration may be considered as a provider of a basic order, the rules of the game, and thus offer a framework to entrepreneurial initiatives, whether as business venturing or local collective initiative for the creation of new jobs as a kind of societal entrepreneurship. Second, the public administration can be seen as an active support organization, for example as a means for the implementation of public policies aiming as encouraging new business. Third, the public administration may itself accommodate entrepreneurial processes, for its own renewal but also for building a capability to have a dialogue with other actors practicing entrepreneurship. Here my concern as regards the interface between entrepreneurship and the public sector mainly refers to the third aspect, and more specifically the local and regional dimension of such (public) entrepreneurial activities. This view is for sure broad enough, ranging from creating an entrepreneurial culture in public institutions to building an organization that can cope with emergencies such as natural disasters.

The text is organized as follows. Next I provide some alternative images of entrepreneurship/intrapreneurship. In Section 3 I elaborate on the public sector as an arena for entrepreneurship, reflecting on the potentials of and limitations to the public sector as a container of entrepreneurship in different forms. Section 4 offers some contributions to an agenda for increased intrapreneurship in the public administration, especially in its local/regional setting. The last concluding section points towards some further theoretical and practical challenges.

Alternative Images of Entrepreneurship

Entrepreneurship is today a very topical subject in different communities of practice, from the academic to the political. It goes without saying that there are a number of definitions of the entrepreneurial phenomenon, some of which are shared between academics and practitioners, such as politicians. Going back to the Austrian economist Joseph Schumpeter many associate entrepreneurship with the actualisation of a pioneering innovation that restructures the market concerned. Equally popular among academics and practitioners is entrepreneurship as associated with the launching of a new venture. To many, for example those involved in the production of the Global Entrepreneurship Monitor (GEM), (national) entrepreneurship is associated with what portion of the adult population that is involved in setting up a company or running a young firm. Others, though, would argue that even more relevant when identifying entrepreneurial processes is to look for growing firms, sometimes addressed as 'Gazelles'.

All understandings of entrepreneurship provided above associate it with the creation and/or development of an independent firm. Recognising that entrepreneurship as process (therefore 'entrepreneuring', cf. Steyaert 2007) and as such denying boundaries on the market, it however does not be have to be associated with creating a new formal organisation. It might even represent the opposite, that is a phenomenon that generally denies formal structures or only uses them as a take-off arena for initiatives that neglect the boundaries of the very (formal) structure that feeds them. This is where we find **intrapreneurship** or intraorganisational venturing. However, as will be elaborated below, entrepreneurial processes inside an organisation do not have to appear as explicit venturing.

Recognising that entrepreneurship may appear both as a new structure and as an emergent process suggests, first, that it can be decoupled from market structures all together. Today social or societal entrepreneurship is a very topical issue in a world that looks for sustainable development. This makes entrepreneurship concern the use of economic means to gain economic benefits as only one image of entrepreneurship. The table below provides a basic structuring of entrepreneurship according to the economic/social and means/ends dichotomies

Table 1 Entrepreneurship as economic/social means arenas.

Ends

Means		Economic	Social
	Economic	Schumpetarian entrepreneurship	Social entrepreneurship – philanthropy
	Social	Bread-and-butter venturing	Local initiatives, global movements

Schumpeter (1911/34) provided the classic understanding of entrepreneurship as imposing an innovation on the market and subsequently reaping substantial profits. However the far majority of ventures is not that radical but concern the enactment of personal dreams, satisfying need for independence or just make a living. Such bread-and-butter venturing with little concern for growth is socially resourced (Starr and MacMillan 1990). As a matter of fact, the far majority of new business start-ups are dependent on financial bootstrapping, that is rely on different ways of either reducing the need for (own) financial resources altogether or use the social capital that is embedded in personal network to a access needed (financial) resources (Winborg 2000). Entrepreneurship for social ends manifests itself in many forms. Social ventures are often financed by way of donations, in turn often originating in fortunes created out of schumpetarian entrepreneurship. A contrasting kind of social entrepreneurship originates in mobilising §social resources such as conviction and commitment from below. Such (social) entrepreneurship includes both local initiatives for the creation of firms and jobs (Johannisson 2007) and global initiatives such as the Attac movement for fair trade (Gawell 2006).

The structuring of entrepreneurial phenomena according to the table signals at least three things. First that the general understanding of entrepreneurship as the creative organising of resources and people according to opportunity has to be played down. Entrepreneurship is as much creative organising in order to make anything happens that provides a solution to a problem, make any venturing (for survival) going by using available resources for improvisation (Sarasvathy 2001). Second, entrepreneurship becomes also associated with taking initiative in professional and private everyday life than with launching spectacular projects. That is, entrepreneurship may e.g. concern an alert public administration and with the everyday playful activities that children carry out. Third, the broad view on entrepreneurship invites the belief that human entrepreneurial capabilities are equally distributed over different local, regional and national communities. These however differ with respect to how those capabilities are used. Some use them for creating a vibrant business community, some for making salaried employees proud and alert and others for creating an enterprising public administration.

Broadening the scope of entrepreneurship also means that moral concerns and basic societal values and norms have to be considered. Entrepreneurship as creative organising may include both ends and means which violate existing norms in society. Many criminal activities, for example, are in their way of organise very entrepreneurial. Less dramatic but perhaps more important is the existing entrepreneurial energy can be put to more or less productive use in society. The institutional setting may imply that a lot of human ingenuity is allocated to unproductive arenas such as warfare rather than being used for increasing wellbeing in society (Baumol 1990).

Concluding this brief overview of different understandings of entrepreneurship I just want to state that using the notion of 'entrepreneuring' suggests that we are talking about a genuinely processual phenomenon that urges us to consider change as a natural state.

The Public Sector and its Administration as an Arena for Entrepreneuring
The proposed broad understanding of entrepreneuring obviously invites it to the public sector as much as to other arenas in society. Traditionally three societal sectors are identified – the private, the public and a third, addressed as the voluntary sector, civil society or just the 'third' sector. Sometimes a fourth sector, the informal or black is included, encompassing criminal activities is included as well. In Table 2 below some generic features of the sectors are summarised.

Table 2 Societal Sectors as Settings for Organised Activities

	Private	Public	Voluntary
Initiative and responsibility	Individual and personal	Ascribed collective	Collective
Organizing principles	Variety, autocracy/network	Standardisation, hierarchy	Contingency, networking
Change	Ongoing	Periodic	Intermittent
Dominant form of capital	Financial/social	Financial/human	Social/human

In the private sector the initiative and responsibility are typically individual and personal although the carrying out of venturing activities typically demands that many other are mobilised. The ways of organizing activities are many, both formal and informal, where an internal autocratic combines with an external network structure. Close collaboration with many stakeholders calls for continuous change. Financial capital as well as social capital as embedded in the personal networks of the instigator and her/his associates capitalise ventures that are launched.

In the public sector initiative and responsibility are ascribed to its administration by political bodies. Following democratic principles production is highly standardised and formalised providing a hierarchical bureaucracy that safeguards against personal favours and corruption. Change is regular following election and budget periods with stability characterising intervening periods. Financial capital originating in taxes and charges together with the human capital carried by a professional staff provide the funding of public-sector activities.

In the voluntary sector initiative and responsibility are collective even if (social) venturing may be instigated by an individual. The way the initiative is organised is very much conditioned by the 'local', unique, circumstances but networking appears as a generic organising principles, sometimes combined with a clan or cooperative structure. Change is called for according to need, whether triggered by a crises or a challenge, e.g. the recruitment of new members. Shared commitment for the place or the cause provides human capital as well as social capital.

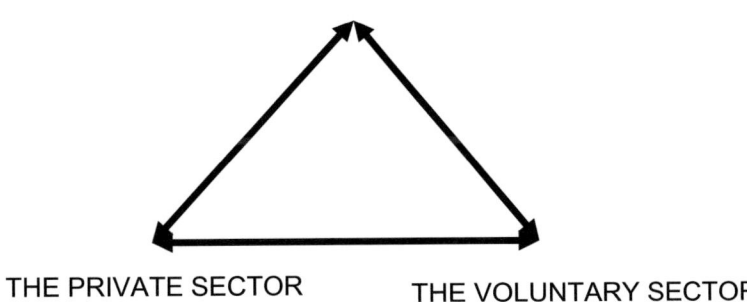

The different conditions for organising in the three sectors on one hand create problems in term of communication problems and need for 'translation' of means and ends. On the other hand the differences announce complementaries which may be used to take on challenges. Complementaries appear if there is a joint 'field of action', such as the local/regional place, were all contributors, whether private, public or voluntary, can have overview and imagine that they jointly can 'make a difference'. Obviously my generic argument is that the potential for instigating entrepreneurial.
Events inside and/or across sectors is especially promising in the local/regional setting.

Proposed complementarities are reflected in interdependencies between the sectors, cf. Figure 1. Their relations vary according to the issue concerned. Having the evocation of entrepreneurship in mind, the public sector, as indicated, has a general responsibility for providing an infrastructure for business venturing. However, outsourcing of public activity builds a more direct bridge between the public and private sectors. In return the private sector may provide role models for intrapreneuring with the public sector. As regards the interaction between the public and voluntary sector, the former usually supports the latter financially in order to encourage it to supplement where public services do not suffice or just to maintain a living democracy. Such support may well pay back in terms of local solutions when to problems, such as natural disasters, happen. Finally, the private and voluntary sectors as well have exchange: the former supports the latter e.g. by way of sponsoring. The voluntary sector in turn may be considered as a greenhouse for new ventures.

Keeping this broad mapping of the public sector in its context of other sectors in mind, the potentials for entrepreneuring in the public sector can be slightly elaborated upon. - Obviously the public sector provides a huge and visible arena in all local and regional settings. In welfare economies such as Sweden and Germany it usually make the strongest stakeholder with respect to financial resources and manpower in every setting Whether the public sector is considered as a frame for a supporter of or an engine in entrepreneurial processes it can make a difference. In some of its operations, e.g. health and education, the staff is not only professionally trained but also (socially) committed. While businesses, especially young and small firms, have to fight in order to gain legitimacy, the public sector is influential and trustworthy in most settings. Also the public sector is very visible in the media which means that initiatives may be amplified if successful – and criticized if not.

Of course there are structural limitations as regards entrepreneurship in the public sector as well. A bureaucratic regime, as indicated well needed for many reasons, does not invite to improvisation and tailor-made coping with problems and opportunities. Because of their visibility it is very important that the employees in the public sector withhold a strong pro-fessional code of conduct. The hierarchic structure, often segmented with few horizontal linkages, let alone lateral that runs across any internal boundaries in combination with well-defended external boundaries does not invite the flexible organising that the enactment of entrepreneurship calls for. Hypocrisy in terms of the separation of talk, decision and action is called for in the political organization where bigger promises that available time and re-sources can fulfil are produced (Brunsson 2002).

However, lessons from Sweden suggest that in spite of this 'iron cage' of regulation that holds the public sector, spaces for initiative remain. Today outsourcing and privatisation is frequent in technical subsectors and appears also in the cultural subsectors where even li-braries are independently run. A broad repertoire of hybrid structures have merged across the public, private and voluntary sectors. Research in for example the health and educa-tional sectors reveal that a lot of entrepreneurial energy is used inside the organisations, either in special projects or in the everyday running of the operations. Not to be surprised these activities are organized by women who have less need for standing out than men but greater ability than they to stand up for the weak and needing. In contemporary Sweden there is a special concern for entrepreneurship in the educational system. While the primary school appears as an active promoter of generic entrepreneurial abilities among the chil-dren, such as curiosity, playfulness and collaboration, the universities are lagging. One rea-sons seems to be very conservative teachers' colleges, another the general lack of exchange with the (business) community for gaining practical experience. Not to be surprised, Swe-den ranks very low internally as regards the portion of the population that is involved in business-venturing activities.

Further lessons from Sweden suggest that a competent staff and committed politicians are needed in order to create a favourable climate for business development. A vital dialogue between the business community and the public sector benefits both parties (Johannisson 2008). However, in order to make change sustainable, leaders in the public sector must be supportive of a cultural re-orientation towards a more entrepreneurial outlook. In Sweden, as well as in Germany as well as in other member states, different EU-programmes provide a pressure for change in general and towards (social) entrepreneurship in particular.

Towards a More Entrepreneuring Public Sector and Intrapreneuring Public Administra-tion
Not only the digital revolution but the increased awareness of the importance interorgani-zational alliances and personal networking as well confirm that we now live in a networked society. This for example means that local and regional authorities, as well as any firm that

is not reduced to operations on the local market, have to open up for external influences. Any organizational boundary independent of sector, private or public, must be permeable.

On contemporary markets physical commodities, valued with respect to their functionality, are to a great extent replaced by branded products and personal experiences as part of an emerging experience economy. In such a context there is not only much more need for 'distributed entrepreneurship'. Traditional modes of control, inspection and output control, must be replaced by governance that is based on shared values. Those values must in a world in ongoing transition be closely associated with entrepreneurship as constant change.

These challenges can not be taken on by the public sector and its administration just by copying the way the private sector practises entrepreneurship. It must learn as much from the voluntary sector where intrinsic motivation, not financial success or prestige, is the main driver. Also, only if embedded in a general cultural change in society towards the recognition of entrepreneuring as a way of life will the public sector succeed. Else it will constantly be questioned and accused of submitting to the values of the private sector. In the making of such a change all stakeholders have a responsibility to contribute, not the least we as researchers. My own contribution has been to open up the definition of entrepreneurship to initiative far beyond that of starting a business or making an existing business grow. It is also important to state that entrepreneurship inside an existing organisation, corporate entrepreneurship or intrapreneurship, does not have to imply that a (formal) project is started. Encouraging the employees to be more customer/consumer oriented and taking more own initiatives is equally, if not more, important.

Making the public sector and its administration more entrepreneurial does not mean that it should give up its regulative role as an institution. As much as public-sector representatives are expected to engage in conversations on individual matters they are expected to guarantee that everybody is treated in an equal way. Being entrepreneurial as a representative of the public administration means to become more versatile, able to practice both a norm-setting role and provide tailor-made services. It goes without saying that this calls for an ability to create conversations. Cf. Hull & Hjern 1987.

The staff of the public sector is cursed by a trained incapacity to take initiative. That follows from being a hierarchical implementation structure for political choices. Such submission to a political agenda must be paralleled with a modest dis-obedience, meaning that initiatives that are taken inside the public sector or across its boundaries are facilitated and defended if questioned by outsiders. As indicated, such hypocrisy is much needed if the public sector is going to guide the citizens in a constantly changing world.

Conclusions
Summarizing the theoretical and practical implications of the discourse above and can be brief on the former. First, the context of this presentation is practical. Second, much of what I have stated reflects ongoing research in the field of entrepreneurship. Yet there are some implications for entrepreneurship/entrepreneuring as an academic research area. This is still to much focussed on the market as the empirical setting for entrepreneurship. What is more, there is not yet enough concern for entrepreneuring as process. This means that re-

flections on entrepreneurship in the context of public sector/administration will reveal new images of entrepreneurship. Also, if compared with the market, the challenges for entrepreneurial processes are much bigger in the public sector than on the market. While existing structures on the market for very good reasons may be destructed by way of entrepreneurship, structures that are cared for by the public sector, such as democracy and transparency, should remain also when the public administration has become more entrepreneurial.

The re-orientation towards a more entrepreneurial public sector/administration for sure is a learning challenge. In order to cope with that in practice a number of important issues come to the fore. First, pointing out that intrapreneuring, as much as entrepreneuring in general, is associated with attitude to life, a cultural feature indeed, means that needed change towards such a cultural identity – embedding associated social identity and self-identity – will take time. Second, as much as entrepreneurship is a contextual phenomenon, takes on different shapes, learning by imitation, bench-marking or direct transfer is inadequate. Rather learning by analogy – because we are talking about complex phenomena – is appropriate, meaning that experiences form other countries, regions and localities are not used firectly as role models but used for reflection on own strategies and tactics. Third, learning should also be localised meaning that dialogue between the public sector on one hand, the private and voluntary ones on the other should not only be carried out in order to cope with immediate challenges but used for long-term learning, identity-making and image-building as well.

Perhaps the biggest challenge of all for public administrators adopting a more entrepreneurial approach to (professional) life is to realise that entrepreneuring is associated with experiential learning. When increasingly global environments become unknowable, ambitious goal statements and plans will not do however well-founded they are in political decisions. Paraphrasing the American researcher William B Gartner such experiential is guided by the motto "Fail forward - reflect afterwards" rather than "Think ahead – move forward". What is important to keep in mind as well is that being involved in intrapreneuring does not only mean collaborative work and responsibilities. It also means having a personally challenging work and experiencing self-actualisation.

References

Baumol, W J l990 Entrepreneurship: Productive, Unproductive, and Destructive..*Journal of Political Economy*. 98 (5): 893-921.

Brunsson N, 2002 *The Organization of Hypocrisy: Talk, Decisions and Actions in Organizations* 2:nd ed. Oslo, Copenhagen & Malmö:.Abstrakt/Copenhagen Business School Press/Liber Ekonomi.

Gawell, M 2006 *Activist Entrepreneurship. Attac'ing Norms and Articulating Disclosive Stories*. Stockholm University.

Hull, C J& Hjern, B 1987 *Helping Small Firm Grow. An Implmentation Approach*. London: Croom Helm.

Johannisson, B 2007 Enacting Local Economic Development - Theoretical and Methodological Challenges. *Journal of Enterprising Communities: People and Places in the Global Economy*. 1(1): 7-26.

Johannisson, B 2008 The Elusive (Local) Business Climate. In Johannisson, B & Lindholm Dahlstrand, Å (eds.) *Bridging the Functional and Territorial Rationales in Regional Entrepreneurship and Development*. Örebro: FSF. Pp 81-97.

Sarasvathy, S D 2001 Causation and Effectuation: Toward a Theoretical Shift from Economic Inevitability to Entrepreneurial Contingency'. *Academy of Management Review*, 26 (2): 243-263.

Schumpeter, J A l911/l934 *The Theory of Economic Development*. Oxford: Oxford University Press.

Starr, J R & MacMillan, I C l990 Resource Cooptation Via Social Contracting: Resource Acquisition Strategies for New Ventures. *Strategic Management Journal*. Vol 11 -Special Issue Summer l990. Pp 79-92.

Steyaert, C 2007 Entrepreneuring as a Conceptual Attractor? A Review of Process Theories in 20 Years of Entrepreneurship Studies. *Entrepreneurship & Regional Development*, 19 (6): 453-477.

Winborg, J 2000 *Financing Small Businesses – Developing our Understanding of Financial Bootstrapping Behavior*. Lund/Halmstad: School of Management and Economics/SIRE.

Dr. Markus Kowalzyck (Supervision, Coaching, Personal- und Organisationsentwicklung)

„Veränderungsmanagement: Von Stagnation und Blockaden zu Zielen und Motivation[8]"

Einleitung

Neue Ideen und Produkte haben in Zeiten der Globalisierung regelmäßig englischsprachige Bezeichnungen. Das führt dazu, dass neue Ideen und Produkte mit englischer Bezeichnung von einigen als Heilsbringer des Abendlandes begrüßt, von anderen als Teufelszeug der Amerikanisierung abgelehnt werden – bevor man überhaupt weiß, was sich hinter Begriffen wie Bachelor, Change Management, Coaching oder Intrapreneurship verbirgt (vgl. *Abb. 1*).[9]

Abb. 1: Bachelor-Absolventen erobern die Arbeitswelt

Intrapreneurship, also das unternehmerische Denken und Handeln von Mitarbeitern in Unternehmen und öffentlichen Einrichtungen, ist so ein Begriff, den niemand auf Anhieb versteht, und den man hierzulande vielleicht auch gar nicht auf Anhieb verstehen kann. Dafür ist der Gedanke des Intrapreneurships in unserer (Staats- und Unternehmens-)Kultur vielleicht eine zu fremde, eher fern liegende Vorstellung. Noch.

Das Ziel der Internationalen Konferenz „Think Ahead – Move Forward" an der Fachhochschule Güstrow im April 2008, „Wege zu einer Intrapreneurship orientierten öffentlichen

---

[8] Titel des Vortrags auf der Internationalen Konferenz „Think Ahead – Move Forward. Wege zu einer Intrapreneurship orientierten öffentlichen Verwaltung", Fachhochschule für öffentliche Verwaltung, Polizei und Rechtspflege Güstrow, 23.-25. April 2008. Der Autor arbeitet freiberuflich als Dozent, Supervisor, Coach und Organisationsentwickler und lebt mit Frau und drei Kindern bei Greifswald.

[9] Zu anglophoben Haltungen hat in der Vergangenheit sicher beigetragen, wenn man Besprechungen in „Meetings" und Abteilungen in „Teams" umbenannt hat, ohne dass sich an den Prozessen etwas positiv geändert hätte; mit den Worten eines Betroffenen: *„Unsere Meetings laufen eigentlich genauso ab wie früher die Parteiversammlungen. Die waren aber konkreter."*

Verwaltung" zu finden, wirft die Frage auf, wie unternehmerisches Denken und Handeln in der öffentlichen Verwaltung – außer durch Empfehlung oder per Verordnung – implementiert werden kann. Der vorliegende Beitrag betrachtet daher Veränderungen in der Arbeitswelt aus (organisations-)psychologischer und systemtheoretischer Sicht sowie Veränderungsmanagement als Prozesssteuerung zwischen Freiwilligkeit und Zwang, zwischen Stagnation, Blockaden, Zielen und Motivation.

Veränderungen

Der Mensch ist ein Gewohnheitstier. Und zugleich ist der Mensch als evolutionäres Wesen stets in Entwicklung und Weiterentwicklung begriffen. Das Pendeln zwischen Verharren und Verändern ist in diesem Sinne das Perpetuum Mobile der menschlichen Existenz.

Verharren, das Festhalten an Gewohntem, dient dem Bedürfnis nach Sicherheit und nach Orientierung. Veränderungen, deren Konsequenzen und Nebenwirkungen nicht völlig vorhersehbar sind, beinhalten hingegen immer Unsicherheitsfaktoren. Entscheiden wir uns aus eigenem Antrieb, etwas zu verändern, d. h. etwas anders zu machen als bisher, dann nehmen wir die Risiken billigend in Kauf. Wird die Veränderung von außen herangetragen, ist das nicht unbedingt so. Die Veränderung löst Hoffnungen, Erwartungen, Sorgen und Ängste aus. Auch bei Veränderungen im Berufsleben stellen sich Mitarbeiter wie Vorgesetzte viele Fragen: Was werde ich verlieren, was werde ich gewinnen? Was kann ich loswerden und was muss ich auf mich nehmen?

Für Vorgesetzte, Entscheider und Leiter kommt eine weitere, ethische Frage hinzu: Wie gehe ich damit um, dass Mitarbeiter neben Hoffnungen und Erwartungen auch Sorgen und Ängste haben? Und: Wie kann ich dafür Sorge tragen, dass die Veränderung von den Mitarbeitern in einer Weise umgesetzt wird, mit der alle Beteiligten gut leben können?

Veränderungsprozesse

Veränderungsprozesse lassen sich – ähnlich wie Projekte – in Phasen unterteilen (vgl. *Abb. 2*): Am Anfang steht die Idee, auf die eine Planungsphase folgt, bis die Veränderung in die Startphase eintritt; nach der folgenden Umsetzungsphase folgt gegebenenfalls eine Abschlussphase sowie eine Evaluation, die zumeist neue Veränderungsideen erzeugt.

Abb. 2: Phasen von Veränderungsprozessen

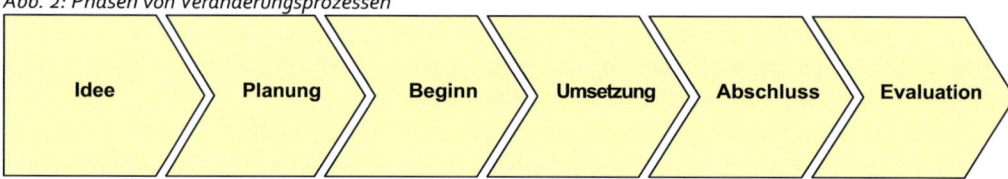

Für alle Phasen von Veränderungsprozessen stellen sich in organisationspsychologischer Hinsicht zwei wesentliche, miteinander verbundene Fragen:
- o Wer ist wann, wie und in welchem Maße betroffen?
- o Wer ist wann, wie und in welchem Maße beteiligt?

In der Praxis zeigt sich sehr häufig, dass die von Veränderungsprozessen primär betroffenen Mitarbeiter nur unzureichend beteiligt werden. Die ausführenden Mitarbeiter werden in der Regel vor vollendete Tatsachen gestellt; auch in der Umsetzungsphase gibt es allenfalls informelle Wege der (Mit-)Gestaltung des Veränderungsprozesses.

Die Diskrepanz zwischen Betroffenheit und Beteiligung, d. h. unzureichende Mitwirkung, Mitsprache und Mitgestaltung, hat häufig Verwerfungen in den Arbeits- und Beziehungsprozessen zur Folge, die sich in Produktivität, Arbeitsleistung, Krankenstand und Konflikten ausdrücken oder widerspiegeln können. In vielen Verfahren der Organisationsberatung und -entwicklung geht es daher (auch) darum, „Betroffene zu Beteiligten zu machen" – bzw. darum, Versäumnisse dieser Art nachzuholen.

Verhaltensänderung

Auch der einzelne Mensch durchläuft bei Verhaltensänderungen mehrere Phasen, die im *Transtheoretischen Modell der Verhaltensänderung* (Prochaska, Di Clemente et al. 1994) als Stufen in einer Spirale beschrieben werden (vgl. *Abb. 3*).

Abb. 3: Spiralmodell der Verhaltensänderung (Prochaska, Di Clemente et al.)

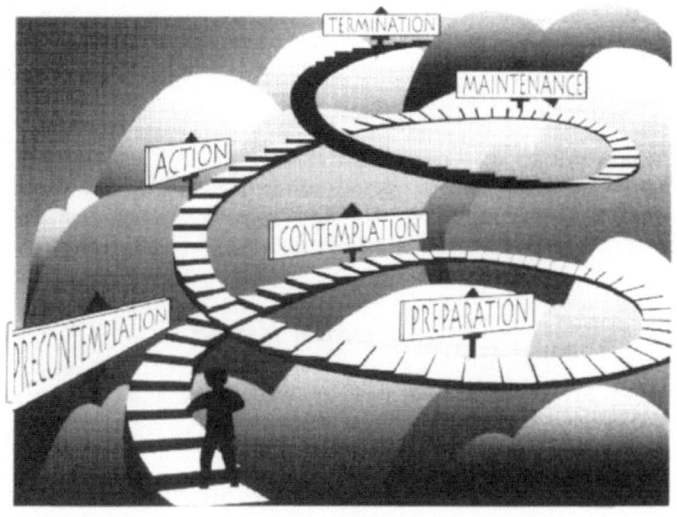

Das Modell wurde im Kontext der Gesundheitspsychologie entwickelt und in verschiedensten Studien zur Veränderung von Verhalten bestätigt (Rauchen, Problemtrinken, Ernährung, Bewegung, safer sex, UV-Licht-Exposition etc.). Die sechs Stufen werden von Prochaska und Di Clemente zeitlich umgrenzt (vgl. *Tab. 1*):

Tab. 1: Stufen der Verhaltensänderung (Prochaska, Di Clemente et al.)

Sorglosigkeit	keine Intention, das problematische Verhalten in den nächsten sechs Monaten zu verändern
Bewusstwerden	es wird erwogen, das problematische Verhalten in den nächsten sechs Monaten zu verändern
Vorbereitung	Schritte zur Veränderung wurden eingeleitet, Zielverhalten in den nächsten 30 Tagen angestrebt
Handlung	Zielverhalten wird seit weniger als sechs Monaten gezeigt
Aufrechterhaltung	Zielverhalten wird seit mehr als sechs Monaten beibehalten
Stabilisierung	wie Aufrechterhaltung, keine situative Versuchung bzw. Rückfallgefahr mehr vorhanden

Das Modell lässt sich – wenn man vielleicht die zeitlichen Umgrenzungen außer Acht lässt – ohne weiteres auf Fragen des Veränderungsmanagements in Organisationen übertragen: Während etwa eine Geschäftsführung, ein Vorstand, ein Leitungs- oder Fachgremium dringenden Handlungs- und Veränderungsbedarf formulieren können, befinden sich die Mitarbeiter vielleicht noch tief im Stadium der Sorglosigkeit. Handlungs- und Veränderungsmotivation lassen sich allerdings nicht verordnen, *„Menschen sind in ihren inneren Zuständen und Prozessen nicht instruierbar"* (Humberto Maturana).

So ist bei anstehenden Veränderungen vielleicht gut, das Spiralmodell der Verhaltensänderung zu kennen und zu wissen, dass die Stufen der Sorglosigkeit und des Bewusstwerdens sehr stabil sind, und dass die Stufe der Handlung das größte Rückfallrisiko birgt. Dies gilt für freiwillige Veränderungen ebenso wie für angeordnete.

Zwang, Widerstand und Reaktionsmöglichkeiten im Konflikt

Wird eine Veränderung angeordnet, so entsteht ein Zwangskontext, der Widerstand auslöst. Es ist wie mit dem Abgewöhnen einer schlechten Eigenschaft: Selbst ein Arzt braucht gewichtige Diagnosen und Argumente, um den Patienten zu mehr Bewegung, zu Rauchfreiheit, gesunder Ernährung und ausreichenden Erholungszeiten zu veranlassen. Und auch dann geschieht die Veränderung nicht mit Begeisterung. Merke hierzu:

- o Fast alle Menschen leisten (offen oder verdeckt) Widerstand, wenn sie sich verändern sollen.

- o Fast alle Menschen sind bereit, sich zu verändern, wenn sie sehen, dass es sie reicher oder zufriedener macht.

In Veränderungsprozessen auf der Ebene von Organisationen, Abteilungen, Teams etc. hat der Zwangskontext dieselbe Wirkung: Angeordnete Veränderung löst bei Betroffenen ohne Veränderungsmotivation Konflikte aus, da ihre eigenen Bedürfnisse und Ängste tangiert sind. In Konflikten gibt es nur vier Reaktionsmöglichkeiten, von denen drei archaischer Natur und daher den meisten Menschen „näher" sind (vgl. *Abb. 4*).

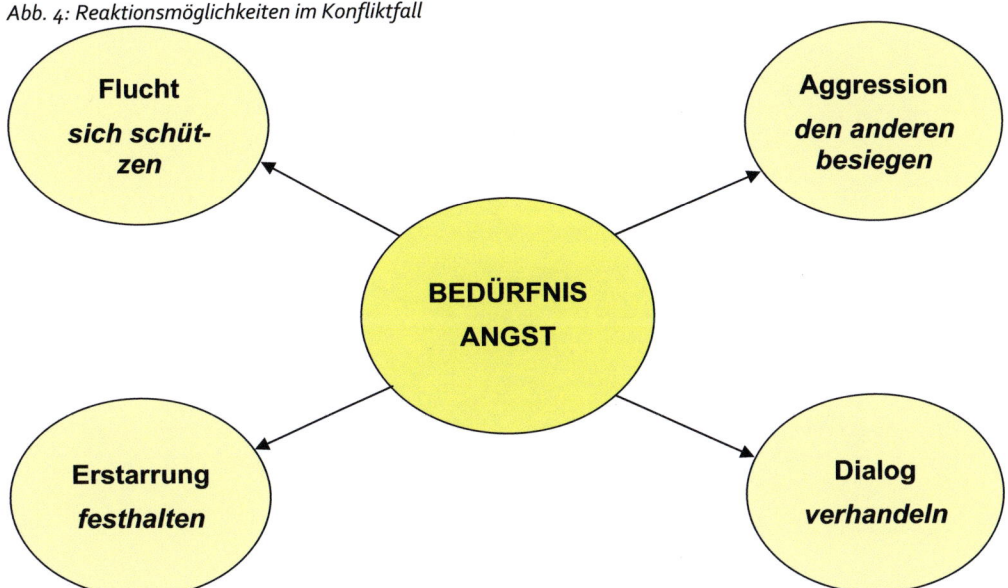

Abb. 4: Reaktionsmöglichkeiten im Konfliktfall

Die (kulturell erworbene) Reaktionsmöglichkeit in Konflikten, in Dialog zu treten und zu verhandeln, ist für viele Menschen die Idealvorstellung der Konfliktbewältigung. Im wahren Leben handeln Menschen jedoch (übrigens vielfach unbewusst) eher „archaisch", d. h. mit Flucht, Erstarrung oder Aggression. „Flucht" kann sich in Krankheit äußern, „Erstarrung" in „innerer Kündigung" oder „Dienst nach Vorschrift", „Aggression" in Störungen des Betriebsklimas und destruktiven Interaktionsmustern. Der Wunsch, dass Mitarbeiter ihre Probleme und Bedürfnisse intern offen kommunizieren, sieht sich in vielen Organisationen einer Realität des Rückzugs, der Anpassung und der Blockaden gegenüber.

Bei der Umsetzung von Veränderungen in der Berufswelt, beim Veränderungsmanagement kommt es also entscheidet darauf an, Menschen zu beteiligen und in Dialog zu bringen: in Plenarversammlungen und Großgruppenveranstaltungen, in Arbeits- und Expertengruppen wie auch in Mitarbeiter- und Zielvereinbarungsgesprächen, kurzum in vielen Gesprächen und Besprechungen, die konstruktive, angstfreie und interessengeleitete Kommunikation ermöglichen sollen (zu ungünstigen Besprechungsverläufen vgl. *Abb. 5*).

Durch Beteiligung und Kommunikation können Menschen (die bereit sind, sich zu verändern, wenn sie sehen, dass es sie reicher oder zufriedener macht, s. o.) für Veränderungen gewonnen werden. Sie verlassen die Stufe der Sorglosigkeit (Festhalten an Gewohntem) und motivieren sich durch das Bewusstwerden (Einsicht in die Notwendigkeit der Veränderung) zur Vorbereitung, Handlung und Aufrechterhaltung veränderten Verhaltens und Arbeitens. Aus China stammt das Sprichwort *„Geld bewirkt viel, ein kluges Wort kaum weniger."* Lee Iacocca, Vorstandsvorsitzender der Chrysler Corporation von 1979-92 meinte hingegen: *„Die einzige Möglichkeit, Menschen zu motivieren, ist die Kommunikation."*

Veränderungsmanagement

Auch wenn „Change Management" häufig als Teil externer Unternehmensberatung und Organisationsentwicklung wahrgenommen wird,[10] ist Veränderungsmanagement eigentlich ein „betriebsinterner" Prozess der Information, Kommunikation und Mitarbeiter-Motivation. Veränderungsmanager ist dabei nicht derjenige, der als Entscheider Veränderungen initiiert, sondern derjenige, der als Verantwortlicher mit der Umsetzung von Veränderungen beauftragt ist.[11] Sind die Veränderungsidee plausibel, Ziele und Pläne transparent, Vorteile evident und die Motivation bei allen gegeben, so bedarf das Veränderungsmanagement kaum mehr als ein wenig Kommunikationsfähigkeit des Veränderungsmanagers, um eine erfolgreiche Umsetzung zu steuern. Kommunikation über die Veränderung findet nebenbei statt, die Vorteile und Chancen der Veränderung werden in den Pausen, in der Teeküche oder zwischen Tür und Angel ausgetauscht.

---

[10] Wahrscheinlich liegt dies daran, dass externe Berater und Change Manager häufig gerufen werden, um unzureichendes internes Veränderungsmanagement nachzuholen oder um die Schäden und Nebenwirkungen zu „behandeln". Externe Beratung könnte im Kontext von Veränderungen viel sinnvoller frühzeitig, nämlich durch Ausbildung und Coaching der internen Veränderungsmanager und durch Unterstützung bei Großgruppenverfahren ansetzen.
[11] Dies kann durchaus auch der Initiator der Veränderung sein, in der Praxis allerdings wird diese Aufgabe meist an Abteilungs- und Teamleiter delegiert.

Dasselbe passiert bei angeordneten, unpopulären Veränderungen auch, nun allerdings mit der gegenteiligen Wirkung: In den Pausen, in der Teeküche und nach Feierabend wird geklagt, getratscht und geschimpft („Die da oben..."); angstfreie und interessengeleitete Kommunikation findet (z. T. destruktiv) nur in schlecht einsehbaren Nischen statt. Interne Veränderungsmanager sitzen zwischen den Stühlen der Loyalität zu Vorgesetzten und der Zugehörigkeit zum Team. Nicht selten drücken sie die Veränderungen mit unschuldigem Blick und mit dem Verweis auf „die da oben" durch, um einerseits den Auftrag zu erfüllen und andererseits Solidarität mit den Mitarbeitern zu demonstrieren.

„Schleifen drehen"

Veränderungsmanagement will angstfreie und interessengeleitete Kommunikation aus halbdunklen Nischen heraus holen und in konstruktiver Weise die Kommunikationsprozesse nutzen, die ohnehin stattfinden. Im Veränderungsmanagement geht es darum, alle Betroffenen zu Beteiligten zu machen und mit ihnen während des gesamten Veränderungsprozesses, vorzugsweise an allen Phasen-Übergängen „Schleifen zu drehen" durch Information, Kommunikation und Diskussion (vgl. *Abb. 6*).

Abb. 6: „Schleifen drehen" in Veränderungsprozessen

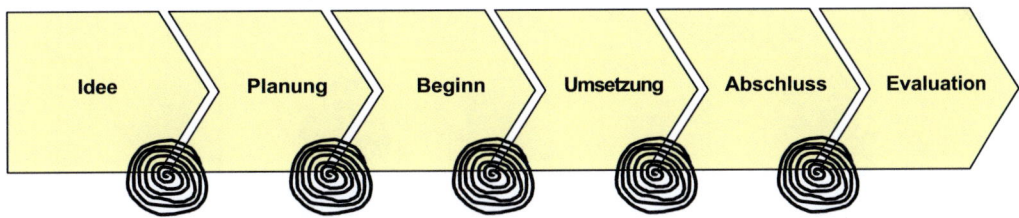

Das „Schleifen drehen" dient dazu, Mitarbeiter am Veränderungsprozess zu beteiligen, sie Argumente und Bedenken austauschen zu lassen, auch wenn sie auf der Ebene der Entscheider bereits bedacht worden sind. Viele Menschen haben das Bedürfnis, mit ihren Gedanken und Ideen wenigstens gehört zu werden, auch wenn die Veränderung sich dadurch nicht abwenden lässt. Das „Schleifen drehen" dient auch dazu, Konflikte und Emotionen, Ängste und Bedürfnisse anzusprechen, zumal Berufskontexte im Allgemeinen stark rationalisiert werden. Viele Menschen erheben scheinbar sachlich-fachliche Kritik, um Emotionen und Bedürfnisse nicht ansprechen zu müssen. *„Ohne Emotionen"* jedoch *„kann man Dunkelheit nicht in Licht und Apathie nicht in Bewegung verwandeln"* (C. G. Jung).

Systemisch denken: vorhandene Ressourcen nutzen

Systemisches Veränderungsmanagement nutzt nicht nur den Selbstorganisationseffekt von Gruppen (z. B. ohnehin stattfindende Kommunikationsprozesse, s. o.), sondern besonders auch die vorhandenen Ressourcen von Systemen. Eine systemische Grundannahme ist, dass jedes System selbst alle Ressourcen und Fähigkeiten hat, Probleme zu lösen und Krisen zu meistern. Verhaltensänderungen finden nicht isoliert statt, sondern in ständiger Wechselwirkung mit anderen Personen als Teilen des Systems. Dementsprechend ist systemisches Veränderungsmanagement auch darauf gerichtet, Interaktionsregeln zu verändern und kommunikative Prozesse zu verbessern. Dazu gehört ein ressourcenorientiertes Verständnis, das auch Widerstände, Skepsis, Erstarrung und Festhalten als Ressourcen des Systems anerkennt und auch Bedenkenträger oder Rebellen in ihrer Funktion als „Bewahrer" würdigt.

Ohnehin ist aus systemischer Sicht anzunehmen, dass es in allen Gruppen eine gewisse „Normalverteilung" hinsichtlich der verschiedenen Haltungen gegenüber Veränderungen gibt. Es sind zumeist eher wenige „Visionäre" und „Multiplikatoren" auf der einen sowie eher wenige „Rebellen" und „Widerständler" auf der anderen Seite – die meisten Beteiligten schwimmen im Mittelfeld der Abwartenden bis Aufgeschlossenen (vgl. *Abb. 7*).

Abb. 7: Haltungen in Gruppen gegenüber Veränderungen

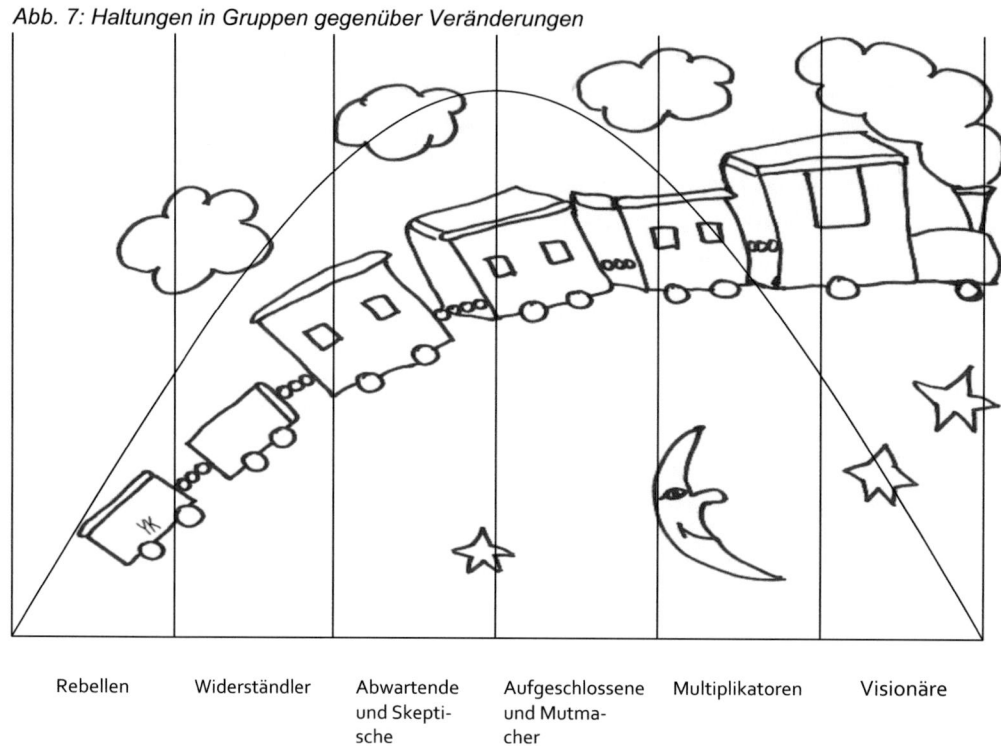

| Rebellen | Widerständler | Abwartende und Skeptische | Aufgeschlossene und Mutmacher | Multiplikatoren | Visionäre |

Wenn die „Visionäre" – metaphorisch gesehen – die „Lokomotive" in einer Veränderungs-Eisenbahn darstellen, so sind die „Rebellen" gleichsam die „Bremser", ohne die der Zug bei zu hoher Geschwindigkeit vielleicht „aus der Kurve fliegen" würde. Das bedeutet, für Veränderungsmanager formuliert:

o keine Bewertung der Positionen – jede Haltung hat ihren Grund und ist wertvoll für den Prozess,

o alle Beteiligten geben Themen vor, die zu bearbeiten sind,

o die Herausnahme von Subgruppen (z. B. Versetzung der Rebellen) führt zu Selbstregulation im System („Wackelpudding-Prinzip": Personen aus anderen Subgruppen übernehmen die Position der Rebellen),

148

o   in Subsystemen (Abteilungen, Teams, Arbeitsgruppen etc.) bilden sich dieselben Phänomene ab wie im Gesamtsystem (Unternehmen, Behörde etc.).

Es kann Veränderungsmanager durchaus gelassener stimmen, wenn sie in ihren Aufgaben von einer „Normalverteilung" der Haltungen ausgehen, wenn sie Kritik und Widerstände nicht persönlich nehmen, sondern als kostenlose Beratung und Anregung ansehen. Häufig äußern sich „Bedenkenträger" nicht einmal „in eigener Sache" (weil sie von den Bedenken gar nicht wirklich betroffen sind), sondern stellvertretend für andere im System. Es sind nun einmal meistens dieselben, die sich trauen, Kritik zu äußern – mitunter tun sie dies in einer systemisch zugeschriebenen, nämlich von stilleren Kollegen überlassenen „Rolle". Der Mut, Kritik zu äußern, verdient also ebenso Würdigung wie der Mut, sich auf die Veränderung einzulassen oder sich dafür einzusetzen.

Der Aspekt der Würdigung und Anerkennung ist in diesem Kontext deshalb so wichtig, weil es in Veränderungsprozessen um Information und Kommunikation sowie um die Motivation der Mitarbeiter für die Veränderung geht. Solche Motivation lässt sich zwar nicht instruieren, sie lässt sich aber fernhalten (durch „Abbügeln" und Abwertung) – oder eben auch heraus „kitzeln": durch Würdigung und Anerkennung.[12] Der Volksmund meint hierzu: *„In jedem Menschen steckt ein König. Sprich zu dem König, und er wird herauskommen."*

Veränderung: Motivation, Lernen, Rückfall

Verhaltensänderungen beruhen auf Veränderungsmotivation und Lernprozessen (s. *Abb. 8*). Der Begriff der „Motivation" (lat. motus = Bewegung) wird auch mit „Verhaltensbereitschaft" übersetzt, mit der „Energetisierung" eines Organismus in eine bestimmte Richtung, womit die Ausrichtung auf Ziele gemeint ist.[13] Das ist im Prinzip auch bei angeordneten Veränderungen der Fall: Die meisten Menschen in abhängiger Beschäftigung sind schließlich motiviert, ihre Stelle zu behalten (oder sich gar weiter zu entwickeln). Es gibt also auch bei angeordneten Veränderungen eine Motivation, die Veränderung umzusetzen – allerdings wirken hier einige Widerstände entgegen (s. o.), sodass der Lernprozess mehr Kraft und Zeit kostet, als dies bei „intrinsischer", freiwilliger Motivation der Fall wäre.

Abb. 8: Veränderung durch Motivations- und Lernprozesse

$$\frac{\text{Motivation (Ziele finden und setzen)} + \text{Lernen (üben, üben und Fehler machen)} + \text{Rückfall (aus Fehlern lernen)}}{= \text{Veränderung}}$$

In Veränderungsprozessen ist es daher sehr hilfreich, Ziele zu finden und Ziele zu setzen, die für alle Beteiligten relevant und attraktiv sind. Es empfiehlt sich, die Vorteile und Chancen

---

[12] Der Stahlindustrielle Charles M. Schwab (1862-1939) stellte hierzu treffend fest: *„Ich bin bis heute dem Mann noch nicht begegnet, wie berühmt er auch sein mochte, der nicht nach einer Anerkennung besser und einsatzfreudiger gearbeitet hatte als nach einem Tadel."*

[13] Motivierende Erlebnisse sind: a) Leidensdruck, Mangel und Unbefriedigtsein, b) Antizipation im Sinne von „Fragen und Suchen" oder c) Zugewinn, also die Vorstellung eines Ziels, das einen Wert verkörpert.

der Veränderung für Teams, Abteilungen und für jeden einzelnen Mitarbeiter herauszustellen oder in Gruppen- und Einzelgesprächen erarbeiten zu lassen (und sie den Nachteilen und Gefahren gegenüberzustellen). In jedem Fall ist es ratsam, nicht nur auf die „Zwangs-Motivation" zu bauen, die sich aus der Angst vor Arbeitslosigkeit ergibt, sondern positive Ziele zu formulieren, für die sich die Anstrengung der Verhaltensänderung lohnt.

Die dann folgenden Lernprozesse werden deutlich „geschmeidiger" verlaufen, insbesondere, wenn eine Kultur der Fehlerfreundlichkeit gelebt wird. Menschen lernen durch Erfahrung (Versuch, Irrtum, Übung und Fehler), durch Einsicht, produktives Denken und Beobachtung (Lernen am Modell) sowie durch Wissenskonstruktion, bei der der bedeutendste Einzelfaktor für das Lernen das ist, *„was der Lernende bereits weiß"* (D. P. Ausubel).

Lernprozesse in Veränderungsprozessen sollten also an das vorhandene Wissen anknüpfen, viel Raum für Versuch und Irrtum lassen und Möglichkeiten zur Modifikation vorhalten, damit Erfahrungen für die weitere Umsetzung der Veränderungen genutzt werden können. „Fehlerfreundlichkeit" bedeutet also, Irrtümer, Fehler und Rückfälle als Trainingsfeld zu verstehen und zu nutzen.

Der „Rückfall" wird mit dieser Sichtweise zum unverzichtbaren Bestandteil der Veränderung. Oder, um es mit dem Transtheoretischen Modell der Verhaltensänderung (s. o. *Abschnitt 2.2*) zu erläutern: *„Das Spiralmodell symbolisiert, dass der größte Teil von Personen mit Rückfällen weder in eine zirkuläre Endlosschleife gerät, noch neu bei null beginnen muss. Die konstruktive Verarbeitung der Misserfolgserfahrungen vergangener Versuche kann zur Auswahl günstigerer Strategien führen und somit zu einem Fortschreiten innerhalb des Stufengefüges beitragen"* (Di Clemente 1991).

Zusammengefasst: Veränderung managen

Die theoretischen Grundlagen des vorliegenden Beitrags aus (Organisations-)Psychologie und Systemtheorie lassen sich in allerbester Weise mit einem sehr bekannten Satz des Verhaltensforschers Konrad Lorenz (1903-1989) zusammenfassen: *„Gesagt ist noch nicht gehört, gehört ist noch nicht verstanden, verstanden ist noch nicht einverstanden, einverstanden ist noch nicht umgesetzt, umgesetzt ist noch nicht beibehalten."*

Hat man diesen Satz als Verhaltensmanager gehört, verstanden, sich einverstanden, ihn umgesetzt und beibehalten, dann dürfte das Steuern von Veränderungsprozessen schon etwas leichter anmuten – selbst wenn die anstehende Veränderung so fremd klingt wie etwa „Intrapreneurship in der öffentlichen Verwaltung".

Um Veränderungsprozesse erfolgreich zu initiieren und im Sinne aller Betroffenen zu managen, lassen sich folgende Empfehlungen festhalten:

- o „Besprechung" statt „Meeting": so viele Veränderungen wie nötig, so wenige Veränderungen wie möglich,

- o Betroffene zu Beteiligten machen: Gehör verschaffen, Bedenken würdigen,

- o Zeit lassen und Schleifen drehen (lassen): Information, Kommunikation, Diskussion,

- o (neue) Ziele formulieren und Motivation (er-)finden,

- o Fehlermachenlassendürfen.

Natürlich nehmen Beteiligung, Transparenz, „Schleifen drehen" und Fehlerfreundlichkeit mehr Zeit, Geduld und Mühe in Anspruch als ein „Fahrplan" mit klaren Vorgaben. Die Ergebnisse werden jedoch – qualitativ wie quantitativ – die besseren sein. Insofern halte man es bei Veränderungsprozessen lieber mit der Langmut und Geduld des chinesischen

Sprichworts: *„Fürchte dich nicht vor dem langsamen Vorwärtsgehen, fürchte dich nur vor dem Stehen bleiben."*

Thomas Lenz (Staatssekretär des Innenministeriums Mecklenburg-Vorpommern)

„Ziele einer innovationsorientierten Verwaltung – Von der Unterordnung zum risikobereiten Selbstvertrauen"

Sehr geehrte Damen und Herren,

in Güstrow an der Fachhochschule für öffentliche Verwaltung, Polizei und Rechtspflege hat es schon viele Konferenzen gegeben. Diese Konferenz jedoch ist bislang die einzige und wohl auch erste in Güstrow mit internationaler Beteiligung (Niederlande, Schweden, Polen, Dänemark, Österreich und Schweiz). Thema dieser Konferenz ist die Verwaltungsmodernisierung, ein Thema, das nicht nur uns im Land auf den Nägeln brennt, sondern auch bundesweit von Interesse sein dürfte und muss; denn wir alle stehen vor den gleichen Problemen und Herausforderungen, die eine schnelllebige Zeit sowie die wachsende Globalisierung mit sich bringen. Sich den Herausforderungen zu stellen, bedeutet dauerhaftes Lernen, bedeutet flexibles und schnelles Handeln, bedeutet Anpassung an die Gegebenheiten auf höchstem Niveau, bedeutet vorausschauendes Handeln auf allen Ebenen, ist Proaktivität im Verbund mit kreativen und überraschenden Lösungen. Wer ausgetretene Pfade benutzt, wird nur das Alte entdecken. Er wird keine Erlebnisse haben, weder im positiven noch im negativen Sinn. Es bleibt alles beim Alten. Die Frage, ob wir uns das leisten können, bleibt ungestellt.

Intrapreneurship orientierte Verwaltung. Ich muss einräumen, dass mich das Thema irritiert hat. Ich gebe zu: Ich wusste damit zunächst nichts anzufangen. Es war für mich das unbekannte Etwas. Bei näherer Auseinandersetzung jedoch füllte sich der Begriff mit Leben und Sinn. Binnenunternehmerische Kultur, Risikobereitschaft, neue Wege, Alternativen usw. alles dies sind meiner Auffassung nach unbedingte Attribute guter Mitarbeitenden in der Verwaltung. Hinzu kommt, dass sich die Mitarbeitenden selbst als aktives Element im gesellschaftlichen Wertschöpfungsprozess begreifen und dementsprechend handeln. Handeln und Tun sind für mich die entscheidenden Schlüsselwörter. Der Einzelne ist, was er tut. Er verschiebt nicht, sondern handelt, ehe die Zeit ihn überrannt hat. Ich halte daher den Ansatz des Intrapreneurships für ein geeignetes Instrument der eigendynamischen Weiterentwicklung der öffentlichen Verwaltung auf allen Ebenen. In diesem Ansatz – auch wenn es erst nur ein Denkanstoß ist – beginnt die Abkehr von einer möglicherweise hemmenden Prüfkultur, zeigt sich die Abwendung von streng hierarchischen Strukturen sowie die Hinwendung zu Teamgeist und Fokussierung auf die Tatkraft aller Mitarbeitenden. Aus diesem Ansatz ergeben sich sowohl kalkulierte Risikobereitschaft, Proaktivität als auch eine andere Definition von Führung und Teamgeist. Der mündige Bürger mit seinen eigenen Entscheidungen, Kreativität, Ideen etc. ist nicht nur nach Dienstschluss gefragt, sondern auch und ganz besonders während seines beruflichen Alltags.

Eine Verwaltung, auch eine moderne und innovationsorientierte, braucht Regeln. Ohne die geht es nicht. Doch darf es nicht dazu kommen, dass die Bindung an Regeln, die die verwaltungsmäßige Verfahrensweise ausmachen, die in den Verwaltungen Tätigen dazu verführt, die Orientierung an eben diesen Regeln zum alles beherrschenden Grundsatz zu erheben.

Das führt dazu, kann dazu führen, dass es zu Ergebnissen kommt, die mal Farce, mal Tragödie sind. Regelgebundenheit darf nicht Innovation außer Kraft setzen. Engstirnige Vorschriftentreue und unreflektierte Paragraphengläubigkeit dürfen ein solches oberstes und uneingeschränktes Primat besitzen, dass Beharren auf dem Status Quo die Folge ist. Lassen Sie es mich deutlich sagen: Neue Situationen erfordern neue Wege. In seiner berühmten „Nassauer Denkschrift" formulierte Freiherr vom Stein mit bitterem Tadel: „In die aus besoldeten Beamten bestehenden Landes-Kollegia drängt sich leicht und gewöhnlich ein Mietlingsgeist ein, ein Leben in Formen und Dienst-Mechanismen, eine Unkunde des Bezirks, den man verwaltet, eine Gleichgültigkeit, oft eine lächerliche Abneigung gegen denselben, eine Furcht vor Veränderungen und Neuerungen, die die Arbeit vermehren ..."

1978 lag die Telefondichte in Westdeutschland bereits bei 70 %. Trotzdem sah sich die Oberfinanzdirektion Saarbrücken in selben Jahr genötigt, die Bedienung des Telefonapparates in einer Dienstanweisung detailliert zu erläutern. Da heißt es dann: „Beim Telefonieren sind folgende Handgriffe zu tätigen: 1) Hörer abnehmen, 2) Kennziffer 0 wählen, 3) Amtszeichen abwarten, 4) gewünschte Teilnehmernummer wählen, 5) Gespräch führen, 6) nach Gesprächsende Hörer auflegen." Hier wird Regelhaftigkeit zum Selbstzweck und dient ausschließlich zur Selbstbefriedigung bürokratischer Bedürfnisse. Ein anderes Beispiel: In vielen Amtsstuben führt der Amtsschimmel sein Dasein. Nun hat dieser Schimmel nichts mit einem Pferd zu tun. Schimmel stammt vom lat. „simile" und bedeutet nichts anderes als ähnlich. Konkret: Ein Bespiel aus dem Landkreis Borken früherer Jahre:

Ein Justitiar verfügte für seine Referendare bei Vorgängen regelmäßig: „Wiedervorlage mit simile."

Eines Tages ereignete sich, was sich ereignen musste, es gab zu einem Vorgang noch kein „simile". So verfügte der Referendar zurück, „kein simile vorhanden".

Der Justitiar aber unberührt: „Wiedervorlage, wenn simile vorhanden"!

Lassen Sie mich ein weiteres Beispiel – manche nennen das Bürokratieposse – aus der „Gemeinsamen Geschäftsordnung der Bundesoberbehörden" anführen: „Soll eine Sitzung stattfinden, ist sicherzustellen, dass ein Sitzungsraum zur Verfügung steht (§ 73 Ziff. 1 Satz 1)." Derartige Beispiele zeigen, wohin Bürokratisierung führen kann und warum es nötig ist, erstens zu deregulieren und zweitens Bürokratie abzubauen. Für Max Weber ist Bürokratisierung einer der Prozesse der „Entzauberung der Welt", d. h. die mit zunehmender Intellektualisierung und Rationalisierung gewinnende Auffassung, dass alle Lebensbedingungen durch Berechnung beherrscht werden können. Je stärker sich in einer Gesellschaft der Prozess der Demokratisierung entwickelt, je mehr sich der Einzelne als Individuum in den verschiedensten sozialen Bereichen artikuliert, desto größer wird das Bedürfnis nach Organisation und Verwaltung, nach Regulierung und Berechenbarkeit. Auf den Punkt gebracht, bedeutet dies nichts anderes als freie Entfaltung im betreuten Wohnen. Doch die Zeiten haben sich geändert. Verwaltung als Heimstatt der Alimentation zu sehen, das ist vorbei. Wie in der Wirtschaft sind auch hier engagierte und offene Mitarbeitende gefragt, die mit Ideenreichtum und neuem Wind das Logis der Verwaltung von Innen couragiert erneuern und den deutschen Michel – ein angepasster und selbstzufriedener Mensch – zu einem Michael werden lassen.

In der Genesis, Buch 3, heißt es: „Darum entfernte ihn Jahwe Gott aus dem Garten Eden, damit er den Erdboden bebaue, von dem er genommen ist." Einerseits weist das Zitat auf den Ursprung des Menschen hin, andererseits zeigt es den Zweck des Menschen auf, aktiv die Welt zu gestalten und nicht ausschließlich zu verwalten und sie als „von Gott gegeben" hinzunehmen. – Es gab keine Vorgabe von Gott, wie das Land zu bebauen bzw. Hütten zu errichten waren, die Menschen sollten selbst ihren Verstand gebrauchen und innovativ sein. „In der Beantwortung der Frage: Was ist Aufklärung?" formuliert Immanuel Kant es so: „Aufklärung ist der Ausgang des Menschen aus seiner selbst verschuldeten Unmündigkeit. Unmündigkeit ist das Unvermögen, sich seines Verstandes ohne Anleitung eines anderen zu bedienen. Selbst verschuldet ist diese Unmündigkeit, wenn die Ursache derselben nicht am Mangel des Verstandes, sondern der Erschließung und des Muthes liegt, sich seiner ohne Leitung eines anderen zu bedienen ..."In totalitären Regimen, die auf einer monotheistischen Weltanschauung beruhen, werden Selbstständige und Autonome als latente Systembedrohungen angesehen. Demnach werden Tugenden wie Selbstständigkeit, Eigeninitiative und Eigenverantwortung zwar gefordert, aber nicht wirklich geweckt, da diese staatlichen Planungen eher stören als befördern würden. In Deutschland, in einer offenen und zukunftsorientierten Gesellschaft, dürfen derartige Verhaltensweisen nicht die Oberhand gewinnen, aber anscheinend sind Passivität und normenkonformes Kollektivverhalten bei ausgeprägter Versorgungsmentalität, so tief auf allen Ebenen verankert, dass es mehr als nur einer Ruckrede bedarf. Der „Global Entrepreneurship Monitor" aus dem Jahre 2005 macht deutlich, dass im Vergleich zu 30 – überwiegend OECD – Ländern Deutschland bei der Förderinfrastruktur Platz 1 einnimmt; bei Patentrecht und Politikengagement jeweils Platz 7 und bei der physischen Ausstattung Rang 8. Bei der Erziehung zur Selbständigkeit und zur Unternehmerbildung versagt die Bundesrepublik flächendeckend: Rang 18 und Rang 24. Was die Anzahl der selbständigen Unternehmer anbetrifft, so liegt Deutschland ebenfalls auf einem der hinteren Ränge in der EU. Gerald Braun bringt es auf den Punkt: Risikofreude, Selbständigkeit und Mut zum Unternehmertum scheinen nur sehr bedingt zum „kulturellen Kapital" der Deutschen zu gehören. Überspitzt könnte man formulieren: In Deutschland herrscht keine Kultur der Selbständigkeit, sondern der Unselbständigkeit.

Lebensentwürfe und Sinnstifungssysteme sind historisch erlernt und gewonnen. Kulturelle Werte und Normen werden nicht einfach und von Heute auf Morgen durch sozial technologische Förderprogramme wie „einfach anfangen" verändert. Es muss mittel- bis langfristig umgesteuert werden. Es muss der Punkt gefunden werden, an dem es geeignet erscheint, in die geistige Landkartenstruktur zielführend einzugreifen, um Selbständigkeit, Risikobereitschaft, Kreativität sowie neues Führungsverhalten als Werte zu verankern. Es kann nicht sein, dass die Suche nach Sicherheit, Versorgungsmentalität und die Orientierung auf Angestelltendasein durch das deutsche Erziehungswesen eher verstärkt, statt abgebaut werden. Geistige Selbstständigkeit ist eine „öffentliche Tugend", um in Anlehnung an die Philosophin Hannah Arendt diesen Begriff, der natürlich mehr umfasst, zu gebrauchen.

Geistige Selbstständigkeit, die Suche nach Alternativen, das Eintreten für Ideen, die Hinwendung zur Zukunft in Freiheit, das Eintreten für die Gesellschaft, die Akzeptanz der Offenheit, die Bereitschaft, neu zu denken, die Bereitschaft, Verantwortung zu delegieren und zu übernehmen, all dies sind Zeichen, die eine Abkehr von der „obrigkeitsethischen Anhänglichkeit" zur Folge haben.

Das Land Mecklenburg-Vorpommern steht vor großen Herausforderungen. Und es ist Aufgabe aller Verantwortlichen auf allen Ebenen, diese Herausforderungen zielführend zu meistern und auf die Zukunft auszulegen. Für mich heißt das, dass die Ideen von Politik,

Wirtschaft und Bildung so zu verzahnen sind, dass sie dem Land den gesamtgesellschaftlichen Erfolg bescheren, der notwendig ist, um den Bürgern und Bürgerinnen ein Leben in Wohlstand, Freiheit und Sicherheit gewähren zu können. Die Probleme, die vor uns liegen, lauten: Kreisgebietsreform, Funktionalreform, Polizeireform, Reform des Finanzausgleiches und Personalanpassung. Einzelne Fragestellungen aus dem Gesamtkontext der Modernisierung herauszuschälen, erachte ich als wenig sinnstiftend. Zu sehr sind die einzelnen Problemkreise mit einander verflochten. Hier kommt es darauf an, sowohl mit extern wie intern zusammengesetzten Teams nach Lösungen zu suchen und persönliche Zuständigkeiten wie auch persönlichen Dünkel zum Wohle des Ganzen abzulegen. Kompetenzfestlegung und die Überbewertung von Hierarchien haben eine Zuständigkeitsregelung hervorgebracht, die enges Zuständigkeitsdenken fördert und das Verantwortungsbewusstsein auf den jeweils eigenen, strikt begrenzten Arbeitsbereich beschränkt. Eine derartige Verwaltensweise muss in einer Zeit voller komplexer Lebenszusammenhänge, die auch vor der Verwaltung nicht Halt machen, die Leistungsfähigkeit erheblich vermindern. Es wird aufgrund beschriebener Tatsache immer öfter notwendig, Kompetenzaufteilungen zu revidieren und Aufgabenbereiche der Sache entsprechend neu aufzuteilen. Oder soll beispielsweise der frei vor dem gegnerischen Tor stehende Verteidiger abwarten, bis ein Stürmer der eigenen Mannschaft nachgerückt ist? Die Erfolgsaussichten eines solchen Teams können Sie sich selbst ausmalen. Ein offener Umgang, eine offene Kommunikation und ein ungehinderter Kommunikationsfluss sind unerlässlich. Heute könnte man dagegen fast sagen: Deutsche schützen ihre Geheimnisse wie die Spanier ihre Töchter ... Beide vergeblich!

Eine Herabsetzung der Leistungsfähigkeit ergibt sich auch aus einer Überbetonung der Hierarchisierung. „Durch sie werden intellektuelle Eigenständigkeit und Selbstverantwortung nicht gerade gefördert und befördert. Vielmehr führt dies dazu, dass Untergebene zu übertriebener Vorsicht neigen und Vorgesetzte zu übermäßigen Kontrollmaßnahmen. Ich muss mich allen Ernstes fragen: Was für ein Menschenbild haben wir eigentlich? Lassen Sie es mich mit amtlichen wie auch drastischen Worten sagen: Wo Sitzfleisch zum Aufstieg genügt, kann Engagement mit allen Unwägbarkeiten nicht als etwas Selbstverständliches erwartet werden." Soweit Heinz Laufer, Prof. emeritus für Politikwissenschaft an der Universität München.

Es ist eine Binsenweisheit, dass Erfolg und Misserfolg Hand in Hand gehen. Bloß: Wir haben dieser Binsenweisheit zugunsten einer Rundumsicherung in Vergessenheit geraten lassen. Wenn etwas nicht so gut geht, wie uns unser Vor-Urteil oder unser Erwartungshorizont hat glauben gemacht, dann wird uns erst wieder mit Schrecken bewusst, dass sich auch Misserfolge einstellen können. Und sofort wird der Ruf nach Schuldigen laut. Kinder stehen, nachdem sie gefallen sind, aus eigenen Antrieben auf. Der Erwachsene dagegen verlangt staatliche Aufstehhilfe, anstatt sich seiner eigenen Qualitäten zu erinnern und zu bedienen. Freiheit ist nicht nur die zu Etwas, sondern auch die Freiheit von Etwas. Dieses zu fordern und zu fördern bildet den Rahmen, denen sich die Mitarbeitenden stets erinnern sollen. In diesem Rahmen lebt der zukünftige Mitarbeitende einer zukunftsorientierten Verwaltung, die ich persönlich für erstrebenswert halte, die ich als den Rahmen definiere, die für eine Intrapreneurship orientierte Verwaltung ausschlaggebend ist.

Verlange ich von Mitarbeitenden binnenunternehmerisches Denken und Handeln, so verlange ich dies in noch größerem Umfang von der Führungsebene, die im Rahmen ihrer Visionen – ohne die geht es nicht – eine binnenunternehmerische Haltung vorlebt, solches Verhalten stimuliert und dazu motiviert. Die Führungskraft ist der Dirigent von Talenten, die ein jeder unzweifelhaft besitzt. Sie – die Talente und Fähigkeiten – müssen und – darauf kommt es an – erkannt, gewürdigt und entsprechend eingesetzt werden. Vielfach scheitert es daran, dass wir entweder eine zu oberflächliche Personalrekrutierung betreiben, eine Personalentwicklung nach numerischen Kriterien haben und weit entfernt davon sind, die richtigen Leute mit der richtigen Einstellung zur richtigen Zeit am richtigen Ort zu haben. Wenn wir die Zukunft angehen wollen, dann müssen wir nicht nur oben beschriebene Praxis auf den Prüfstand stellen. Es gibt noch bedeutend mehr, das unter dem Aspekt Zukunft einer Erörterung bedarf. Eine der vordringlichsten Aufgaben im Zusammenhang mit binnenunternehmerischer Verwaltung ist die Prozessoptimierung und das Entstehen einer anderen und zielführenden Führungskultur, in der der Führende zwar von Allem weiß, aber das Erreichen der Ziele und das Wie seinen Mitarbeitenden überlässt. Ich nenne dies den Willen zur Delegation von Verantwortung, mit dem als Gegenüber und Partner der Wille zur Verantwortungsübernahme beim Mitarbeitenden korrespondiert. In diesem Klima kann sich Verantwortungstransparenz entfalten und zum Gedeihen des Ganzen beitragen. Wir haben einen Weg vor uns. Wir können ihn so oder so gehen. In Anbetracht knapper Ressourcen muss aber der Weg durch Innovation, kontrolliertes Risiko in Eigenverantwortlichkeit, durch Kreativität und Bedacht auf alternatives Denken jenseits herkömmlicher Bahnen bestimmt sein. Dieses Vermögen, diese Fertigkeiten zu vermitteln, stellt an alle hohe Anforderungen und verlangt nach kreativer Leistungsbereitschaft statt nach Beharrungsbereitschaft. Gefordert sind aber in erster Linie Aus- und Fortbildung, denen es auf die Fahnen geschrieben sein muss, vorausschauend für die zukünftige Verwaltung das entsprechende Personal ganzheitlich zu bilden.

Die Verwaltung wird strukturellen Veränderungen unterworfen sein. Starre Gliederungen werden schwinden, es wird größere Durchlässigkeiten geben. Dies zieht einen Umbau der Aus- und Fortbildung unweigerlich mit sich. Ob wir es für gut halten oder nicht, ist hier nicht die Frage, auf die es ankommt. Vielmehr kommt es darauf an, im Konzert der Moderne das entscheidende Instrument zu spielen. Um im Bild zu bleiben: Das Konzert der Moderne hat drei Komponisten: Die Wirtschaft, die Politik, die Bildung. Diese drei haben ein Konzert geschaffen, das überwiegend aus Dreiklängen besteht. Schert einer aus, wird das Ganze missstimmig. Als Verwaltungschef im Innenministerium weiß ich um dieses Konzert, ich weiß auch, dass alle drei zu einer gesamtkonzertalen Wertschöpfung beitragen, in dem sie sich ergänzen, konkurrieren, befruchten und bereichern. Um diesen Prozess zu beschleunigen und zum gegenseitigen Nutzen zu vertiefen, wäre es mein Wunsch, wenn die nötigen Durchlässigkeiten zwischen den drei Stimmen – Bildung – Wissenschaft – Politik – ermöglicht würden. Ich für meine Person werde mich dafür einsetzen.

Wie gerade erwähnt, kommen der Aus- und Fortbildung besondere Aufgaben zu. Gleiches gilt auch für das Institut für – ich verkürze bewusst – Verwaltungsmodernisierung, das mit dieser Konferenz zum ersten Mal aus dem Schatten getreten ist, Denkanstöße zu einer positiven Veränderung der Verwaltung beisteuert und bereit hält. Ich hoffe, dass die Ideen des Instituts im Rahmen des Bachelor-Prozesses, der Ausbildung neuer Landesmitarbeitenden, entscheidenden Niederschlag finden und nicht von den Juristen als zu modernistisch oder verwaltungsfremd abgetan werden. Dazu – ich bin selbst Jurist – neigen Juristen, wenn sie ihr Examen mit Führungsqualitäten gleichsetzen. Auf dieser Welt gibt es zu viel zu lernen, als dass es mit nur einem, wenn auch sehr guten Examen getan wäre. Wir haben Menschen vor uns, wir haben Biographien vor uns, wir leben nicht isoliert, wir unterliegen Veränderungen. Und das alles sollen wir mit nur einem Examen können? Lassen Sie uns einfach offen sein und erkennen, dass auch Anderes Wert hat und der Zukunft dient. Von dem amerikanischen Philosophen Robert Nozick stammt die Einsicht, es könne keinen Begriff vom guten Leben geben, der für so unterschiedliche Menschen wie Marilyn Monroe, Albert Einstein, Ludwig Wittgenstein oder Louis Armstrong zutreffe. Das war in den 6oer Jahren. „Um wie viel komplexer liegen die Dinge heute, in einer noch individualisierten Gesellschaft! Politik und Bürokratie – gleich welcher politischen Richtung – aber sind unerschütterlichen Glaubens an die Richtung ihres Lebensentwurfs." Soweit Robert Nozick.

Was wir für die Zukunft brauchen und von den Mitarbeitenden erwarten, sind verwaltungsbezogene Schlüsselkompetenzen. Dazu zähle ich gleichrangige Bereiche wie: Fachkompetenz, persönliche Kompetenz, Sozialkompetenz, betriebswirtschaftliche Kompetenz sowie Methodenkompetenz. Ich möchte die Module – das ist nicht meine Aufgabe – nun nicht auf pädagogische Art und Weise inhaltlich untersetzen, ich möchte lediglich auf die Gleichwertigkeit hinweisen und betonen, dass nicht der eindimensionale Theoretiker gefordert ist, sondern der ganze Mensch in seiner Befindlichkeit als Mensch, Person und Persönlichkeit. Der Mensch, die Person und die Persönlichkeit geben nicht bei Dienstbeginn ihren Menschen, ihre Person und Persönlichkeit beim Pförtner einfach ab, um sich später im beruflichen Hamsterrad aktiv zu betätigen. Wie viele Talente schlummern irgendwo? Haben wir sie entdeckt? Oder haben wir einfach den Aktendeckel mit dem Vermerk „erledigt" – übrigens eine militärische Metapher – „zugeschlagen" – eine Metapher aus der Rabaukenszene. Sprache ist verräterisch; sie verrät auch den Umgang mit Menschen und die Einschätzung des Menschen und Mitarbeitenden.

Fachhochschulen und staatliche Organisationen sind keine Weltverbesserungsanstalten. Wir können Rahmen und Ziele abstecken. Wir können keine binnenunternehmerisch denkenden und handelnden Mitarbeitenden konstruieren. Wir können zu einer anderen Hochschulsozialisation anregen. Die Vergangenheit können wir nicht in Repetitorien nach- und aufbereiten. Verändern kann sich nur jeder selbst. Selbstsozialisation zum selbständigen Mitarbeitenden können wir nur erwarten, wenn das Umfeld stimmt, wenn der Lernprozess selbst unternehmerisch gestaltet und ein Lernmilieu – auf allen Ebenen – geschaffen und bereitgehalten wird, in dem verwaltungsbezogene Kompetenzentwicklung überhaupt erst möglich ist. Wir brauchen nicht mehr den hierarchischen Systemerzieher, sondern den dialogischen Lernbegleiter von und in Lernprozessen. Dies ist ein lebenslanger Prozess auf allen Ebenen, der letztlich zu einer verbesserten Lebensqualität in der Verwaltung führt und zu einer Aufwertung der Verwaltung in der Öffentlichkeit.

Verwaltungskultur ist Gesellschaftskultur wie Gesellschaftskultur auch Verwaltungskultur ist. Darum muss unternehmerische Erziehung als wirksam werdende Erziehung früh beginnen, um zum Erfolg und zum Durchbruch zu gelangen. „Think Ahead – Move Forward". Nehmen wir dieses als Leitmotiv für unsere zukünftige Arbeit mit nach Hause und richten uns danach. Der Fachhochschule Güstrow danke ich für ihr Engagement und wünsche der Konferenz gute Ergebnisse, über die ich mich informieren lassen werde. Die Fachhochschule hat damit gezeigt, dass sie nicht in einem Elfenbeinturm sitzt, sondern bereit ist, das Leben wie es ist aufzugreifen und in die Wege zu leiten, die für die Zukunft der Verwaltung und Gesellschaft notwendig sind. Mit dieser Veranstaltung hat die Fachhochschule gezeigt, dass sie kein Holiday-Inn ist, sein will, sondern ein ernst zu nehmender Ort in der Ausbildung der Studenten, Fortbildung der Landesbediensteten und in der oft unterschätzten Verwaltungsmodernisierung.

Robert Roller (Kommunal- und Unternehmensberater)
„Intrapreneurship in der öffentlichen Verwaltung – Auswege aus der Krise?"

An erster Stelle möchte ich hier Herrn Dr. Heinrichs, Leiter des Instituts für Fortbildung und Verwaltungsmodernisierung, danken, dass er mich als Redner für diese Konferenz eingeladen hat. Unser Kontakt entstand durch die zahlreichen Weiterbildungsveranstaltungen zur Einführung der Kosten- und Leistungsrechnung und des Controllings in der Landesverwaltung von Mecklenburg-Vorpommern.

Den Titel „Intrapreneurship in der öffentlichen Verwaltung – Ausweg aus der Krise?" habe ich bewusst gewählt, um auf die zahlreichen Widersprüche zwischen Anspruch und Wirklichkeit hinzuweisen, denen ich täglich als Berater und Dozent in der öffentlichen Verwaltung begegne.

Vorab möchte ich kurz die Gelegenheit nutzen um mich Ihnen vorzustellen:
Nach meinem Studium der Betriebswirtschaft in Berlin und Bristol war ich von 1994-1999 bei der Landesbank Berlin in der kommunalen Projektfinanzierung und –steuerung tätig. Durch zahlreiche Kontakte zum Umweltministerium des Landes Sachsen-Anhalts habe ich mich selbständig gemacht und war bis 2004 Chefberater in Sachsen-Anhalt für die Sanierung von Zweckverbänden. Seither habe ich meine Beratungsschwerpunkte erweitert und berate neben Bundes- und Landesbehörden zahlreiche Landkreise, Städte und Gemeinden sowie kommunale Unternehmen zu den Themen Einführung Doppik, Kosten- und Leistungsrechnung und Controlling. Weitere Informationen können Sie den Folien bzw. unserem Internetauftritt entnehmen.

Ich möchte den Vortrag in 4 Bereiche unterteilen. Als Erstes stelle ich Ihnen die nach meiner Sicht größten Probleme und Aufgaben der öffentlichen Verwaltung vor. Dann möchte ich die bisherigen Reformansätze darstellen, welche in Mecklenburg-Vorpommern und in anderen Bundesländern seit einigen Jahren im Aufbau sind. Im Dritten Teil will ich auf die Potentiale des Intrapreneurships in der öffentlichen Verwaltung eingehen um zum Schluss die Umsetzungschancen zu diskutieren.

Als eines der größten Probleme erweist sich die Zunahme der öffentlichen Verschuldung in den letzten Jahren. Sie schränkt die öffentliche Verwaltung immer stärker ein, da ein immer größerer Teil der Staatseinnahmen für Zins- und Tilgung verwendet werden muss. Besonders riskant ist diese Entwicklung, da die sog. Staatsgarantie, d. h. das Eintreten bei Zahlungsausfällen für Kommunen und Länder in einem immer stärkeren Maße bedroht wird. Ein möglicher Wegfall des Instruments „Kommunalkredit" hätte katastrophale Folgen. Zinssteigerungen bis zu 4% oder gänzliche Verweigerung von Kreditvergaben durch die Banken wären die Folgen. Erste Anzeichen sind dazu bereits erkennbar (Finanzierungsproblem Flughafen Berlin-Brandenburg International von 2,8 Milliarden Euro).
Es entwickelt sich langsam eine strukturelle Finanzkrise, welche von einem steigenden Ausgabendruck geprägt ist, welcher zu einer zunehmenden Neuverschuldung führt, Einnahmestagnation und Standortschwächen machen sich gerade auch in Mecklenburg-Vorpommern vielerorts bemerkbar.

Die bisherigen Maßnahmen sind oft globale Mittelkürzung, welche zu einem „kaputtsparen" und damit dem drohenden Verlust der Handlungsunfähigkeit führen und in einer immer stärkeren Zentralisation von Verwaltungen, welche zu einer zunehmenden Bürgerferne führt. Eine andere Maßnahme ist die Veräußerung (Tafelsilberstrategie) von öffentlichem Eigentum. Damit werden zwar die Symptome der Finanzkrise behandelt aber nicht deren Ursache wirksam beseitigt. Diese Strategien führen zu keiner nachhaltigen Lösung.

Die bisherigen Verwaltungsstrukturen sind nicht mehr in der Lage, mit Ihren mittelalterlichen Instrumenten von der kameralistischen Buchführung bis zur stark hierarchisch gegliederten Verwaltungsorganisation den Anforderungen der Gesellschaft adäquat zu begegnen. Sie hängen wirtschaftlichen Entwicklungen oft Jahre hinterher und sind nicht in der Lage, ganz einfache Aussagen zu Wirtschaftlichkeit, Eigenkapital und Vermögen zu treffen. Kosten sind bisher keinen Verwaltungsprodukten zugeordnet, somit gleicht die Verwaltung, von Außen betrachtet, einer „Black box", welche viele Ressourcen verschlingt, aber niemand genau sagen kann wofür eigentlich.

Der besondere Mangel der Kameralistik liegt in der fehlenden Betrachtung von zukünftigen Zahlungen, welche durch aktuelles Handeln hervorgerufen werden. So fehlen in der Betrachtung Rückstellungen für unterlassene Instandhaltung, zukünftige Pensionsverpflichtungen, Prozesskosten, Altersteilzeit und Deponiesanierung.

Neben diesen Schwierigkeiten tun sich weitere auf. Der Druck zur Konsolidierung der Haushalte steigt weiter, während gleichzeitig die Anforderungen von Seiten der Ministerien, der Bürger und des Wettbewerbs zunehmen. Veränderte Rahmenbedingungen werden häufig erst spät oder gar nicht erkannt und somit werden auch die Chancen auf wirksame Korrekturmaßnahmen vertan.

Die Verwaltungsreform sollte als ganzheitlicher Ansatz verstanden werden. Dies beginnt mit der Krisenerkennung, einer umfangreichen Ursachendiagnose und der Erstellung eines wirksamen Konzepts. Nur so können die strukturellen, operativen und strategischen Problemzonen wirksam bearbeitet werden.

Es gibt Konzepte in Mecklenburg-Vorpommern wie eine moderne Verwaltungsführung aussehen soll und auch klare Vorstellungen wie eine Verwaltungsmodernisierung aussehen könnte. Gerade auch neue Reformansätze sollten Beachtung finden:

⇨ *„Konkurrieren statt Privatisieren"*
⇨ *„Leistungssteigerung statt Größenwahn"*
⇨ *„Transformation zum Dienstleistungsunternehmen"*
⇨ *„unternehmensähnliche Führungs- und Organisationskultur*

Erkennbar sind viele Versuche die Errungenschaften aus der Privatwirtschaft im öffentlichen Sektor zu etablieren. Jedoch gleicht der Versuch oft einem Fahrschüler, welcher mit Handbuch und ohne Fahrlehrer versucht, sich das Fahren selbst bei zu bringen. Dabei legt er neue Regeln fest, welche er selbst gerade erfunden hat. Die fehlende Bundeskompetenz im Haushaltswesen führt gegenwärtig zu einem Chaos in der Haushaltswirtschaft. Teils mit Doppik, teils mit erweiterter Kameralistik versuchen sich die Kommunen durchzuschlagen währenddessen jedes Bundesland andere Vorschriften für Vermögensbewertung und Produktplänen praktiziert. Ich bezeichne das als organisiertes Chaos.

Die neuen Verwaltungsinstrumente werden auf Kommunal- und Landesebene oft nur halbherzig umgesetzt. Alles was zuviel Widerstand verursachen könnte wird ausgeblendet und oft bleibt nur blasser Abdruck dessen was man sich ursprünglich vorgenommen hat. Viele Beamte und Angestellte sind nach anfänglicher Euphorie frustriert, wenn sie erkennen, dass von den vielen Möglichkeiten, welche sie in Seminaren kennenlernen, nur wenig umgesetzt wird.

Intrapreneurship stellt einen Weg dar, welcher die öffentliche Verwaltung in die richtige Richtung bringen kann. Nicht Aufgabenerfüllung allein, sondern Risikobereitschaft zur Chancen-Nutzung soll in der Verwaltungsführung zum Motto werden. Oft ist eine kreative Zerstörung notwendig um die Mitarbeiter zum Umdenken zu bewegen. Nicht verharren in festen Strukturen sondern Wechsel bringt Erfolg. Flexibilität wird in Zukunft von den Mitarbeitern als auch von der Verwaltung erwartet. Der Wechsel zwischen Tätigkeit in der Verwaltung und Tätigkeit in der Wirtschaft sollte nicht Ausnahme sondern Regel werden.

Klassisches Beispiel ist die USA. Juristische Absolventen starten oft bei den Gerichten, bevor sie später als Anwalt in einer Kanzlei tätig sind und wieder später als Bundesrichter aktiv werden. Die Verwaltung tut sich keinen Gefallen, wenn sie künstliche Hürden aufstellt um ihre Mitarbeiter fest zu binden. Langjährige Tätigkeit an derselben Stelle führt zu geistigem Stillstand, stagnierender Produktivität und Unzufriedenheit. Die öffentliche Verwaltung muss auch in Sachen Entlohnung mehr Flexibilität entwickeln. Sie kann es sich nicht leisten, dass die klügsten Köpfe in die Privatwirtschaft oder ins Ausland abwandern, weil gute Leistung nicht mehr entsprechend honoriert wird.

Es gilt die öffentliche Verwaltung als handelndes Unternehmen zu begreifen. Dessen Chancen und Risiken auszuloten um als wirksamer Baustein der Gesellschaft bestehen zu können. Die öffentliche Verwaltung ist neben der Infrastruktur ein wichtiger Faktor für Wirtschaft- und Industrieansiedlung. Die steigende Mobilität der Bevölkerung führt verstärkt zu Bewegungen, die bisher nur west- und südwärts geprägt waren.

Ich möchte jedoch vor zu hohen Erwartungen an die Thematik „Intrapreneurship" warnen. Selbst in der Privatwirtschaft, welche, verglichen mit der öffentlichen Verwaltung, weitaus bessere Rahmenbedingungen aufweist, tut man sich mit diesem Thema schwer. Die Angst vor starker Veränderung in der Aufbau- wie auch der Ablauforganisation macht sich breit. Was passiert, wenn die Mitarbeiter nicht nur überdurchschnittliche Leistung bringen sondern auch überdurchschnittliche Entlohnung und Mitspracherechte einfordern?

Der bisherige Mitarbeiter soll nun über Eigenschaften wie:

-   Einfühlungsvermögen

-   Motivation

-   Selbstbewusstsein

-   Ganzheitliches Denken

- Kreativität

- Risikobereitschaft

- Entscheidungsfähigkeit

- Konfliktbereitschaft

- Kooperationsbereitschaft

verfügen. Man kann dieses Ansinnen, mit dem kurzfristigen Versuch einen Profiradsportler zu einem Laufmarathon zu schicken, vergleichen. Es wird in vielen Fällen nicht gelingen. Die oben genannten Eigenschaften stehen teilweise diametral zu den bisherigen Anforderungen an die Mitarbeiter in der öffentlichen Verwaltung wie:

- geringe Risikobereitschaft

- Arbeiten nach Vorschrift

- Vermeidung von Konflikten mit Kollegen und Vorgesetzten

- Auf den Fachbereich beschränktes Denken und Handeln

- Geringe Motivation

- Geringe Kreativität

- Geringes Selbstbewusstsein

Die Folge einer überstürzten Einführung wären Frustration und Überforderung der Mitarbeiter. Das heißt jedoch nicht, dass der ganze Versuch sinnlos ist, sondern dass die Einführung des Intrapreneurships eines mehrjährigen Zeitraums bedarf, in welchem zuerst die Rahmenbedingungen entwickelt werden. Es sind folgende Fragen zu klären:

- Welche Erwartungen sind mit der Einführung verbunden?

- Was sind die Anforderungen an die öffentliche Verwaltung?

- Welche Strategischen Ziele verfolgen wir?

- Wie soll unser Wertemanagement bestimmt sein? – Was ist uns wichtig?

- Welche operativen Ziele verfolgen wir?

- Wie sind diese Ziele bewertbar?

- Welche Anreiz- und Fördersysteme gibt es in der Verwaltung?

- Welche Grundhaltung ist bei den Mitarbeitern vorherrschend?

- Welcher Spielraum steht den Mitarbeitern zur Verfügung?

- Wie werden Mitarbeiter in Veränderungsprozesse miteinbezogen?

- Was unterscheidet den künftigen vom heutigen Zustand?

- Woran wird die Wirksamkeit von Maßnahmen gemessen?

- Welche unternehmerischen Kompetenzen werden benötigt?

- Existiert ein Kosten-Nutzen-Denken bei den Mitarbeitern und Management?

- Existiert eine externes Projekt- bzw. Beratungsmanagement um den Prozess zu begleiten und Schwierigkeiten zu lösen?

- Welche Risiken bestehen wenn das Projekt scheitert?

Das Projekt „Einführung Intrapreneurship in der öffentlichen Verwaltung" darf nicht isoliert betrachtet werden. Es steht im Kontext mit den bisher begonnenen Maßnahmen, welche unter dem Begriff „Neues Steuerungsmodell" bekannt sind und müssen damit verflochten werden.

Die Chancen einer erfolgreichen Einführung des „Intrapreneurships" hängen zuerst von der Bereitschaft zur Veränderung ab. Das beginnt mit einer positiven Initiative des Managements. Ziel ist es, einen Bewusstseinswandel bei den Akteuren einzuleiten, in welchem unternehmerisches Denken und Handeln im Sinne der Verwaltung zum Ausdruck kommt. Ein solches Projekt setzt ein umfangreiches Konzept voraus, welches die einzelnen Schritte und Zwischenziele aufskizziert, die mit Hilfe von Weiterbildungsmaßnahmen und Workshops zur Umsetzung kommen sollen.

Kostensparen und Personalabbau dürfen nicht die primären Motive für die Einführung des „Intrapreneurships" sein. Es muss deutlich werden, welche Möglichkeiten und Vorteile die Mitarbeiter durch die Einführung erhalten.

Die im ersten Teil genannten Probleme der öffentlichen Verwaltung sollten als Chance zur Veränderung betrachtet werden. Denn wir können es uns nicht leisten, im bundesdeutschen und europäischen Vergleich weiter abzufallen. Denn damit wäre Mecklenburg-Vorpommern zum Stillstand verurteilt und dies kann nicht im Interesse der handelnden Personen sein.

Ich danke Ihnen für die Aufmerksamkeit und hoffe damit einen kleinen Beitrag zu der heute begonnenen Konferenz geleistet zu haben.

Klaus-Michael Rothe (Industrie- und Handelskammer zu Schwerin)
„Die Wirtschaft als Impulsgeber für Bürokratieabbau"

Einleitung

Zunächst zwei Zitate:

„Lassen Sie uns selbst befreien von Bürokratie und altbackenen Verordnungen!"(Bundeskanzlerin Dr. Angela Merkel (CDU) in ihrer ersten Regierungserklärung vom 30.11.2005)

„Die Stichworte sind: Weniger Bürokratie, mehr Service und mehr Orientierung an den konkreten Bedürfnissen der Arbeitslosen auf der einen Seite und der Unternehmen auf der anderen Seite". (Gerhard Schröder, Bundeskanzler a. D., auf dem SPD-Bundesparteitag am 02.06.2002)

- Jede Volkswirtschaft, die langfristig national und international wettbewerbsfähig sein will, ist auf einen ständigen Bürokratieabbau angewiesen.

- Zweifellos steigt mit der Komplexität und Globalisierung unseres modernen Lebens auch der Bedarf an richtungsweisender Rahmengebung durch den Staat - schon aufgrund des Umfangs des in deutsches Recht umzusetzenden EU-Rechts.

- Anzahl der Informationspflichten von Unternehmen in Deutschland auf Grundlage von Bundesrecht ca. 10.900 sowie EU-Recht ca. 6.000
- im März 2007 trafen DIHK und Statistisches Bundesamt Kooperationsvereinbarung zur Messung von Bürokratiekosten

- vorläufiges Ergebnis der 2007 unter Federführung des Statistischen Bundesamtes eingeleiteten Messung der bestehenden Informationspflichten sind Kosten für die Wirtschaft in Höhe von:

- ca. 27 Mrd. € allein aufgrund der 2.100 aufwändigsten Informationspflichten

- ca. 40 Mrd. € Gesamtkosten zur Erfüllung von Informationspflichten
  (Aufteilung dieser 40 Mrd. €: 75% aufgrund Bundesrecht, 15 % aufgrund EU-Recht),

  darunter größte Einzelposten:
  - Pflicht zur Aufbewahrung alter Rechnungen (UStG):   über 6 Mrd. €
  - Umsatzsteuererklärung: ca. 3,6 Mrd. €
  - Erstellen von Jahresabschlüssen: ca. 3,5 Mrd. €
  - Körperschaftssteuererklärung: ca. 3,5 Mrd. €

Spürbarer Bürokratieabbau: Wunsch und Wirklichkeit

1. Gesetzgebung

- Staat greift mit immer mehr neuen Regelungen ins Leben ein – so das Gefühl vieler Bürger und Unternehmer in Deutschland

- Dieser Eindruck in der Bevölkerung trügt bedauerlicherweise nicht, denn allein seit Antritt der aktuellen Großen Koalition auf Bundesebene im Herbst 2005 wurden im Bundesgesetzblatt 198 Gesetze und 500 Verordnungen neu veröffentlicht.

- Hinzu kommen selbstverständlich Gesetze und Verordnungen der Bundesländer sowie zahlreiche Gemeindesatzungen.

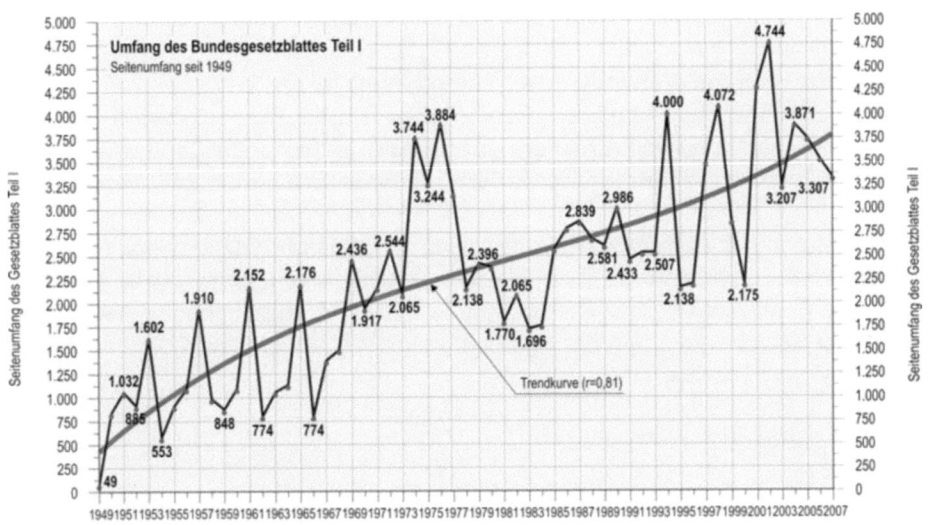

Gesetzesumfang steigt!

© IHK zu Schwerin; Quelle: IW Köln

- Lähmung dynamischer Entwicklungen in Gesellschaft und Wirtschaft nicht nur aufgrund großer Quantität, sondern teilweise auch mangelhafter Qualität von Regelungen (z. B. sprachliche Unverständlichkeit, entbehrliche Verweise auf andere Vorschriften)

- zudem zweifelhafte Zweck- und Rechtmäßigkeit einzelner Bestimmungen, z. B. im seit Jahresbeginn für Gaststätten geltenden Nichtraucherschutzgesetz M-V:

  • Verpflichtung zu abgetrennten, umschlossenen Raucherräumen auch für Ein-Raum-Gaststätten ist unverhältnismäßiger Eingriff in Gewerbefreiheit - mit möglicher Existenzgefährdung für die betroffenen Unternehmer

  • ferner nicht logisch nachvollziehbar, warum sog. geschlossene Veranstaltungen im Gegensatz zum Besuch von Ein-Raum-Gaststätten nicht umfassendem Rauchverbot unterliegen

  • jüngste Korrekturen der Rechtsprechung zu Nichtraucherschutzgesetzen in anderen Bundesländern, wie etwa Sachsen, belegen, dass Benachteiligung von Ein-Raum-Gaststätten nicht wirklich durchdachter „Rundumschlag" des Gesetzgebers

  • auf Basis einer von der Schweriner IHK durchgeführten aktuellen Umfrage unter Gastronomiebetrieben in Westmecklenburg wird IHK mit Hilfe der FDP-Landtagsfraktion versuchen, Änderung des Nichtraucherschutzgesetzes M-V zugunsten von Ein-Raum-Gaststätten-Inhabern durchzusetzen

- weitere reformbedürftige Regelungen in M-V vor allem im Hinblick auf die notwendige

- Beschleunigung von Verfahren u. a. in den Bereichen:

169

- Landesgesetzgebungsverfahren (Gemeinsame Geschäftsordnung II – Richtlinien über Gesetz- und Verordnungsentwürfe der Landesregierung M-V, GGO II)

- Verwaltungsverfahren (Verwaltungsverfahrensgesetz M-V)

- Im Hinblick auf die Qualität von Rechtsnormen ist jedoch nicht nur der Landesgesetzgeber selbst, sondern auch die Normprüfstelle (NPS) im Innenministerium M-V gefordert.

- NPS überprüft (auch auf konsequente Forderung der Wirtschaft hin) seit 2004 Notwendigkeit, Wirksamkeit, Wirtschaftlichkeit, Verständlichkeit, Rechtsförmlichkeit und das Erfordernis der Beschränkung der Geltungsdauer einer ihr vorzulegenden Rechtsvorschrift = interne Selbstregulierung der Politik, ob eine Regelung notwendig und in der Regulierungstiefe erforderlich

- kritikwürdig an Tätigkeit der NPS u. a.:

  - Thema Normprüfung keine Chefsache (Staatskanzlei), sondern Zuständigkeit des Innenministeriums

  - NPS ist nicht bis zum Schluss eines Gesetzgebungsverfahrens eingebunden

  - Die der NPS vorzulegenden Rechtsgrundlagen umfassen nur Ressort-Entwürfe, d. h. weder Entwürfe aus der Mitte des Landtages noch aus dem Volk (in Form einer Volksinitiative oder eines Volksbegehrens gemäß Art. 59 bzw. 60 LV M-V).

Stellungnahmen von Verbänden können grundsätzlich nicht in das Prüfungsverfahren der NPS einfließen. Die NPS ist bereits parallel zur Ressort-Anhörung (und damit im Normalfall vor einer Beteiligung der Verbände) einzubeziehen. Sie hat die Referentenentwürfe grundsätzlich binnen 4 Wochen ab deren Vorlegung bei ihr zu überprüfen. Die vollständige Anhörung von Verbänden durch das federführende Ressort, denen in diesem Rahmen ohnehin eine Stellungnahme-Frist von mindestens sechs Wochen eingeräumt werden soll, wird also regelmäßig erst nach Abschluss des Prüfungsverfahrens bei der NPS beendet sein.

Berücksichtigt werden könnten Stellungnahmen der Verbände im Verfahren vor der NPS allenfalls im Fall einer zweiten Kabinettsbefassung. Hier liegt die Entscheidung, inwieweit die Auffassung der Verbände in den Entwurf des federführenden Ressorts einfließt bzw. ob deren Ansicht der NPS sogar vollständig zur Kenntnis gebracht wird, aber ohnehin außerhalb des Einflussbereichs der Verbände.

- „Pendant" zur NPS in M-V auf Bundesebene: seit 2006 Normenkontrollrat (NKR) im Geschäftsbereich des Bundeskanzleramts

- NKR prüft u. a. Gesetzentwürfe aus Bundesministerien vor deren Behandlung im Kabinett auf zu erwartende Bürokratiekostenbelastung der Wirtschaft
- laut 1. Jahresbericht des NKR Entlastung der Unternehmen um über 790 Mill. €; dieser Umfang jedoch nicht tatsächliche Entlastung, sondern nur Vermeidung einer zusätzli-

chen Bürokratiekostenlast, da Bürokratiekostenlast der Unternehmen um ein Vielfaches höher (s. o.) und NKR nicht bereits bestehende Rechtsnormen prüft

- kritikwürdig ferner:

    • bei Stimmengleichheit im Rahmen von Entscheidungen des NKR keine Beanstandung des geprüften Gesetzentwurfs

    • NKR nicht bis zum Schluss eines Gesetzgebungsverfahrens eingebunden

- positiv: durch Mitwirkung des ehemaligen Hauptgeschäftsführers des Deutschen Industrie- und Handelskammertags, Herrn Dr. Schoser, im NKR erhofft sich die IHK-Organisation eine noch größere Wirtschaftsorientierung in Arbeit des NKR; erfolgreiche Zusammenarbeit zwischen NKR und IHKs bereits bei Versicherungsvermittlerverordnung, Verpackungsnovelle und Unternehmensteuerreform

2. Verwaltung

- Gesetzgeber gibt Rahmen vor, den Verwaltung in Anwendung des Rechts ausfüllt

- nur in diesem Rahmen Möglichkeit für Verwaltung, das Verfahren, z. B. zur Erteilung einer Baugenehmigung, zu beschleunigen (Verwaltung damit in dieser Hinsicht dem Staat grundsätzlich „ausgeliefert")

- Gesetzgeber hat Spielraum der Verwaltung zu eigenverantwortlichem Handeln, d. h. die Möglichkeit von Ermessensentscheidungen, bis in die heutige Zeit hinein stetig vergrößert

- Dabei bedarf es jedoch teilweise noch einer deutlich bürgerorientierteren und unternehmensfreundlicheren Nutzung dieser Spielräume.

- Dies bedeutet vor allem Bürokratieabbau durch Beschleunigung von Verfahren und mehr Flexibilität und Praxisnähe bei der Entscheidungsfindung.

- Ziel der Verfahrensbeschleunigung darf in seiner Umsetzung der Praxisnähe, d. h. der Bürgerorientierung, jedoch nicht entgegenstehen, z. B. bei Verwendung von E-Government-Instrumenten

- Elektronisierung von Verwaltungsverfahren verursacht einerseits Beschleunigung, andererseits aber in Teilen Bürgerferne und Anonymisierung (Abschottung des Bürgers durch Internetangebot der Verwaltung, das zwar Rückfragen des Bürgers ermöglicht, jedoch aufgrund umfangreicher Informationen alle theoretisch denkbaren Fragen des Antragstellers zu einem Verfahren bereits beantwortet, d. h. kein Rückfragebedarf des Antragstellers und damit „Automatisierung" und „Unpersönlichkeit" des Verwaltungsverfahrens)

- neben schnellerem Verfahrensablauf, größerer fachlicher Flexibilität und mehr Praxis-nähe auch Verstärkung des Dienstleistungscharakters der Verwaltung erforderlich

- Zu viele Bürger verbinden mit dem Begriff „Behörde" noch immer das einst vom preußi-schen Reformer Karl Freiherr vom Stein (1757 – 1831) skizzierte Bild des ineffizienten und trägen Beamten.

- deutscher Soziologe Theodor Geiger (1891 – 1952) stellte einst zutreffend fest: „Je we-niger sich die Persönlichkeit im beruflichen Wirkungskreis zur Geltung bringen und zu entfalten vermag, je mehr sie durch straffe Unterordnung in ihrer Initiative gehemmt und der Weisung Vorgesetzter unterstellt ist, desto unnahbarer wahrt sie die Schalter-distanz gegenüber einem abzufertigenden Publikum."

- Meine Damen und Herren, dieses Bild ist falsch und richtig zugleich, denn es gibt in Wirklichkeit im Bereich des sog. öffentlichen Dienstes zahlreiche Beamte und Mitarbei-ter, die in ihrer Tüchtigkeit, Kreativität und Belastbarkeit kaum zu übertreffen sind.

- Was kann die Wirtschaft nun selber leisten, um die Verwaltung bei ihrer weiteren Mo-dernisierung zu unterstützen? In welcher Hinsicht hat z. B. die IHK zu Schwerin in den letzten Jahren zu einer „intrapreneurship-orientierteren Gesetzgebung und Verwaltung" konkret beigetragen?

Initiativen der Wirtschaft

- verschiedene Aktivitäten der Schweriner IHK auf Bundes- und Landesebene

1. Bundesebene

- Zielstellung: Beseitigung bürokratischer Hemmnisse im Bundesrecht und Landesrecht M-V auf Basis vorheriger Erprobung von Erleichterungen in der "Testregion für Bürokratie-abbau Westmecklenburg"

- Ausgangspunkt: Ende 2002 Vorschlag der IHK zu Schwerin und des DIHK zur Einrich-tung der „Testregion Westmecklenburg" im Rahmen des bundesweiten Modellprojekts „Testregionen für Wirtschaftswachstum und Beschäftigung durch Deregulierung und Entbürokratisierung"

- Anfang 2003 Bewerbung der Schweriner IHK bei der Bundesregierung für das Modellprojekt (mit beigefügter gemeinsamer Erklärung aller Landkreise und kreisfreien Städte in Westmecklen-burg, der IHK zu Schwerin, der Handwerkskammer Schwerin und der Agentur für Arbeitsagentur Schwerin); bundesweit Bewerbung von über 80 Regionen für das Modellprojekt. Im Sommer 2003 Zuschlag an die IHK als Projektkoordinatorin; Laufzeit bis 2009.

Testregionen für Bürokratieabbau und Deregulierung

September 2003	Okt./ Nov. 2003	April/ Mai 2004

- offizieller Start mit den 3 ausgewählten Testregionen Westmecklenburg, Bremen und Ostwestfalen-Lippe
- gemeinsame Liste mit 34 prioritären Vorschlägen und 8 nachgereichten
- daneben einzelne Vorschlagslisten aus den 3 Regionen (Westmecklenburg: sog. 62er-Liste + Liste mit weiteren 114 Vorschlägen)

- Vorstellung der Studien zu den ökonomischen Wirkungen der Vorschläge über die Bertelsmann-Stiftung
- Bundes-Projektgruppe zur Begleitung des Gesamtprojektes

- Einleitung eines Gesetzgebungsverfahrens für ein Bürokratieabbau-Gesetz des Bundes

**Konkretisierung und Auswahl der Vorschläge
für das Bundesgesetz**

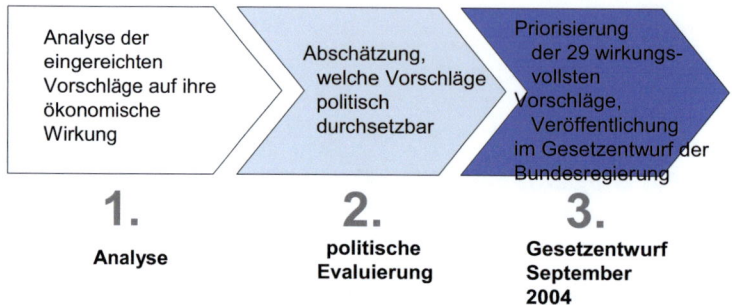

- Im „Gesetz zur Umsetzung von Vorschlägen zu Bürokratieabbau und Deregulierung aus den Regionen" (in Kraft getreten im Juli 2005) wurden im Rahmen von insgesamt 27 Maßnahmen zu Bürokratieabbau und Deregulierung letztlich nur 18 Vorschläge aus den 3 Testregionen umgesetzt. 9 Vorschläge von den 18 stammen aus der „Testregion Westmecklenburg".

- Im Gesetz beschlossene wichtige Änderungen, z. B. die Neufassung der Arbeitsstätten-verordnung, die Liberalisierung des Gaststättengesetzes oder die Einführung eines Richters für Handelssachen bei den Amtsgerichten, gehen auf die Initiative der „Testregion Westmecklenburg" (sog. 62er- und 114er-Vorschlagslisten von 2003) zurück.

- Fazit der Wirtschaft zum ersten Bürokratieabbau-Gesetz des Bundes:

- Differenz zwischen eingereichten und letztlich wenigen verabschiedeten Vorschlägen offenbart Dilemma zwischen Anspruch und Wirklichkeit:

  - Beschränkung auf <u>bundes</u>weite Änderungen. Regionale zeitlich begrenzte, testweise Erleichterungen sind <u>nicht</u> angedacht = Keine „echte" Testregion für <u>Bun-des</u>gesetze!

  - Begrenzung auf Verfahrensrecht, materielles Recht bewusst ausgeklammert

  - „Häuserkampf" der Ministerien um inhaltliche und politische Besitzstände (Scheitern des BMWA – Eigenes Eingeständnis von BMWA Wolfgang Clement, Sommer 2005)

- Einbeziehung der 3 Testregionen in das Gesetzgebungsverfahren aufgrund hohen Anteils regionaler Vorschläge an letztlich beschlossenen Maßnahmen aus Sicht der Wirtschaft aber insgesamt erfolgreich

- Umsetzung von Anregungen der IHK zu Schwerin aus dem Katalog der „Testregion Westmecklenburg" auch im „Ersten Gesetz zur Bereinigung von Bundesrecht im Zuständigkeitsbereich des Bundesjustizministeriums" (in Kraft getreten im April 2006), z. B. gemäß § 13a Gerichtsverfassungsgesetz Möglichkeit der landesrechtlichen Zuweisung von Rechtssachen in einer Gerichtsbarkeit an ein Gericht für die Bezirke mehrerer Gerichte

- in von der Bundesregierung 2005 ausgeschriebenen „zweiten Runde" zur Sammlung von Vorschlägen beteiligten sich bundesweit 28 Regionen; Anzahl der Vorschläge aus „Praktikabilitätsgründen" durch BMWA auf 10 beschränkt! (= Armutszeugnis!)
- IHK zu Schwerin reichte 10 neue Empfehlungen aus „Testregion Westmecklenburg" ein

b. Erstes Mittelstandsentlastungsgesetz (MEG)

- Teil der Vorschläge aus den Regionen sowie weitere Anregungen aus IHK-Organisation wurden in der „zweiten Runde" im sog. ersten Mittelstandsentlastungsgesetz des Bundes (vollständig in Kraft getreten im Januar 2007) umgesetzt

- mittels Änderung des „Gesetzes über die Statistik im Produzierenden Gewerbe" entlastet MEG bundesweit ca. 25.000 Betriebe des Verarbeitenden Gewerbes mit weniger als 50 Beschäftigten von monatlicher Berichtpflicht; damit Verringerung des Meldeumfangs zur Statistik im produzierenden Gewerbe kleiner und mittlerer Industrieunternehmen um ca. 70 %

- letztlich blieb Umfang der im MEG durch den Gesetzgeber aufgegriffenen Vorschläge aber deutlich hinter den Erwartungen der IHK-Organisation zurück

c. Zweites Mittelstandsentlastungsgesetz (MEG II)

- sog. zweites Mittelstandsentlastungsgesetz des Bundes vom Herbst 2007 hebt vor allem zugunsten klein- und mittelständischer Unternehmen sowie von Existenzgründern weitere bürokratische Pflichten in den Bereichen Statistik, Buchführung, Sozialversicherungs-, Gewerbe-, Preis- und Straßenverkehrsrecht auf

- Im entsprechenden Gesetzgebungsverfahren konnte die IHK-Organisation erneut Empfehlungen aus der Wirtschaft durchsetzen, z. B. die Einbeziehung von Unternehmen mit weniger als 50 Beschäftigten im Kalenderjahr in nur noch höchstens 3 Stichprobenerhebungen für Bundesstatistiken mit Auskunftspflicht.

- neben zahlreichen weiteren Vereinfachungen beinhaltet MEG II auch:

- Befreiung von Existenzgründern von statistischen Meldepflichten in den ersten 3 Jahren unter bestimmten Voraussetzungen

- zur Beschleunigung des Auskunftsverfahrens für Daten aus dem Gewerberegister Wegfall von Auskunftsanträgen in einer Vielzahl von Fällen bzw. teilweise Einführung automatisierter Verfahrensabläufe
- Wegfall der Pflicht zur Beibringung von Auskünften aus dem Gewerbezentralregister gemäß § 21 Abs. 1 des Schwarzarbeitsbekämpfungsgesetzes für Bewerber im Vergabeverfahren von öffentlichen Bauaufträgen

- Einige der durch das MEG II geschaffenen Erleichterungen sind bereits seit Herbst 2007 geltendes Recht, die übrigen Regelungen werden im Zeitraum bis 2010 rechtswirksam.

- Trotz der mit den MEG I und II erreichten weiteren Entlastungen gibt es aus Sicht der Wirtschaft nach wie vor ein sehr großes Potenzial zum Abbau bürokratischer Hemmnisse im Bundesrecht, auch aufgrund neuer Belastungen für Unternehmen, z. B. durch die Pflichten nach dem Allgemeinem Gleichbehandlungsgesetz (AGG).

- IHK zu Schwerin und DIHK fordern deshalb die schnelle Erarbeitung eines tatsächlich wirkungsvollen dritten Mittelstandsentlastungsgesetzes; in Ergänzung von bereits im Dezember 2006 empfohlenen 66 Maßnahmen zum Bürokratieabbau hat die IHK-Organisation im Februar 2008 der Bundesregierung eine Liste mit 32 weiteren konkreten Vorschlägen vorgelegt.

2. Landesebene

- Zentraler Ansatzpunkt der IHK-Arbeit im Bereich „Bürokratieabbau" im Jahr 2003 war im Rahmen des Projektes „Testregion für Bürokratieabbau Westmecklenburg" die Identifikation von bürokratielastigen Regelungsbereichen bzw. Einzelregelungen mit hoher wirtschaftlicher Relevanz.

- Ziel: in Bezug auf jene Vorschriften auf Grundlage sog. Experimentierklauseln regional begrenzt und befristet Erleichterungen zu testen, die (noch) nicht konsensfähig, nichtsdestotrotz aber erfolgversprechend sind;

In Zusammenarbeit mit den Partnern des Pilotprojektes „Testregion für Bürokratieabbau Westmecklenburg", den BT-Abgeordneten der Region und der Landesregierung M-V erstellte die IHK zu Schwerin als Trägerin des Testregion-Projektes bis Ende 2003 eine Liste von 37 konkreten Vorschlägen, u. a. zur Beschleunigung von Verwaltungsverfahren.

a. Erstes Deregulierungsgesetz M-V

- enge Zusammenarbeit zwischen IHK und dem damals für Bürokratieabbau federführend zuständigen Landesjustizministerium bei Formulierung des Entwurfes des „Ersten Gesetzes zur Deregulierung und zum Bürokratieabbau M-V"

- Entwurf wurde Ende 2004 vom Landeskabinett verabschiedet und durch Landtag im Oktober 2005 beschlossen (in Kraft getreten im November 2005)

- mit diesem Deregulierungsgesetz setzte M-V damals bundesweit Maßstäbe:

  - Einrichtung der „Testregion für Bürokratieabbau Westmecklenburg", innerhalb der Abweichungen von Landesrecht zur Erleichterung unternehmerischen Handelns und zur Förderung von Existenzgründungen befristet erprobt werden können

  - Vereinfachungen in Bezug auf Testregion u. a.: Einschränkung der Möglichkeit zum Erlass örtlicher Bauvorschriften und teilweiser Wegfall der baurechtlichen Pflicht zur Schaffung von Kfz-Stellplätzen

  - landesweite Erleichterungen: z. B. Senkung von Standards nach dem Vermessungs- und Katastergesetz und Straffung von Mitwirkungspflichten in denkmalschutzrechtlichen Verfahren

b. Zweites Deregulierungsgesetz M-V

- in Gesetzgebungsverfahren zu zweitem Deregulierungsgesetz M-V (beschlossen im Januar 2006, in Kraft getreten im März 2006) brachte IHK zu Schwerin erneut ihre im ersten Deregulierungsgesetz durch Landesregierung und Landtag noch nicht berücksichtigten Vorschläge sowie weitere Anregungen ein

- Forderungen der IHK u. a.: weitergehende Befreiungen im Baurecht und Maßnahmen zur Beschleunigung von Verwaltungsverfahren (z. B. bei unvollständigen Antragsunterlagen grundsätzliche Mitteilung der Genehmigungsbehörde an Antragsteller zu den für die abschließende Bearbeitung noch notwendigen Unterlagen sowie zur voraussichtlichen Verfahrensdauer)

- im zweiten Deregulierungsgesetz weitere bürokratische Regelungen festgelegt, von denen in „Testregion für Bürokratieabbau Westmecklenburg" abgewichen werden kann, u. a.:

  - Pflicht von Behörden, Genehmigungsverfahren auch ohne gesonderten Antrag so weit wie möglich zu beschleunigen

  - Pflicht von Genehmigungsbehörden, andere Träger öffentlicher Belange nun gleichzeitig (bisher nacheinander) am Verfahren zu beteiligen (Sternverfahren)

c. Drittes Deregulierungsgesetz M-V

- weiterer wichtiger Schritt im Bürokratieabbau Verabschiedung des sog. dritten Deregulierungsgesetzes M-V im Juni 2006 (in Kraft getreten August 2006)

- IHK zu Schwerin hatte für die Aufnahme in dieses Gesetz wiederum zahlreiche konkrete Vorschläge, u. a. für Verkürzungen von Genehmigungsverfahren, Flexibilisierungen im Denkmalschutzrecht sowie für ein beschleunigtes Verfahren bei der Landesgesetzgebung, unterbreitet

- mit dem Gesetz u. a. beschlossene Erleichterungen für „Testregion Westmecklenburg":

  - Zuständigkeit allein des Amtsgerichts Schwerin für alle amtsgerichtlichen Verfahren in Handelssachen im Landgerichtsbezirk Schwerin (= Gesamt-Westmecklenburg)
  - Verfahrensbeschleunigung hinsichtlich Gebäudeeinmessungspflicht von Grundstückseigentümern bei Gebäudeerrichtungen/ Grundrissveränderungen (übliche Einmessung zur Gebäudeerrichtung reicht aus, wenn der Eigentümer den Katasterämtern entsprechende Objekt-Daten zur Verfügung stellen kann)

- Dem Anliegen des Testregion-Projektes sowie dem Ziel einer spürbaren landesweiten Deregulierung ist das Gesetz jedoch insgesamt nicht gerecht geworden, da aus der Vielzahl von Empfehlungen der Schweriner IHK letztlich nur wenige umgesetzt wurden.

- IHK fordert deshalb nach wie vor ein weiteres, wirklich spürbar wirksames _viertes_ Deregulierungsgesetz

d. Änderung der GGO II

- Änderung der Gemeinsamen Geschäftsordnung II – Richtlinien über Gesetz- und Verordnungsentwürfe der Landesregierung M-V (GGO II) zur Beschleunigung von Landesgesetzgebungsverfahren seit langem zwingende Forderung der Schweriner IHK

- im Februar 2008 haben IHKs in M-V ihre Position zum Entwurf des Innenministeriums zur Änderung der GGO II eingebracht, z. B. die Forderung nach verpflichtender frühzeitiger Beteiligung der Wirtschaftskammern in Gesetzgebungsverfahren

- Gesetzentwurf zur Änderung der GGO II sieht u. a. vor:

  - bei neuen Rechtsetzungsvorhaben Einbeziehung einer aussagekräftigen Kostenanalyse in die Wirtschaftlichkeitsprüfung bereits während der Entwurfsphase
  - bei Einführung neuer Informationspflichten für Unternehmen Pflicht zur Bewertung der diesbezüglichen Kostenfolgen nach dem sog. Standardkostenmodell (SKM)

<u>Exkurs</u>: Standardkostenmodell

- SKM = in den Niederlanden entwickeltes Modell, mittels dessen der durch gesetzliche Informations- und Berichtspflichten verursachte aktuelle Verwaltungsaufwand messbar ist

Standardkostenmodell (SKM)

Was kann SKM?	Was will SKM nicht?
Messung der Informationskosten durch (bestehende und künftige) Gesetze	Betrachtung des Nutzens gesetzlicher Regelungen
Schaffung von Transparenz über die Höhe und Ursache der Belastungen	Fokussierung auf Ausnahmen
eindeutige Zuordnung von Verantwortung	
Betrachtung eines typischen Verhaltens und der typischen Prozessgestaltung von Unternehmen	

- bislang in M-V im Rahmen eines bundesländerübergreifenden Pilotprojekts zur Messung von Bürokratiekosten im SKM-Verfahren lediglich Informationspflichten nach der Landesbauordnung geprüft

- Erfahrungen anderer Bundesländer mit SKM-Methode belegen, dass nur ca. 5 bis 10 % aller Gesetze und Verordnungen eines Bundeslandes über 95 % der gesamten, durch das jeweilige Landesrecht hervorgerufenen Bürokratiekosten verursachen (Sehr hoher negativer Multiplikatorwert einiger weniger Regelungen!)

e. Dienstleistungsübereinkommen für Westmecklenburg

- Entwurf eines Beschleunigungspakts bzw. Dienstleistungsübereinkommens zwischen Wirtschaft, Verwaltung und Politik mit Ziel bürger- und wirtschaftsfreundlicherer Verwaltungsverfahren in „Testregion Westmecklenburg" wurde durch IHK zu Schwerin 2007 erarbeitet

- Partner des vorgesehenen Übereinkommens: Landesregierung M-V, IHK zu Schwerin, Handwerkskammer Schwerin, kreisfreie Städte sowie Landkreise Westmecklenburgs

- Entwurf bereits mit Wirtschafts- und Innenministerium M-V endabgestimmt

- Die fünf Gebietskörperschaften in Westmecklenburg müssen nun ebenfalls in den Prozess der Endabstimmung eingebunden werden.

- geplanter Inhalt des Übereinkommens: von der „Verwaltungskultur" zur „Dienstleis-tungskultur", z. B. durch

  - kundenfreundliche Öffnungszeiten, mehr Flexibilität bei individuellen Terminverein-barungen

  - größere Beachtung der Perspektive des Antragstellers (wirtschaftliche/ finanzielle Rahmenbedingungen, Planungssicherheit)

  - Festlegung genereller Reaktionszeiten auf Anfragen von Bürgern und Unternehmen

  - effektive Beschleunigung von Genehmigungsverfahren

  - Fortbildung und Erhöhung der Eigenverantwortung des Verwaltungspersonals

- Orientierung ist das Leitbild des „Kodex für gute Verwaltungspraxis" des EU-Parlaments (d. h. u. a. Gebote der Fairness, der objektiven Beratung und der zügigeren Behandlung von Sachverhalten in der Verwaltungspraxis).

Ausblick

- IHKs in M-V halten beharrlich am Ziel einer bürger- und unternehmerfreundlicheren Verwaltung fest

- Die Festigung und der weitere Ausbau der bisherigen Strukturen der Zusammenarbeit im Bürokratieabbau sind eine zwingende Voraussetzung für die Umsetzung dieses Ziels.

Zusammenarbeit der IHK zu Schwerin im Bürokratieabbau

Überregional u. a. mit:

- IHKs und DIHK

- Bertelsmann-Stiftung

Regional u. a. mit:

- Bundestagsabgeordneten der Region

- Landesregierung M-V

- Kommunen in Westmecklenburg

- Handwerkskammer Schwerin

Arne Schuldt (Bürgermeister der Stadt Güstrow)
„Grußwort"

Sehr geehrter Herr Professor Dr. Wiegand-Hoffmeister,
sehr geehrte Gäste!

Willkommen in der Barlachstadt Güstrow!

Ich freue mich, Sie anlässlich der ersten Internationalen Konferenz zur Verwaltungsmodernisierung im Herzen Mecklenburgs in unserer Stadt begrüßen zu können. Gastgebende Stadt einer solchen Konferenz zu sein, ist uns eine besondere Freude – rückt dies doch den Blick der Öffentlichkeit auf die Arbeit unserer renommierten Fachhochschule für Öffentliche Verwaltung, Polizei und Rechtpflege des Landes M-V und damit auf die Barlachstadt. 100 Teilnehmer aus ganz Europa, unter ihnen Wissenschaftler, Praktiker und Politiker, sind angereist, um sich mit einem Thema auf Fachebene auseinander zu setzen, das auch im aktuellen Tagesgeschäft eines Bürgermeisters der mit rund 31.000 Einwohnern siebtgrößten Stadt des Landes Mecklenburg-Vorpommern eine zunehmend bedeutende Rolle spielt.

Ich selbst werde heute Nachmittag und auch morgen Vormittag an der Konferenz teilnehmen, weil mich insbesondere interessiert

- wie die Arbeit von Netzwerken bei der Verwaltungsmodernisierung praktisch umgesetzt werden kann,

- welche Strukturen es in unseren benachbarten europäischen Ländern oder im skandinavischen Raum gibt und

- welche positive Erfahrungen in anderen Ländern, bezüglich der Erhöhung der Effizienz der Arbeit der öffentlichen Verwaltung im Beziehungsgeflecht zwischen Wirtschaft und Bildung bestehen.

Das Motto Ihrer Konferenz „Denk voraus – Bewege Dich vorwärts" mag simpel klingen, aber genau das ist es, was wir uns auch bei der aktuellen Diskussion um die Kreisgebietsreform immer vor Augen halten sollten! Verwaltungsstrukturen zu schaffen, die angesichts der finanziellen und demografischen Entwicklungen auch langfristig tragbar sind, damit die öffentlichen Verwaltungen ihrer Aufgabe als Dienstleister für den Bürger auch in Zukunft in hoher Qualität gerecht werden können.

Bis dahin ist es aber ein weiter, ein steiniger Weg. Nach zweijähriger Debatte scheiterte hier die Kreisgebietsreform. Wie geht es weiter? Verfolgt man die Aktivitäten in der Öffentlichkeit, muss man feststellen, dass nach der gescheiterten Reform unter Vernachlässigung der kommunalen Belange, d. h. Missachtung der Bürgerinteressen, der Gesetzgeber und seine Beauftragten versuchen, alle in Sicherheit und Wohlbehagen zu wiegen durch unkonkrete Zielformulierungen, Unterlassung einer Entbürokratisierung und „Verwaltungsentwirrung", Einsparungen nur bei anderen – ja nicht bei sich selbst. Es hat den Anschein, dass der Reformwille nicht allzu groß ist, denn sonst stünden Themen wie Fusion von Bundesländern und Bildung von Regierungsbezirken unter Beibehaltung der jetzigen Landkreise ebenfalls zur Diskussion.

„Denk voraus – Bewege Dich vorwärts" - Inhalte wie regionale Bildungsangebote im Bereich der Berufsausbildung, Förderschulen, Musikschulen und Gymnasien, die Organisation des öffentlichen Nahverkehrs oder die Regionalentwicklung, auch in Bezug auf die Stadt-Umland-Beziehungen müssen Berücksichtigung finden.

Für uns als Barlachstadt Güstrow ist zurzeit nur ein Ziel akzeptabel: Im Zuge der anstehenden Kreisgebietsreform sollte der Landkreis Güstrow in seinen bisherigen Grenzen mit dem Landkreis Bad Doberan eine neue Gebietskörperschaft bilden. Verwaltungssitz des neuen Großkreises und Kreisstadt soll dann Güstrow bleiben.

In Plenarsitzungen und Workshops geht es heute und in den kommenden Tagen auch um die Frage der zukünftigen Aus- und Fortbildung in der öffentlichen Verwaltung – wie Informations- und Wissensmanagement strukturiert sein müssen.

Die Barlachstadt Güstrow arbeitet zurzeit an einem neuen Personalentwicklungskonzept, das sicher in der Politik noch zu interessanten Diskussionen führen wird. Es müssen Schwerpunkte in der Arbeit formuliert werden, um mit dem vorhandenen Personalbestand die Stadtverwaltung in den nächsten Jahren zu einem modernen Dienstleistungsunternehmen zu entwickeln. Zurzeit gibt es kaum Neueinstellungen, Aufgabenbereiche wurden zusammengelegt, die Sprechstunden optimiert, die gleitende Arbeitszeit eingeführt. Neue Wege der Organisation, wie zum Beispiel die Budgetierung des Kulturbereiches, werden vorbereitet. Das alles soll dazu dienen, Kosten zu sparen und die Effektivität der Verwaltungsarbeit zu erhöhen.

Dabei haben wir ein großes Problem, dass auch andere Kommunen – zumindest in den neuen Bundesländern – beschäftigt, die Überalterung des Personalbestandes. Das Durchschnittsalter der zurzeit 227 Beschäftigten beträgt 48,3 Jahre. Innerhalb der nächsten 9 Jahre gehen rund ein Drittel in die Altersteilzeit oder den Ruhestand. Es ist also nicht allein eine Frage der Finanzierung der Personalkosten, sondern die Frage der Leistungsfähigkeit und Leistungsbereitschaft, sich mit neuen Medien zu beschäftigen, sich selbst fortzubilden, um den neuen Anforderungen der Zeit gerecht zu werden.

„Denk voraus – Bewege Dich vorwärts" - die Stadtverwaltung Güstrow versucht es. Wir arbeiten in Netzwerken und nutzen den Wissens- und Erfahrungsaustausch mit anderen Kommunen auf der Ebene des Städte- und Gemeindetages M-V. Kooperationen mit Partnern vor Ort sind uns wichtig. So haben wir mit der Verwaltungsfachhochschule einen Kooperationsvertrag geschlossen, der die Aus- und Fortbildung unserer Mitarbeiterinnen und Mitarbeiter fördert.

Ich freue mich auf die Konferenz und erhoffe mir davon weitere Impulse für meine Arbeit. Diese Freude ist aber auch mit der Hoffnung verbunden, dass Sie sich – verehrte Gäste - hier bei uns in der Barlachstadt Güstrow wohl fühlen. Einige von Ihnen haben vielleicht bereits erste persönliche Eindrücke bei der Stadtführung sammeln können – haben sozusagen streiflichtartig Spuren einer wechselvollen Geschichte entdeckt, die im Laufe der Jahrhunderte das Stadtbild Güstrows sowie das Leben ihrer Bewohner geprägt hat. Beinamen wie Residenzstadt, Paris des Nordens oder Paradies des Nordens, Umweltgerechte Stadt und Barlachstadt künden heute in Prospekten von der kulturhistorischen Bedeutung unserer Stadt. Dieses Jahr feiert Güstrow das 780-jährige Stadtjubiläum und ist heute mit ca. 31.000 Einwohnern die siebtgrößte Stadt im Land Mecklenburg-Vorpommern. Das Güstrower Schloss gehört zu den schönsten Renaissanceschlössern Norddeutschlands und ist neben den Ernst Barlach Museen und dem liebevoll sanierten Altstadtkern heute Anziehungspunkt für viele Besucher. Mir persönlich liegt die historische Altstadt besonders am Herzen. Planmäßig werden hier seit 1991 mit Unterstützung von Förderprogrammen des Bundes und Landes städtische sowie viele private Sanierungsmaßnahmen durchgeführt. Über 83 Millionen Euro sind geflossen. Es bleibt noch viel zu tun. Dabei haben wir das ehrgeizige Ziel, bis 2012 alle Straßen und Plätze in Ordnung zu bringen.

Um Güstrow als wirtschaftliches Mittelzentrum für Unternehmen attraktiver zu gestalten, bedarf es natürlich mehr als Worte. So bin ich froh, dass wir einen Investor gewinnen konnten, der hier einen Bioenergiepark errichten wird. Als zukunftsträchtiges Pilotprojekt auf dem Gebiet der erneuerbaren Energien wird hier in der Barlachstadt Güstrow die weltgrößte und innovativste Biomethanproduktionsstätte mit Direkteinspeisung in das Ferngasnetz entstehen.

Unsere Stadt ist lebendig, in Güstrow bewegt sich etwas. Hier wird an jeder Ecke gebaut. Das bedeutet Arbeit für Unternehmen aus der Stadt und der Region. Hier wird gefeiert. Es finden gerade in den Sommermonaten viele Feste und kulturelle Veranstaltungen statt. Auch Tagungen, wie diese internationale Konferenz, gehören dazu und sind die beste Werbung für die Stadt.

Wenn es Ihnen bei uns gefallen hat, sagen Sie es weiter -und wenn Ihnen etwas nicht gefallen hat, sagen Sie es mir – damit ich es ändern kann.

"Güstrow ist ein Ort, wo man leben kann - trotz Italien", meinte Ernst Barlach. Ich stimme dem zu und lade Sie ein, es selbst vor Ort heraus zu finden. Ich danke für Ihre Aufmerksamkeit.

Prof. Dr. Reinhard Schulte [14] (Universität Lüneburg)

„Kann man Intrapreneurship lernen? Möglichkeiten und Grenzen der Aus- und Fortbildung"

Keywords: Entrepreneurship, Intrapreneurship, Unternehmerausbildung, Kultur der Selbständigkeit

Problemstellung

Das breite Angebot wirtschaftswissenschaftlicher Studiengänge deutscher Universitäten und Fachhochschulen, die u. a. der Qualifizierung hoch qualifizierter Spezialisten zur Unternehmensführung dienen, lässt vermuten, eine akademische, auf die spätere Führung eines eigenen Unternehmens bezogene Ausbildung von Ökonomen sei hinreichend etabliert.

Eine etwas eingehendere Betrachtung zeigt allerdings, dass eine Ausbildung, die dazu befähigen soll, unternehmerisch tätig zu werden bzw. unternehmerisch zu handeln, nur in weit geringerem Umfang existiert, denn die üblicherweise verfolgten Qualifizierungsziele sind weniger auf Unternehmer-, als vielmehr auf Managerfunktionen gerichtet. Die traditionelle betriebswirtschaftliche Ausbildung zielt fast ausschließlich auf etablierte Großunternehmen mit funktional und hierarchisch stark differenzierten Aufgabenspektren, während junge oder noch entstehende Unternehmen nur rudimentär behandelt werden. Unter dem etwas unscharfen Begriff „Entrepreneurship" ist in den letzten zwölf Jahren an etlichen Hochschulen parallel dazu aber ein neuartiges Lehrangebot entstanden, das sich deutlich stärker als in der klassischen Betriebswirtschaftslehre üblich dem unternehmerischen Denken und Handeln widmet (FGF 2008).

Nicht zuletzt verbindet sich damit auch das Ziel, das Gründungspotenzial unter Studierenden durch Motivation zum unternehmerischen Denken zu erhöhen und die nötigen Kenntnisse und Fertigkeiten zur Gründung und Führung eines Unternehmens zu vermitteln (Walterscheid 1998, 3). Als Orientierung gebendes Vorbild wird dabei häufig das nordamerikanische Hochschulwesen herangezogen, das international als Vorreiter im Bereich der Entrepreneurship-Ausbildung gilt. Entrepreneurship hat sich dort mittlerweile als eigenständige wirtschaftswissenschaftliche Disziplin etabliert und wird auf breiter Front in Lehre und Forschung betrieben. Praktisch alle renommierten US-Hochschulen weisen entsprechende Lehrstühle, ganze Curricula oder zumindest einzelne Kurse dazu vor (Schulte, Klandt 1996, 95 f.).

Intrapreneurship als interne Form des Entrepreneurship, wobei unternehmerisches Denken und Handeln im Rahmen bestehender Organisationen zum Tragen kommt, spielt in der akademischen Ausbildung noch eine untergeordnete Rolle. Gleichwohl ist nicht zu übersehen, dass gerade auch große Unternehmen sowie Organisationen des öffentlichen oder gemeinnützigen Sektors zunehmend Bedarf an Fachkräften mit derartigen Kompetenzen brauchen, um in einer liberalisierten und globalisierten Welt bestehen und sich fortentwickeln zu können.

---

[14] Univ.-Prof. Dr. Reinhard Schulte, Leuphana Universität Lüneburg, Institut für Betriebswirtschaftslehre, Lehrstuhl für Allg. Betriebswirtschaftslehre, insb. Gründungsmanagement, Postfach, 21314 Lüneburg, www.gmlg.de

Der vorliegende Beitrag diskutiert den übergreifenden Begriff Entrepreneurship aus der Perspektive der wirtschaftswissenschaftlichen Hochschulausbildung und liefert eine kritische Auseinandersetzung mit dem im Zuge der Entrepreneurship-Welle geprägten Begriff der „Kultur der Selbständigkeit" auf diversen gesellschaftlichen Ebenen, sowie eine Konkretisierung der Erwartungen an diese. Er geht dabei insbesondere der grundsätzlichen Frage der Lehrbarkeit unternehmerischer Qualifikationen sowie des dazu erforderlichen didaktischen Gerüstes nach und leitet daraus einige elementare Überlegungen zu methodischer Ausgestaltung, Zielgruppen und Praxisorientierung der Entrepreneurship-Ausbildung ab.

Der Beitrag stellt dar, auf welchen Ebenen unternehmerisches Handeln lehrbar ist. Er zeigt, dass dabei auch Persönlichkeitsdispositionen bedeutsam sind, ein bestimmtes persönliches Profil aber kein generelles Ausschlusskriterium einer Intrapreneurship-Karriere darstellt.

Terminologische und theoretische Grundlagen

Entrepreneurship und Entrepreneurship-Ausbildung

Entrepreneurship kann übersetzt werden als „Unternehmertum" bzw. „Unternehmerschaft" i.S. der kreativen, wertschöpfenden Ausübung unternehmerischer Betätigung durch eine Person, die in der Rolle eines Entscheidungsträgers über Verfügungsrechte und Eigentum an Unternehmensressourcen verfügt oder diese aufbaut. Der Begriff fokussiert mithin auf das dynamische unternehmerische Verhalten, das zum Aufbau und zur Weiterentwicklung eines Unternehmens nötig ist. In Anlehnung an Schumpeter wird der Begriff darüber hinaus gelegentlich auf einen „Pionier" als zentralem Handlungsträger zugespitzt, der Innovationen hervor bringt und am Markt durchsetzt (für andere, in ihrer Substanz ähnliche Definitionen vgl. bspw. Faltin 1998, 3; Ripsas 1998, 217; Ebbers 2003, 11).

Diese Definition weist folgende wesentliche Merkmale auf:

a) Sie stellt die unternehmerisch handelnde Person in den Mittelpunkt, ist also personenzentriert (subjektorientiert) und steht damit im Gegensatz zur typischerweise objekt- oder institutionenorientierten Sichtweise der traditionellen wirtschaftswissenschaftlichen Ausbildung.

b) Sie bezieht sich nicht ausschließlich auf Unternehmensgründungen, sondern umfasst auch unternehmerisches Handeln in bestehenden Unternehmen oder außerhalb einer beruflichen Selbständigkeit.

c) Sie orientiert sich an Selbständigkeit im Sinne unabhängigen, selbstverantwortlichen Wirtschaftens, d. h. sie verbindet sich mit der Verfügung über und dem Eigentum an unternehmerischen Ressourcen.

Der Begriff Entrepreneurship kann also keinesfalls mit dem Begriff „Gründungsmanagement" gleichgesetzt werden, wie die Literatur gelegentlich suggeriert (Klandt, Knecht 1999, 40), da Letzterer nicht personenorientiert, sondern institutionell ausgerichtet ist. Der verwandte Begriff Intrapreneurship beschreibt unternehmerisches Handeln in abhängiger Beschäftigung. Der wesentliche Unterschied zum Entrepreneurship-Begriff muss darin gesehen werden, dass Eigentum und Kontrolle dabei getrennt sind.

Auf diese Definition aufbauend kann auch der Begriff der Entrepreneurship-Ausbildung umrissen werden. Unter Entrepreneurship-Ausbildung ist die Ausbildung von Individuen im Hinblick auf eine (spätere) Tätigkeit als unternehmerische Entscheidungsträger zu verstehen (Für ähnliche Definitionen vgl. die Ausführungen bei Ebbers 2003, 12, oder unschärfer bei Walterscheidt 1998, 3; Schmude 2002, 40-43; Ripsas 1998, 219). Bedeutungsgebende Merkmale dieser Definition sind:

a) Das Ziel der Ausbildung ist personenzentriert (subjektorientiert) und intendiert deshalb u.a. auch die Herausbildung von Kompetenzen des „unternehmerischen Verhaltens", unabhängig davon, ob tatsächlich alle seine Facetten erlernbar sind.

b) Die Ausbildung ist nicht ausschließlich auf eine Gründung ausgerichtet, sondern auch auf das „unternehmerische Verhalten" („Entrepreneurship") in anderen Kontexten.

c) Die Ausbildung ist selbständigkeitsorientiert im Sinne eigenverantwortlichen Wirtschaftens mit dem Ziel, berufliche Handlungskompetenzen für unternehmerisches Verhalten zu entwickeln.

Kultur der Selbständigkeit und ihre Messbarmachung

Die Diskussion um eine Entre- bzw. Intrapreneurship-Ausbildung wird häufig in Zusammenhang gestellt mit dem Begriff der so genannten „Kultur der Selbständigkeit". Er taucht seit Mitte der 90er Jahre des vergangenen Jahrhunderts vermehrt auf. Damit soll üblicherweise suggeriert werden, dass (wesentliche) Teile der Gesellschaft eben nicht über die für eine unternehmerische Betätigung und den dadurch erhofften wirtschaftlichen Aufschwung nötige Initiative, Handlungs- und Verantwortungsbereitschaft oder Risikofreude verfüge. Diagnostiziert wurde damit gewissermaßen eine „Kultur der abhängigen Beschäftigung". Der Begriff der Kultur der Selbständigkeit bildet dazu seitdem einen Gegenpol. Er dient offensichtlich vor allem rhetorischen Zwecken und wird daher mit einem Strauß bunter Assoziationen verbunden. Um ihn für eine wissenschaftliche Diskussion zu präzisieren, muss er zunächst abgegrenzt werden. Dazu kann auf gesellschaftliche, aber auch auf wirtschaftliche und politische Rahmenbedingungen rekurriert werden, die in Beziehung zur Gründungsaktivität stehen können.

In der Tat lassen sich eine Reihe von Indizien benennen, die darauf hinweisen, dass Selbständigkeit in der deutschen Gesellschaft eine geringere Rolle spielt und negativer wahrgenommen wird als in anderen Ländern – und damit auch die Lehr- und Lernbarkeit von unternehmerischen Kompetenzen erschwert. Neben der verglichen mit dem internationalen Durchschnitt geringen Selbständigkeitsquote sind dies etwa die geringe Bedeutung, die das Thema Selbständigkeit in der schulischen und berufsbildenden Ausbildung hat, das getrübte Unternehmerbild in der Gesellschaft (insbesondere das berufliche Ansehen, vgl. Klandt, Brüning 2002), oder die Einstellungen und Motive der Bevölkerung zur Selbständigkeit (Sternberg et al 2007, 19). Kennzeichnend für eine nationale Kultur der Selbständigkeit sind aber auch wirtschaftliche und administrative Bedingungen wie etwa das Steuersystem, der Grad der Unternehmensgründungen betreffenden allgemeinen Regulierungen (Skambracks 1999) und viele andere politisch gesetzte Rahmenbedingungen. Aus dieser notwendigerweise unvollständigen Aufzählung lassen sich mithin teilweise auch entsprechende einzelne Indikatoren ableiten, die zur Operationalisierung, also zur Messbarmachung selbständigkeitsrelevanter gesellschaftlicher Rahmenbedingungen herangezogen werden können, die man mit der Kultur der Selbständigkeit verbindet. Gerade für internationale Vergleiche sind nicht alle dieser Indikatoren geeignet. Insbesondere die Selbständigkeitsquote dürfte eher irreführend sein, wenn der deutsche Wert mit jenen aus Ländern gänzlich anderer gesamtwirtschaftlicher und sektoraler Struktur verglichen wird, wie es etwa bei Entwicklungs- und Schwellenländern der Fall ist, in denen eine vermeintliche Kultur der Selbständigkeit tatsächlich eher eine Kultur der Armut und Not kennzeichnet. Hinzu kommt, dass vielfach vollkommen andere Messkonzepte zu Grunde liegen (Bogai, Gotthardt 1999). Allerdings verbleiben durchaus andere Indikatoren, die konzeptionell belastbarer sind und die These international unterschiedlicher gesellschaftlicher, politischer und wirtschaftlicher Rahmenbedingungen der Selbständigkeit untermauern können (Für einen Indikatorenüberblick und eine Diskussion der damit verbundenen Operationalisierungsprobleme vgl. Klandt, Brüning 2002). Ökonomisch betrachtet handelt es sich im Prozess der Entstehung von Selbständigkeit hierbei mutmaßlich um Defizite bei den Einsatzfaktoren oder um Defizite im Prozessablauf selbst, die zu einer international unterdurchschnittlichen Ausbringung im Hinblick auf Gründungsaktivitäten führen. Die Bestimmung, Abgrenzung, Gewichtung und Messung der Einsatzfaktoren dieses Prozesses bereitet bislang größte Probleme, weil das Spektrum dafür möglicherweise relevanter Phänomene kaum überschaubar erscheint und weil ein großer Teil dieser Phänomene messtheoretisch noch kaum erschlossen werden kann. Auf der Seite der ausbringungsbezogenen Messung hingegen liegen bereits zweckmäßige und weitgehend anerkannte Messkonzepte vor. Dazu gehört insbesondere die für internationale Vergleiche zunehmend herangezogene so genannte „Early Stage Entrepreneurial Activity" (Sternberg et al 2007, 11). Sie umfasst sowohl werdende Gründer (so gen. nascent entrepreneurs), deren Markteintritt sich noch in Planung oder Vorbereitung befindet, und junge Gründer, die bis zu 3,5 Jahre am Markt sind. Gemessen an der Early Stage Entrepreneurial Activity sind Gründungsaktivitäten in Deutschland unterdurchschnittlich – auch im Vergleich zu Ländern mit ähnlichen Rahmen- und Ausgangsbedingungen in West-, Süd- und Nordeuropa (Sternberg et al 2007, 13).

Als gering gilt insbesondere auch die Quote der Selbständigen, die aus Hochschulen hervor gehen. Die Wirtschaftspolitik verspricht sich, gestützt auf eine Reihe entsprechender Untersuchungen (Schulte 2002, 112-134; Schmidt 1996), gerade von Hochschulabsolventen Unternehmensgründungen mit ausgeprägtem Wachstumspotential und hoher Bestandsfestigkeit. Daher werden zunehmend auch die Universitäten aufgefordert, eine Kultur der Selbständigkeit zu schaffen. Da sich die betriebswirtschaftliche Hochschulausbildung über Jahrzehnte ausschließlich dem Leitbild des großen und gereiften Unternehmens mit hoher Arbeitsteiligkeit und funktionaler Spezialisierung gewidmet hat (Schulte, Klandt 1996) und mitunter den Verdacht keimen lässt, eher zur Herabsetzung als zur Erhöhung der Gründungsmotivation beizutragen, lassen gerade Hochschulen die Freisetzung bisher brach liegender hochwertiger Entrepreneurshippotenziale erhoffen.

Wie eine Kultur der Selbständigkeit in Hochschulen an Einsatzfaktoren gemessen werden kann, wird dabei kaum problematisiert. Als relativ einfach operationalisierbare Größen kommen folgende Indikatoren in Betracht: Anzahl gründungsbezogener Lehrveranstaltungen, Professuren, Dozenten und Programme; Art und Umfang der curricularen Einbindung von gründungsbezogenen Lehrveranstaltungen und Dozenten; Umfang der Unterstützung und Betreuung gründungsinteressierter Studierender durch die Hochschulen; usw. In der Wahrnehmung von Gründungsexperten in Bezug auf die gründungsbezogene Ausbildung an Schulen und Hochschulen wird die gegenwärtige deutsche Situation im übrigen eher ungünstig eingeschätzt und steht damit im internationalen Vergleich im unteren Viertel aller einbezogenen Länder (Sternberg et al 2007, 23f.).

In der politischen Diskussion mag der Einsatz des Begriffes der Kultur der Selbständigkeit in seiner Assoziativität mitunter hinausgehen über solche eindeutigen und transparenten Messkonzepte. So erscheint es nicht ganz abwegig, dass mit manch schlagwortartiger Verwendung ein anderer Beigeschmack intendiert wird. Jenem des Wandels der akademischen Kultur nämlich, die den wissbegierigen Studierenden gleich welcher fachlichen Ausrichtung künftig zunehmend auf die Rolle eines Unternehmers seiner individuellen Kapazitäten am Arbeitsmarkt und seiner persönlichen Daseinsvorsorge reduzieren soll. Derartige Denkansätze widersprechen jedoch der Intention einer seriösen akademischen Entrepreneurship-Ausbildung, die nicht einengen darf, sondern im Gegensatz dazu vielmehr die Kompetenzen vermitteln muss, die Freiheit des Denkens, die Kenntnis betriebswirtschaftlicher Instrumente und die Beherrschung wissenschaftlicher Methodik auch im selbständigen beruflichen Umfeld anzuwenden. Sie kann somit das Potenzial und Anwendungsfeld der im akademischen Kontext erworbenen Kompetenzen über die abhängige Beschäftigung hinaus erheblich erweitern.

Theoretischer Referenzrahmen und Stand der Forschung

Betriebswirtschaftlich orientierte Literatur zur Entrepreneurship-Ausbildung mit wirtschaftsdidaktischem Fundament ist äußerst rar. Vorhandenes wirkt eher anekdotisch und führt nicht zu systematisch abgeleiteten Handlungsempfehlungen. Ein Vorgehen über Versuch und Irrtum dominiert offenbar die zielorientierte didaktische Methodenentwicklung (Walterscheid 1998; Brockhaus 1993). So wird beispielsweise vielfach der Einsatz von Planspielsimulationen in diesem Kontext gefordert - oft wohl ohne wirklich zu wissen, warum, oder mit der fragwürdigen Begründung, „moderne" Lehrangebote unterbreiten zu wollen. Gleichzeitig finden sich auch in der wirtschaftsdidaktischen bzw. –pädagogischen Literatur praktisch keine Ansätze zur hochschuldidaktischen Gestaltung der Unternehmerausbildung. Im Übrigen muss bedauerlicherweise konstatiert werden, dass beide Literaturstränge – ökonomische und pädagogische Publikationen – nahezu unverbunden nebeneinander stehen. Es besteht also offensichtlich eine wissenschaftliche Lücke im Schnittfeld von theoretischer Didaktik, praktischer Methodik und sachbezogen-inhaltlicher Entrepreneurship-Lehre, so dass es notwendig erscheint, zunächst eine Referenztheorie als Basis weiterer Überlegungen heranzuziehen.

Eine solche Referenztheorie liefert die breit etablierte und oftmals als Vorbild heran gezogenen angelsächsische Entrepreneurship-Ausbildung an Hochschulen überraschenderweise nicht. Die Vorreiterrolle, die vor allem nordamerikanische Hochschulen bei der Etablierung der Entrepreneurship-Lehre schon seit den 1960er Jahren eingenommen haben, hat dort kaum zu einer wesentlichen didaktisch-theoretischen Fundierung beigetragen. Nach wie vor fehlt es an Theorien, aus denen geeignete Bewertungsmaßstäbe zur Beurteilung der zahlreichen Lehrangebote abgeleitet werden könnten. Empirische Evaluationsergebnisse im eigentlichen Sinne liegen daher kaum vor, Beurteilungen beruhen im Wesentlichen auf gesammelten Expertenmeinungen bzw. -anforderungen, die sich allein auf persönliche Erfahrungen stützen (Walterscheid 1998, 5). Die theoretisch-konzeptionelle Verbindung von Entrepreneurship-Lehre und Didaktik wird zwar seit langem gefordert (Brockhaus 1993, 6), steht aber bisher noch aus. Obwohl vor allem in den letzten zwei Jahrzehnten die Entrepreneurship-Lehre rasch und in stark wachsendem Umfang an amerikanischen Hochschulen aufgebaut wurde, mangelt es also bisher an einer eigenständigen didaktischen Theorie dafür. Auch eine Übertragung vorhandener erziehungswissenschaftlicher Theorien anderer Fachrichtungen auf die Entrepreneurship-Lehre ist bisher kaum zu erkennen. Didaktiker in den USA wie in Deutschland beschäftigen sich daher heute weniger mit allgemeingültigen curricularen Konzepten als vielmehr mit elementaren Fragen der Lehrpraxis wie etwa „Was soll gelehrt werden?", „Wer soll lehren?", „Welche Lehrform ist sinnvoll?", usw. (Brockhaus 1993).

Um den nötigen theoretischen Referenzrahmen für die didaktische Planung eines derartigen Lehrangebots zu schaffen, kann auf die sog. „Berliner Didaktik" nach Heimann (Peterßen 1996; Jank, Meyer 1994; Kron 1994; Blankertz 1975) und das darauf aufbauende sog. „Kölner Strukturmodell Wirtschaftswissenschaften" nach Jongebloed, Twardy (1983) Bezug genommen werden, wie etwa auch Schubert (1997, 88) andeutet. Das Kölner Strukturmodell Wirtschaftswissenschaften zeichnet sich u.a. durch seine Akzentuierung der Unterrichtsraumdidaktik, die fokussierte Betrachtung methodischer Aspekte und die Explizierung zweckmäßiger Aktions- und Sozialformen aus (Ebbers 2003; Braukmann 1993). Es verfügt damit über geeignete wirtschaftsdidaktische Strukturierungsmerkmale, die die inhaltliche Qualifizierungsintention einer Entrepreneurship-Lehre flankieren sollten. Als Erweiterung dieses Fundamentes kommen insbesondere die Ansätze der handlungsorientierten Didaktik in Betracht (Braukmann 2001; Gudjons 1997; Speth 1997; Czycholl, Ebner 1995; Pätzold 1995; Ebner, Reinisch 1989). Didaktische Arrangements, die als handlungsorientierte Didaktik bezeichnet werden können, sind beispielsweise komplexe Simulationsformen, durch die die unternehmerische Realität abgebildet werden kann. Dazu zählen etwa die handlungsorientierten Lehr-Lernformen Lernbüro, Übungsfirma oder Juniorenfirma, die sich insbesondere durch einen hohen Grad an Realitätsnähe, Ernsthaftigkeit und Komplexität auszeichnen (Für eine differenzierte Gesamtschau über die Strukturidentitäten wie auch die strukturellen Unterschiede dieser drei aufeinander aufbauenden Methodenarrangements vgl. Ebbers 2003). Die wirtschaftsdidaktische Literatur weist eine Vielzahl im Detail mitunter sehr unterschiedlicher Definitionen des Terminus „Handlungsorientierung" auf, wie ein Blick in die o. g. Quellen beweist. Allen gemeinsam scheint allein *die Forderung nach einer aktiven Auseinandersetzung des Lernenden mit dem Lerngegenstand* zu sein, die eine Internalisierung durch „handelndes Tun" bewirkt (Beck 1996, 55).

Die Handlungsorientierung von didaktischen Methodenarrangements kann auf sinnvolle Weise dazu beitragen, die Praxisnähe von Lernsituationen zu erhöhen, da die Anwendung von erworbenem Wissen die Möglichkeit der Vertiefung und besseren Verinnerlichung bietet. Sie birgt aber die Gefahr einer Reduzierung auf die „handwerkliche" Qualifizierung im Sinne eines unwissenschaftlichen Ausprobierens und Anwendens auf geringem Abstraktionsniveau, sowie eines Abgleitens in einen theorie- und inhaltsleeren didaktischen Aktionismus um der intendierten Handlungsorientierung willen. Eine Entrepreneurship-Ausbildung aber muss sich der (betriebs-) wirtschaftlichen Realität stellen, der ihre Didaktik letztlich dient. Sie erfordert deswegen eine deutliche Verbindung der Methodenarrangements mit sachbezogenen Problemstellungen unternehmerischer Art, so etwa der Frage, wie typische betriebswirtschaftliche Probleme, beispielsweise solche der Optimierung von Abläufen oder der Humankapitalentwicklung, in geeignete Lehr-Lern-Arrangements integriert werden können.

Zusammenfassend muss konstatiert werden, dass die didaktische Theorie zwar offenbar geeignete Ansätze für eine Entrepreneurship-Ausbildung bereit hält, eine Verzahnung von didaktischer Theorie und Methodik mit den Inhalten der Entrepreneurship-Ausbildung aber bislang kaum erfolgt ist und deshalb noch nennenswertes Forschungs- und Entwicklungspotenzial aufweist.

Entrepreneurship-Ausbildung

Interdisziplinarität

Charakteristisch für die Entrepreneurship-Ausbildung ist die ihr innewohnende Interdisziplinarität. Sie zeigt sich auf einer inhaltlichen Ebene durch die Integrativität unternehmerischer Funktionen: So genügt es in der unternehmerischen Realität nicht, lediglich über singuläre Kenntnisse und Fertigkeiten – etwa über die richtige Kundenansprache, Personalführung oder Bilanzpolitik – zu verfügen. Es genügt aber auch nicht, isoliert voneinander über eine große Zahl singulärer Kompetenzen zu verfügen. Es ist vielmehr nötig, die verschieden Kompetenzbereiche in ihren Interdependenzen und Auswirkungen auf die Entwicklung und den Bestand des Unternehmens als Ganzes erfassen zu können. Für die Gründung und den Aufbau von Unternehmen sind Querschnittsfunktionen deshalb von weitaus größerer Bedeutung als Spezialisierungsfunktionen. Daher verlangt Entrepreneurship die Abkehr von Spezialisierung als vorrangigem Qualifizierungsziel, verbunden mit einer Hinwendung nicht nur zur Generalisierungs-, sondern vor allem zur Integrationsfunktion, wie sie unternehmerisches Handeln verlangt. Eine Ausbildung für das Gründungs- und Frühentwicklungsmanagement muss die Integration verschiedener wirtschaftlicher und technischer Teildisziplinen berücksichtigen, denn der unternehmerische Prozess besitzt ein eigenes, besonderes Moment. Er ist nicht nur die Summe funktionaler Managementqualifikationen wie Marketing, Finanzen oder Rechnungswesen, wenngleich jeder dieser Bereiche auch für den Gründer von Bedeutung ist. Entrepreneurship erfordert vielmehr eine ganzheitliche, interdisziplinäre, die verschiedenen Disziplinen integrierende Vorgehensweise. Im Mittelpunkt steht dann weniger die isoliert betrachtet optimale Teillösung, sondern eher die Erzielung eines Gesamtverständnisses für das komplexe Gebilde „Unternehmen" bzw. dessen Entwicklung. Mit dieser Integration kann eine Vorreiterrolle für eine Erneuerung der gesamten akademischen Ausbildung übernommen werden, in der auch neue didaktische Formen erprobt werden können.

Vor diesem Hintergrund kann der Entrepreneurship-Ausbildung ein beachtliches qualitatives Potenzial als Impulsgeber für die derzeit in einem Wandlungsprozess befindliche gesamte akademische Qualifizierung beigemessen werden.

Lehrbarkeit unternehmerischer Qualifikationen

In der Wirtschaftspraxis wird die Lehrbarkeit unternehmerischen Handelns oft bezweifelt. So lautet ein häufig hervor gebrachtes Argument, eine „unternehmerische Persönlichkeit" sei angeboren und keinesfalls trainierbar. Die Frage der Lehrbarkeit der für eine bestimmte Tätigkeit sinnvollen, wie auch immer gearteten persönlichen Eigenschaften oder Neigungen lässt sich übrigens ohne nennenswerte Einschränkungen auf viele andere wissenschaftliche Disziplinen erweitern: Eine Ingenieurin sollte im Idealfall analytisches und kreatives Talent besitzen, ein Graphiker muss künstlerische und handwerkliche Begabungen mitbringen, ein Musiker ein ausgezeichnetes Gehör, und eine Mathematikerin wird ohne ein Grundverständnis für quantitative Logik kaum erfolgreich in ihrem Beruf sein können. In diesen anderen Disziplinen ist seit langem die Erkenntnis gereift, dass solche Talentaspekte die Zweckmäßigkeit einer fachbezogenen akademischen Ausbildung nicht grundsätzlich in Zweifel ziehen. Im Bereich des Entrepreneurship hat sie sich bisher nicht allgemein durchgesetzt.

Kann diese Frage auch ganz allgemein gestellt werden, so erfordert ihre Beantwortung doch jeweils eine sehr differenzierte und für jede Disziplin individuelle Analyse. Im hier betrachteten Fall bieten die für die spätere unternehmerische Tätigkeit sinnvollen Qualifikationen Anknüpfungspunkte. Es besteht weitgehende Einigkeit darüber, dass im Wesentlichen drei Kategorien von Qualifikationen von Unternehmerpersonen gefordert sind (Ripsas 1997, 235; Carlock 1994; 24):

- die sachbezogene Qualifikation, d.h. die technische Kenntnis eines Produktes, einer Dienstleistung, eines Fertigungsprozesses o.ä. Aspekte, wie sie bei technischen Erzeugnissen etwa ein Ingenieur verkörpert.

- die kaufmännische Qualifikation, d.h. die Kenntnis ökonomischer Zusammenhänge, betriebswirtschaftlicher Instrumente und Aufgaben sowie der jeweils sachgerechten Problemlösungen. Sie umfasst beispielsweise die Fähigkeit, Wertschöpfungspotenziale zu erkennen, die benötigten Ressourcen zu beschaffen und das Unternehmen zu planen, die Fähigkeit, Risiken systematisch abzuschätzen und gezielt zu begrenzen (Risikomanagement), oder das Verständnis für den unternehmerischen Prozess und das Zusammenwirken der Faktoren, die die Unternehmensentwicklung beeinflussen.

- die persönliche Qualifikation, d.h. die Fähigkeit, innovative Verhaltens- und kreative Denkweisen, Visionen und Ideen mit Wertschöpfungspotenzial zu entwickeln, diese auch in die Realität umzusetzen, dabei gegebenenfalls Widerständen zu trotzen und andere (Mitarbeiter, Kunden, etc.) davon zu überzeugen. Auch die Fähigkeit, persönliche Stärken und Schwächen realistisch einzuschätzen, gehört in diese Kategorie.

Die ersten beiden Kategorien sind zweifellos lehrbar. Die dritte Qualifikation ist es nur in gewissen Grenzen. Während bestimmte Persönlichkeitsdispositionen genetisch vorgegeben sind, gibt es andere, die durch die individuelle Sozialisierung (die u.a. im Elternhaus, in der Schule und in der Hochschule stattfindet) zu entfalten sind. Welche dies im einzelnen sind, welche Eigenschaften beeinflussbar und welche Datum sind, welche pädagogischen oder sozialen Einflussnahmen überhaupt wünschenswert oder auch nur ethisch vertretbar sind, geht über die an dieser Stelle präsentierbaren Überlegungen weit hinaus und kann daher hier nicht vertieft werden (für einen Überblick über die Diskussion um „unternehmerisches" Verhalten vgl. Gemünden, Konrad 2000 sowie Seitz, Tegtmeier 2007). Festgehalten werden kann jedoch, dass es durch Ausbildung, und vor allem durch akademische Lehre entwickelbare Potenziale gibt. So werden Hochschulen durch eine Entrepreneurship-Ausbildung unternehmerische Talente nicht züchten, wohl aber entdecken und entfalten können. Empirische Untersuchungen zeigen zudem, dass man sich vom gängigen Unternehmerklischee des energischen, extrovertierten, durchsetzungsfähigen „Machers" verabschieden sollte, denn in nicht wenigen Branchen und Tätigkeitsfeldern wird gerade ein solcher Persönlichkeitstyp mit großer Wahrscheinlichkeit scheitern (Ostermann, Schulte 2002). Vielmehr bieten in bestimmten Konstellationen beispielsweise auch emotional orientierte und introvertierte Persönlichkeitsdispositionen ausgezeichnete Aussichten auf unternehmerischen Erfolg. Anders ausgedrückt: Persönlichkeitsdispositionen sind zwar ausgesprochen bedeutsam, ein bestimmtes persönliches Profil stellt aber kein generelles Ausschlusskriterium erfolgreichen unternehmerischen Handelns dar. Es gibt deutliche Anzeichen dafür, dass der Schlüssel zum Erfolg auch darin liegt, gegebene Persönlichkeitstypen im richtigen unternehmerischen Betätigungsfeld zu positionieren, also einen möglichst guten „fit" von Persönlichkeitsdisposition und unternehmerisch-situativem Kontext herzustellen. Aus der Sicht des zu qualifizierenden Nachwuchses gesehen hieße das mithin: Erfolgreich wird sein können, wem es gelingt, das für sich „richtige" Tätigkeitsfeld zu finden.

Wie in praktisch allen anderen akademischen Lehrfächern kann also die Frage der Lehrbarkeit auch im Hinblick auf eine Intrapreneurship-Ausbildung nicht pauschal bejaht werden. Die vorangegangenen Überlegungen zeigen aber, dass diese Intrapreneurship in Hochschulen einen sinnvollen Platz haben kann.

Überlegungen zu Ausgestaltung und Praxisorientierung der Entrepreneurship-Ausbildung

In der Entrepreneurship-Didaktik besteht eine gewisse Einigkeit darüber, dass die Vermittlung allein technisch-betriebswirtschaftlicher Kompetenzen nicht genügt. Vielmehr muss die Entrepreneurship-Lehre auch dazu beitragen, in der Person liegende (z.B. kommunikative oder motivationale) Defizite abzubauen. Eine Dienstleistungsinnovation oder eine Prozessvereinfachung in der öffentlichen Verwaltung durchzusetzen charakterisiert erfolgreiches Intrapreneurship allein noch nicht hinreichend. Auch die Fähigkeit, die Entwicklung sachgerecht zu planen oder das Wissen um gesetzliche Hintergründe genügen dazu noch nicht. Vielmehr gehört auch die Fähigkeit zur gezielten Fokussierung auf den relevanten Leistungsempfänger und dessen Nutzenmehrung zum erfolgreichen Entrepreneurship. Ebenso wichtig wie der Transfer relevanten Managementwissens für einen erfolgreichen Innovationsprozess oder Markteintritt ist daher etwa die Vermittlung von relevanten Arbeitsmethoden und handlungsbezogenen Erfahrungen.

Die soziale Rolle, die Unternehmerpersonen ausfüllen müssen, erfordert darüber hinaus auch eine entsprechende soziale Kompetenz. Die Art und Weise, wie bestimmte Inhalte in der Lehre transportiert werden, sollte daher sozial-kommunikative Anforderungen der Unternehmerrolle explizit einbeziehen. Entrepreneurship-Didaktik muss dies berücksichtigen.

Als ideal erscheint eine Integration von fachlicher Wissensvermittlung auf inhaltlicher und methodischer Ebene einerseits mit Elementen der Persönlichkeitsbildung andererseits. Daraus folgt, dass den Lernenden nicht durchgängig die hochschultypische Rolle des passiven Zuhörers zugewiesen werden kann. Entrepreneurship-Studierende sollten aktiv und selbstbestimmt handelnde Lerner sein. Priorität hat also die vom Lerner zumindest in Teilen selbstbestimmte Annäherung an das Thema, denn unternehmerisches Handeln ist ebenfalls selbstbestimmtes Handeln.

Grundsätzlich erscheint es nicht sachgerecht, von einer einheitlichen Entrepreneurship-Ausbildung zu sprechen, denn tatsächlich können sehr unterschiedliche Zielgruppen von Studierenden mit stark differierenden Qualifizierungsanforderungen ausgemacht werden. Es erscheint plausibel, dass gerade Studierende ohne einschlägige betriebswirtschaftliche Vorkenntnisse der Veranschaulichung an Beispielen und der gedanklichen und realen Konkretisierung denkbarer eigener Vorhaben bedürfen, um sie stärker zu motivieren und schneller zur eigenen problembezogenen Handlungskompetenz zu befähigen. Für ein vertiefendes wissenschaftliches Studium hingegen muss die Konkretisierung des Einzelfalles in den Hintergrund treten. Das bedeutet nicht, dass eine Entrepreneurship-Ausbildung in diesem Falle nicht praxis- und marktnah sein kann.

An dieser Stelle erscheint eine Präzisierung des häufig verwendeten Terminus „Praxisorientierung" angebracht. Vielfach entsteht der Eindruck, Praxisorientierung bedeute, konkretes Erfahrungswissen aus der Praxis zu vermitteln und dabei auf Abstraktion und didaktische Reduktion zu verzichten. Für eine praxisnahe wissenschaftliche Ausbildung ist es aber abwegig, einzelne Erfahrungen aus der Praxis zu verallgemeinern oder Handlungsweisen, die sich in einer speziellen Situation als richtig erwiesen haben, zu Rezepten zu verdichten. Da der Induktionsschluss, die Verallgemeinerung des Einzelfalls, logisch nicht möglich ist, hat ein solcher Ansatz in der universitären Ausbildung keinen Platz.

Praxisorientierung der Hochschulausbildung kann also nicht heißen, das in der Praxis angesammelte Wissen und die dort angewandten Methoden als solche darzustellen. Dies gilt auch deswegen, weil die Zerfallszeit von Wissen positiv mit ihrer Praxisnähe korreliert, aber negativ mit ihrem Abstraktionsniveau (Mertens 1974). Praxisorientierte Entrepreneurship-Lehre muss sich vielmehr darauf ausrichten, praktizierte Methoden und etablierte Erkenntnisse in Frage zu stellen, zu verbreitern und zu ergänzen, um das praktisch verwertbare Methoden- und Wissensspektrum insgesamt zu verbessern. Dabei kommt es darauf an, die grundlegenden Mechanismen zu vermitteln, die dazu befähigen, in unterschiedlichen Arbeitssituationen die jeweils nötigen Maßnahmen zu erkennen und selbständig durchzuführen. Ziel muss deshalb sein, die Fähigkeit zu vermitteln, konkrete Handlungen situationsgerecht jeweils neu zu generieren - nicht etwa, einen begrenzten Katalog von ausgewählten Fakten enumerativ-beschreibend abzuhandeln. Nur durch ein so konzipiertes Lehrangebot können Studierende in die Lage versetzt werden, auch die Probleme der Zukunft zu erkennen und zu lösen.

Eine abstraktionsarme, vorrangig auf praktische Rezepte für den Einzelfall ausgerichtete Ausbildung ähnelt dagegen eher einer Beratung, die zum Ziel hat, Lösungsvorschläge und Entscheidungshilfen für ein kurzfristig zu bewältigendes, konkretes Problem zu unterbreiten (Manstetten 1999, 51). Nur eine Praxisorientierung im Sinne einer zwar an wirtschaftspraktisch relevanten Themengebieten ausgerichteten, aber gleichzeitig auch abstrahierenden Ausbildung kann der nachhaltigen akademischen Qualifizierung dienen. Sie kann und sollte zur Methodenschulung flankiert werden durch geeignete Formen handlungsorientierter Lehre.

Entrepreneurship-Ausbildung vor dem Hintergrund bildungstheoretischer Leitbilder

Abschließend soll der Frage nach gegangen werden, inwieweit sich bildungstheoretische Ideale mit einer Kultur der Selbständigkeit verknüpfen lassen. Reduziert eine Kultur der Selbständigkeit hochschulische Ausbildung auf die Vorbereitung auf eine autonome Daseinsvorsorge und engt sie diese darauf ein, zur späteren unternehmerischen Disposition über die eigene Arbeitskraft zu befähigen? Muss die Kultur der Selbständigkeit verstanden werden als euphemistische Umschreibung eines modernen institutionellen Rahmens zu Legitimation von Verschlechterungen erwerbswirtschaftlicher Rahmenbedingungen? Oder lassen sich bildungstheoretische Leitbilder wie Individualität, Emanzipation oder Ethik damit verbinden?

Am Beispiel des Leitbildes von Individualität und Selbstbestimmung lässt sich belegen, dass eine Verknüpfung mit der Entrepreneurship-Ausbildung nicht nur möglich ist, sondern sogar charakteristisch für die im Rahmen dieser Ausbildung wünschenswerte Handlungsorientierung. Handlungsorientierte Lehre zeichnet sich durch ganzheitlich und reflexiv angelegte Lernprozesse aus. Die Ganzheitlichkeit ergibt sich nicht nur aus einem Problem- und Anwendungsbezug, sondern auch aus der Involvierung der Studierenden, die explizit zu eigenständigem (Lern-) Handeln und zu dessen Reflexion aufgefordert sind. Durch den Problem- und Anwendungsbezug können zahlreiche Besonderheiten und Nebenaspekte in die Betrachtung einfließen, die in der abstrahierenden dozentenzentrierten Lehre vernachlässigt werden müssen, für die wirtschaftliche Realität aber ebenfalls bedeutsam sind.

Berufliche Handlungskompetenz kann als Befähigung eines Menschen verstanden werden, die Komplexität seiner beruflichen Umwelt zu begreifen und zielgerichtet zu gestalten (Pätzold 1999, 57). Diese Handlungskompetenz umfasst verschiedene Teilkompetenzen, die eng aufeinander bezogen und je nach Zielsetzung der Ausbildung unterschiedlich ausgeformt sind (Ott 1997, 185). Dazu gehören neben beruflichen Fachqualifikationen auch fach- und berufsübergreifende Elemente. Letztere werden auch als „Schlüsselqualifikationen" bezeichnet (Mertens 1974, 36). Daraus ergibt sich die bekannte Strukturierung der beruflichen Handlungskompetenzen in Fach-, Methoden- und Sozialkompetenzen (Halfpap 1991, 242). Diese Struktur lässt sich auch auf ein gründungsspezifisches Kompetenzprofil beziehen (Esser, Twardy 1998, 12). Für eine ganzheitliche Entrepreneurship-Ausbildung müssen Lehr-Lern-Arrangements komponiert werden, die Lernen in allen drei Bereichen ermöglichen.

Dabei ist die interessengeleitete Spezialisierung der Lernenden möglich, d. h. Lernen ist weniger kollektiver als persönlicher Prozess. Handlungsorientierung trägt mithin zur Individualisierung des Lernens bei. Die Rolle der Lehrenden besteht vornehmlich darin, Probleme zu verdeutlichen, Fragen aufzuwerfen, die Problemlösungs-, Argumentations- und Entscheidungsfähigkeit der Lernenden zu fordern und zu entwickeln und bei Bedarf Wissensressourcen bereit zu stellen. Die Rolle der Lernenden lässt sich als autonomisiert, aktiv und erforschend charakterisieren. Gegenstand und Lehrformen der Entrepreneurship-Ausbildung fordern Studierende also zum eigenverantwortlichen Handeln auf und dienen dadurch gleichzeitig auch der Persönlichkeitsentwicklung (Braukmann 2002), etwa indem von Studierenden eigene Lösungsvorschläge offen gelegt und zur Diskussion gestellt werden müssen, was die Aufmerksamkeit auf die eigene Person zieht und Courage erfordert, weil es die Gefahr der Ablehnung durch andere birgt.

Die Frage der Autonomisierung steht in engem Zusammenhang mit ethischen Überlegungen: Auf ethischer Grundlage qualifizierte Studierende werden befähigt, die Selbständigkeit als Alternative des persönlichen beruflichen Werdeganges auf Grund neu hinzu gewonnener individueller Kompetenzen zu erkennen und zu bewerten. Diese Qualifizierung kann auch emanzipatorisch begründet werden: Die Entrepreneurship-Ausbildung eröffnet neue Optionen, aus tradierten Rollenmodellen auszubrechen und kann Wege erschließen, die soziale Durchlässigkeit einer Gesellschaft zu erhöhen.

Diese Überlegungen deuten an, dass sich bildungstheoretische Ideale durch eine geeignete Gestaltung der Entrepreneurship-Ausbildung sogar besonders gut vermitteln lassen – aber nur dann, wenn es gelingt, die nötigen Kompetenzen zu vermitteln und auf einen edukati-ven Aktionismus zu vermeiden. Dies gilt im Übrigen nicht nur für die Entrepreneurship-Ausbildung, sondern gleichermaßen für jede andere Form der akademischen Ausbildung. So wird die Fähigkeit zum unternehmerischen Handeln zweifellos nicht als neue Form der Ausbeutung von Abhängigen zu begreifen sein, wie angesichts des politischen Aktionismus um die „Kultur der Selbständigkeit" befürchtet wurde.

Zusammenfassung und Ausblick

Der Beitrag stellt dar, auf welchen Ebenen unternehmerisches Handeln an Hochschulen lehrbar ist. Er zeigt, dass dabei auch Persönlichkeitsdispositionen bedeutsam sind, ein be-stimmtes persönliches Profil aber kein generelles Ausschlusskriterium einer unternehmeri-schen Karriere darstellt.

Die soziale Rolle, die Unternehmerpersonen ausfüllen müssen, erfordert entsprechende fachliche, methodische und soziale Kompetenzen. Die Art und Weise, wie bestimmte Inhal-te in der Lehre transportiert werden, muss daher sozial-kommunikative Anforderungen der Unternehmerrolle explizit einbeziehen. Charakteristisch für die Entrepreneurship-Ausbildung ist u.a. die ihre inne wohnende Interdisziplinarität. Die soziale Rolle, die Unter-nehmerpersonen ausfüllen müssen, erfordert eine entsprechende soziale Kompetenz. Die Art und Weise, wie bestimmte Inhalte in der Qualifizierung transportiert werden, muss da-her sozial-kommunikative Anforderungen der Unternehmerrolle explizit einbeziehen. Als besonders sinnvoll erscheint eine Integration von fachlicher Wissensvermittlung auf inhaltli-cher und methodischer Ebene einerseits mit Elementen der Persönlichkeitsbildung anderer-seits. Daraus folgt, dass den Lernenden nicht durchgängig die Rolle des passiven Zuhörers zugewiesen werden kann. Entrepreneurship-Lernende müssen aktiv und selbst bestimmt handelnde Lernende sein, denn unternehmerisches Handeln ist ebenfalls selbst bestimmtes Handeln.

Wie in praktisch allen anderen akademischen Lehrfächern kann die Frage der Lehrbarkeit auch im Hinblick auf eine Entrepreneurship-Ausbildung nicht pauschal bejaht werden. Den-noch zeigt sich, dass Entrepreneurship in wesentlichen Teilen vermittelbar ist. Spezifische Talente und auf Sozialisation beruhende Aspekte können zwar nicht oder nur begrenzt vermittelt werden. Jedoch können Hochschulen helfen, entsprechende Potenziale zu ent-decken und durch die akademische Ausbildung zu deren Weiterentwicklung beizutragen.

Die didaktische Theorie hält zwar geeignete Ansätze für eine Entrepreneurship-Ausbildung bereit, eine Verzahnung von didaktischer Theorie und Methodik mit den Inhalten der Entrepreneurship-Ausbildung ist aber bislang kaum erfolgt.

Unabhängig von der Entwicklung der jüngeren Vergangenheit gilt nach wie vor, dass Entrepreneurship nicht zu den dominanten Lehrinhalten deutscher Hochschulen gehört. Obgleich es zweifellos großes studentisches und öffentliches Interesse daran gibt, ist Entrepreneurship im Wettstreit mit etablierteren, akademisch statusträchtigeren Fächern gegenwärtig noch unterlegen. Ablesen lässt sich das beispielsweise an der Zahl der Institu-ten und Dozentenstellen, der Zahl speziell darauf ausgerichteter Forscher, der Zahl der Dis-sertationen und Habilitationen zum Thema, der Zahl und dem Stellenwert themenbezogener Publikationsorgane, der Zahl der Curricula, die das Thema explizit aufgreifen, und nicht zuletzt an der noch geringen akademischen Akzeptanz, die das Thema genießt.

Nicht zuletzt im Zuge der Bemühungen um internationale Angleichung von Studiengängen und internationale Mobilität von Studierenden und Lehrenden ist aber damit zu rechnen, dass die Entrepreneurship-Ausbildung in ihren verschiedenen Formen und Ansatzpunkten auch an deutschen Hochschulen zunehmend verstärkte Verankerung erfahren wird. Gelingt dies, dürfte sich auch der Begriff der Kultur der Selbständigkeit in absehbarer Zeit überlebt haben. Er verdankt seine Existenz gewissermaßen seiner Rolle als Gegenpol zur über Jahrzehnte bestehenden „Kultur der abhängigen Beschäftigung", die dominierendes Ziel und implizites Leitbild gerade der akademischen Ausbildung war. Stehen beide Optionen einmal als gleichwertige Qualifizierungs- und Entwicklungsperspektiven für Studierende nebeneinander, wird der Begriff nicht mehr gebraucht.

Literaturhinweise:

Beck, H. 1996. Handlungsorientierung des Unterrichts - Anspruch und Wirklichkeit im betriebswirtschaftlichen Unterricht. Darmstadt.

Blankertz, H. 1975. Theorien und Modelle der Didaktik. 9. Aufl., München.

Bogai, D.; Gotthard, R. 1999. Beschäftigung und Selbständigkeit - Theoretische Bestimmungsgründe und internationaler Vergleich der Selbständigkeit. In: Sozialer Fortschritt, Heft 10, 252-259.

Braukmann, U. 2002. ,Entrepreneurship Education' an Hochschulen - Der Wuppertaler Ansatz einer wirtschaftspädagogisch fundierten Förderung der Unternehmensgründung aus Hochschulen. In: Weber, B., Hg. Eine Kultur der Selbstständigkeit in der Lehrerbildung. Bergisch Gladbach, 47-98.

Braukmann, U. 1993. Makrodidaktisches Weiterbildungsmanagement. Köln.

Braukmann, U. 2001. Wirtschaftsdidaktische Förderung der Handlungskompetenz von Unternehmensgründerinnen und -gründern. In: Koch, L. T.; Zacharias, C., Hg. Gründungsmanagement. München, 79-94.

Brockhaus, R. H. 1993. Entrepreneurship Education: A Research Agenda. In: Klandt, H.; Müller-Böling, D., Hg. IntEnt92 - Internationalizing Entrepreneurship Education and Training, Proceedings of the IntEnt92 Conference. Dortmund, June 23-26, 1992. Dortmund, Köln, 3-7.

Carlock, R. S. 1994. The Adjunct and New Instructor's Guide To Teaching Entrepreneurship. St. Thomas.

Czycholl, R.; Ebner, H. 1995. Handlungsorientierung in der Berufsbildung. In: Arnold, R.; Lipsmeier, A., Hg. Handbuch der Berufsbildung. Opladen, 39-49.

Ebbers, I. 2003. Wirtschaftsdidaktisch geleitete Unternehmenssimulationen im Rahmen der Förderung von Existenzgründungen aus Hochschulen. Diss., Universität Wuppertal.

Ebner, H.G.; Reinisch, H. 1989. Handlungsorientierung. In: arbeiten + lernen, Heft 12, 3-9.

Esser, F.H.; Twardy, M. 1998. Entrepreneurship als didaktisches Problem einer Universität - aufgezeigt am Organisationsentwicklungskonzept „WISEX" der Universität zu Köln. In: Kölner Zeitschrift für „Wirtschaft und Pädagogik", Heft 24, 5-26.

Faltin, G. 1998. Das Netz weiter werfen - Für eine neue Kultur unternehmerischen Handelns. In: Faltin, G.; Ripsas, S.; Zimmer, J., Hg. Entrepreneurship. Wie aus Ideen Unternehmen werden. München, 3-20.

FGF (Hrsg.) 2008. Report 2008 – Entrepreneurship-Professuren an deutschsprachigen Hochschulen: Ausrichtung, Organisation, Vernetzung. Bonn.

Gemünden, H. G.; Konrad, E. D. 2000. Unternehmerisches Verhalten als ein bedeutender Erfolgsfaktor von technologieorientierten Unternehmensgründungen - eine kritische Würdigung von Erklärungsansätzen verschiedener Modellkonstrukte. In: Die Unternehmung, 54. Jg., Heft 4, 247-272.

Gudjons, H. 1997. Pädagogisches Grundwissen. Bad Heilbrunn.

Halfpap, K. 1991. Ganzheitliches Lernen im Unterricht kaufmännischer beruflicher Schulen. In: Erziehungswissenschaften und Beruf, Heft 3, 235-252.

Jank, W.; Meyer, H. 1994. Didaktische Modelle. 3. Aufl., Berlin.

Jongebloed, H.-C.; Twardy, M. 1983. Strukturmodell Fachdidaktik Wirtschaftswissenschaften. In: Twardy, M., Hg. Kompendium Fachdidaktik Wirtschaftswissenschaften. Teil I. Düsseldorf, 163-254.

Klandt, H.; Brüning, E. 2002. Das internationale Gründungsklima. Berlin.

Klandt, H.; Knecht, T.C. 1999. ‚Entrepreneurship' - Ausbildung an Hochschulen. In: Bögenhold, D., Hg. Unternehmensgründung und Dezentralität: Renaissance der beruflichen Selbständigkeit in Europa? Opladen, Wiesbaden, 76-92.

Kron, F.W. 1994. Grundwissen Didaktik. München.

Manstetten, R. 1999. Beratung in der Berufsbildung. In: Kaiser, F.-J.; Pätzold, G., Hg. Wörterbuch Berufs- und Wirtschaftspädagogik. Hamburg, 50-51.

Mertens, D. 1974. Schlüsselqualifikationen - Thesen zur Schulung für eine moderne Gesellschaft. In: Mitteilungen aus der Arbeitsmarkt- und Berufsforschung, Heft 7, 36-43.

Ostermann, C.; Schulte, R. 2002. Unternehmerpersönlichkeit und Gründungserfolg. Eine empirische Untersuchung im Lichte des Unternehmer-Check, herausgegeben von der Landes-Gewerbeförderungsstelle des nordrhein-westfälischen Handwerks in Zusammenarbeit mit der Universität Dortmund. Düsseldorf.

Ott, B. 1997. Grundlagen des beruflichen Lernens und Lehrens - Ganzheitliches Lernen in der beruflichen Bildung. Berlin.

Pätzold, G. 1999. Berufliche Handlungskompetenzen. In: Kaiser, F.-J.; Pätzold, G., Hg. Wörterbuch Berufs- und Wirtschaftspädagogik. Bad Heilbrunn, 57-58.

Pätzold, G. 1995. Handlungsorientierung in der beruflichen Bildung - Auf dem Wege vom Lernen nach dem Paradigma des Bewirkens zum Lernen nach dem Paradigma der Praxis?! In: Zeitschrift für Berufs- und Wirtschaftspädagogik, Heft 6, 573-590.

Peterßen, W. H. 1996. Lehrbuch Allgemeine Didaktik. 5. Aufl., München.

Ripsas, S. 1997. Entrepreneurship als ökonomischer Prozess. Wiesbaden.

Ripsas, S. 1998. Elemente der Entrepreneurship Education. In: Faltin, G.; Ripsas, S.; Zimmer, J., Hg. Entrepreneurship - Wie aus Ideen Unternehmen werden. München, 217-233.

Schmidt, A. 1996. Der überproportionale Beitrag kleiner und mittlerer Unternehmen zur Beschäftigungsdynamik: Realität oder Fehlinterpretation von Statistiken? In: ZfB, 66. Jg., 537-557.

Schmude, J. 2002. Gründungsforschung und Gründerausbildung (an Universitäten) in Deutschland. In: Kotschatzky, K.; Kulicke, M., Hg. Wissenschaft und Wirtschaft im regionalen Gründungskontext. Stuttgart, 37-44.

Schubert, R. 1997. Lernziele für Unternehmensgründer. Köln.

Schulte, R. 2002. Finanzierungs- und wachstumstheoretische Aspekte der Frühentwicklung von Unternehmungen und deren empirische Analyse. Habilitationsschrift, Universität Dortmund, Dortmund.

Schulte, R.; Klandt, H. 1996. Aus- und Weiterbildungsangebote für Unternehmensgründer und selbständige Unternehmer an deutschen Hochschulen, Bundesministerium für Bildung, Wissenschaft, Forschung und Technologie, Hg. Bonn.

Seitz, M.; Tegtmeier, S. 2007. Mythos Existenzgründer. Persönlichkeitseigenschaften von Gründern im Diskurs, Marburg.

Skambracks, D. 1999. Gründungsbremse Bürokratie. In: Deutsche Ausgleichsbank, Hg. Wissenschaftliche Reihe, Bd. 13, Bonn.

Speth, H. 1997. Theorie und Praxis des Wirtschaftslehre-Unterrichts. Rinteln.

Sternberg, R.; Brixy, U.; Hundt, C. 2007. Global Entrepreneurship Monitor. Länderbericht Deutschland 2006, Hannover, Nürnberg.

Walterscheid, K. 1998. Entrepreneurship als universitäre Lehre. Diskussionsbeiträge des Fachbereichs Wirtschaftswissenschaft, Nr. 261, FernUniversität Hagen.

Nick Thijs (European Institute of Public Administration[15])

„Können Pinguine fliegen? In Richtung eines intrapreneur- und innovationsorientierten öffentlichen Sektors"

Penguins Can Fly?!
"Towards an entrepreneurial and innovation oriented public sector"

INTRODUCTION

Many scientists, biologists and even physicists have carried out extensive research on penguins and their behaviour. One of the questions that's striking is the question if penguins can fly and if not, why can't they? Penguins, like other flightless birds evolved from birds that could fly. 65 million years ago the ancestors of today's penguins flew over the ocean and dove down into the water for food. Over millions of years, their hollow bones became solid and they could no longer lift themselves out of the water to fly. But, their heavier bones made it easier for them to dive down into the water. This is one explanation why penguins can not fly although they seem to dispose of all the capabilities and abilities. The other, more popular, reason must be something with their "culture", "nature" and "behaviour"! They have to be stimulated and just dare to take the risk.

The same amount of research has been done towards public administration. Many reforms have been advised, studied and evaluated. Many topics have been dealt with, and one of the most interesting is the topic of innovation and entrepreneurial culture in public sector organisations. Are public sector organisations innovative and is there an entrepreneurial culture? If not why and should public sector organisations should not be innovative and entrepreneurial in being more citizen/customer oriented?

Through 4 different parts we describe a changing public sector and give some reasons why and how public sector organisations should and could be more innovative and develop a culture of entrepreneurship. The first part (*a changing public sector*) deals with the changing public sector. Through years and years the face and attitude of public sector is changing, even pushed into change and many reforms have taken place. In most of these changes and modernisations the citizen/customer plays a special role. Part 2 (*the changing role of citizen/customers*) will describe the changing place and role of citizen/customers in relation with public administration. These changing external factors lead –should/could lead- to changes in the nature and behaviour of public sector organisations and civil servants being more innovative and entrepreneurial oriented towards citizen/customers. In part 3 (*the changing role of civil servants*) we elaborate on the changing organisational culture and the changing role civil servants are playing in relation with the citizen/customer. Is this culture already in place and how to introduce this innovative and entrepreneurial culture in an organisation. One of the initial conditions in creating this innovative culture , described in part 4 (*the changing role of leadership*) is the role of leadership and leading civil servants in stimu-

---

[15] Researcher at the European Institute of Public Administration (EIPA – Maastricht). Unit of Public Management and Comparative Public Administration Unit and Member of the European Common Assessment Framework Resource Centre.
www.eipa.eu

lating this culture and creating an environment which is innovative and entrepreneurial oriented.

A CHANGING PUBLIC SECTOR

The public sector has to cope with a lot of challenges and has to respond to many new needs and demands in society (OECD, 1993; OECD, 1995; OECD, 2000). Due to this challenges and pressures, the public sector is object of large reforms (Lane, 2000; Kickert, 1997; Kettl, 2000). *"Over the last two decades there appears to have been a huge amount of public management reform. Although there was also reform in earlier periods, the changes since 1980 have -in many countries- been distinguished by an international character and a degree of political salience which marks them out from the more parochial or technical changes of the proceeding quarter-century"* (Pollitt and Bouckaert, 2004). These reforms are characterized by the introduction of new principles, a growing focus on efficiency and effectiveness, attention to transparency and accountability, awareness of public service delivery and the role and place of the citizen/customer (Doherty and Horne, 2002; Shand, 1999; Flynn and Strehl, 1996; Schick, 2000).

Ongoing reforms on all levels on different themes

The public sector reform era began during the 1980s in many OECD countries and has not slowed pace ever since. In that period it was realized that there was a problem with the public sector; it grew from 25% of GDP to over 45% (OECD average) in a few decades. The poor performance of the public sector (both real and perceived) called for reform strategies. The search for improved performance was conducted by reshaping the public sector. Others took the opportunity to come up with a complete questioning of the welfare state. In any way, the search for improved public sector performance has been done with respect to all kinds of public spending, including but not exclusively those making up the welfare state (Lane, 1997; 2). Many OECD countries launched reform schemes, often inspired by the Anglophone New Public Management (NPM) rhetoric. This process continued in the first years of the 21st century.

For the past two decades NPM was the label under which many reform efforts were done. Beginning as an Anglo-American fashion it made a rapid spread to other parts of the world. This leads to the thought that before and during the 1980s the 'old model of public administration' was under pressure both in the Anglo-American countries as in other parts of the world. Indeed three forces can be identified that challenged existing ideas of the state and gave way to new ways of governing. At first there was the issue of increased government expenditure. Accompanied with lower economic grow than expected it fuelled fundamental debate about the effectiveness of large public bureaucracies. In the OECD countries government spending per capita almost doubled between 1980 and 1990. Increasing social burdens (unemployment, ageing population) led to the thought that governments should have to be reduced in size, to work more efficient or to do both. A second pressure towards NPM was the (perceived) quality of services provided by governments. In a world where citizens were increasingly defined as customers, unflattering comparisons with the private sector were made. Third and last pressure was the wave of NPM ideas itself that spread the world during the 80s and 90s. It gave policy makers the opportunity to implement solutions to the problem of improving and at the same time reducing the state.

Causes of change

In the OECD report 'Government for the Future' (2000) the question of *'Why Public Management Reform?"* is answered in three ways. First governments need to keep up with society. The purpose of reform in this respect is to make governments more responsive to society's needs and demands. Public management is being reformed in order to provide better, faster and more services. However, quality, quantity and speed are not the only new competences that society requests from its government. Since the pace of societal change is accelerating, government should equally be able to respond to changing demands with new solutions. Secondly, governments reform with the purpose of re-establishing trust in government. Government needs to provide more choice, democracy and transparency. Therefore, the public service needs to work with the political sphere. Equally important is a strengthened communication and connection with the citizen. Finally, governments reform due to new pressures. Outside forces place competitive pressure on government for serving the public. In addition, greater economic inter-dependence, the opening-up of societies and the growing importance of international structures and agreements make outside pressures more complex and multi-dimensional. Hence, the environment in and for which government operates furthers new demands. Reform then is the process of preparing or adapting government to its new role in a changing society. What are the key features of this new government that is geared up to play its new role?

The common challenges facing OECD countries, i.e. better, faster and cheaper services, optimising trust and dealing with new pressures, result in a list of about six qualities for governments and their administrations in volatile environments (Bouckaert, Ormond and Peters, 2000: 7-16).

1. Administrations need to focus on integration which is about managing across governments. Governments need to address issues that respect no organisational boundaries in an effective cross governmental way. A remarkable example may be found in the regulation of the food chain. Securing food safety requires government to co-ordinate economic interests of agriculture and retailing, environmental interests, and health issues. Traditionally, these functions have been organised in separate departments. Often the severity of crises such as the BSE disease in the UK and the Dioxin crisis in Belgium is explained by the fragmentation and the inability of government to co-ordinate its activities (Schofield and Shaoul, 2000).

2. Vision and capacity to develop a balanced strategic view of the public interest is a second quality. This involves putting short term projects in a longer term perspective in the context of budget realities, and the views of civil society and individual citizens. An important issue is for example the increasing ageing of the population in western societies. The impact on the European welfare states will be considerable (Boeri, Börsch-Supan and Tabellini, 2001). Dealing with this concern requires government to have a long term strategic view which is translated into concrete short term actions within a stringent budget.

3. A third feature is effectiveness, including economy and efficiency. Today's challenge is to draw on a much wider set of means and networks or relationships in order to implement public programmes successfully, and achieve desired outcomes. The increasing success of public private partnerships (PPS) illustrates the inclusion of private resources for public goals. However, to be effective, government needs to consider carefully its role in the PPS arrangements. For instance for what water supply is concerned the Finnish case demonstrates that government should run the core operations, while side operations may be privatised (Seppällä et al., 2001). In addition, one size of PPS does not necessarily fit all. Differences between countries will prevail due to the local translation of the concept. A comparison of urban renewal projects in London and Paris shows many commonalities, but also significant differences (Nelson, 2001).

4. Fourth, internationalisation requires adapting domestically, and influencing others to a mutual benefit. As frontiers get lower, smaller countries have relatively more to gain by timely organisational and economic adjustment, while external co-ordination impacts on all government activity. Within Europe, the creation of the Euro zone is the most striking example of internationalisation whereas the national governments lose their competences to pursue a national monetary policy (Trichet, 2001).

5. Fifth, trust and legitimacy are related to building new relationships. Although some countries are better placed than others, no country is immune to a decline in trust (Eurobarometer 1995). This requires anticipatory action by governments to bring about responsible engagement of citizens, and make them confident that their public institutions cater to their needs (OECD 2001a).

6. Sixth and final feature is responsiveness as a quality of adapting to change. More than ever, an unpredictable environment requires governments to have the capacity to scan ahead, detect trends and think creatively about ways of shaping policies and institutions to respond to new challenges. The Dutch '*Ministerie van Verkeer en Waterstaat*' (2002) (Ministry of Transport and Water Management) for instance conducted a scenario building exercise accounting for climate change and the consequences for the "Lowlands". The statistical capacity and data availability are important assets in developing a government that is responsive to new issues.

Different Reform Trajectories in the European Union.

The administrations of the EU Member Countries are not a homogeneous set of organisations, nor are their reform processes. Their reform processes are quite divergent. Recent articles or conferences refer to e.g. German's trajectory of public sector modernisation as continuities and discontinuities (Wollmann, 2001) and in France the eleventh colloquium (October 2001) of the *Revue Politiques et Management Public* was about "Reconfigurer l'action publique: big-bang ou réforme?" (Redesigning public action: big bang or reform?).

The European scenery is a macedoine of systems. As Ridley says: "Of course the countries of Europe, marked by their different histories, not only have different forms of civil service organizations but different philosophies about the values civil servants should express and the roles they should play in a democratic state. There are many ways of regulating public service in a democracy, not just in detail but in fundamental orientations. There is no agreed European model" (Ridley, 1995:13).

Indeed, different EU countries have answered to the challenges outlined above in different ways. This results in about 4 main strategies of maintaining, modernising, marketising and minimising (Pollitt and Bouckaert, 2000) in all fields of management and policy (Bouckaert, 2000a; Bouckaert, 2000b). Maintaining implies "tightening up traditional controls, restricting expenditures, freezing new hirings, running campaigns against waste and corruption and generally 'squeeze' the system of administration and law." (Pollitt and Bouckaert, 2000; p.176). The EU administration is an example of the maintain strategy. Modernize the administrative system is the second option. This may be done by bringing in more flexible ways of budgeting, managing, accounting and delivering services to the users. Although these changes are likely to be borrowed from the market sector, they will equally require some changes in the political system. The Nordic countries for instance relied heavily on modernising as a reform strategy. The third reform trajectory is to marketise the public sector by instituting as many market-type mechanisms as possible within the public sector. Public sector organisations are made to compete with each other in order to increase efficiency and user-responsiveness. This also implies a penetration of the administrative system by the culture and values and practices of the private sector. The fourth and final option is to minimise the public sector. This means putting many public tasks into the market by privatisation and contracting out. A combination of marketisation and minimising is to be found in the United Kingdom under the Conservative government from the mid '80s. Later, Mr. Blair moved towards the modernising strategy with the 1999 white paper '*Modernizing Government*' (Prime Minister and the Minister for the Cabinet Office 1999). It is not obvious so far, nor theoretically , nor empirically, to know to what extent results of reforms have been obtained (Pollitt and Bouckaert, 2002).

What are the trends in public sector reforms?
Expert opinion differs. At one extreme, some say that there is an inevitable, global movement in the direction of a particular model of entrepreneurial government (Osborne and Gaebler, 1992). Others challenge this view on a variety of grounds (e.g. Olsen and Peters, 1996; Pollitt, 2000). Nevertheless, one can see a certain convergence at least of aspirations among many European and North American states. Not every country has 'bought' every part of the package. Not every country is equally enthusiastic. Not every country has the political and administrative capacity to carry through reforms on the same scale or at the same speed. So there are many differences. Nevertheless, there are also some quite widespread aims and some popular beliefs about what kind of instruments are likely to achieve those aims.

Movement from a legalistic/bureaucratic approach towards a more performance- oriented approach. A performance orientation means to have a focus on what is produced (outputs) and what is achieved (outcomes, impacts), rather than just on inputs (staff, money, buildings, etc). Potentially it affects almost everything - planning systems; budgeting systems; approaches to auditing; human resource management systems, etc.

Movement from an impersonal form of administration towards one which actively and flexibly seeks to satisfy those citizens who need to use its services (quality, 'consumerism', 'one shop' and 'one window' methods, citizens' charters, etc – see Pollitt and Bouckaert, 1995). This also carries very wide-ranging implications, especially in terms of cultural change within the public service; the development of systems for complaints and redress of grievances; relations between managers and professional staff and systems for encouraging the participation of citizens in various aspects of service planning and delivery.

Modernization of systems of financial management, accounting and budgeting, aimed both at tighter control of costs and at greater transparency. Again, there are many varieties of this trend, including the adoption of forms of accruals accounting; the decentralisation of budgets; whole of government accounting; a shift from traditional auditing to performance auditing; the adoption of unit costing systems or separate running cost controls, and so on.

Greater use of market mechanisms as a spur to improved performance. This particular trend is probably the most controversial, and has been embraced with much greater enthusiasm in some countries (UK, New Zealand) than others (Germany, Netherlands, Denmark). Competitive mechanisms may include performance-related budgeting; performance-related pay, competitive tendering of formerly 'pure' public services, the publication of 'league tables' of the results achieved by, e.g. schools, and/or the creation of quasi-markets (as for the health services in the UK and New Zealand).

Innovation – towards a pro-active public sector
In his keynote speech to the European Group of Public Administration in Rotterdam (2008) Christopher Pollitt described innovation as "not a concrete object, it is a concept, or rather a word that labels a concept [...] in other words it is not always clear what is and what is not to be counted as 'innovatory' (see, e.g. Moore and Hartley, 2008; Osborne et al, 2008)". As the UK National Audit Office team discovered: 'There is no widely accepted or common definition of what counts as an "innovation"' (National Audit Office, 2006b, p4). To take one of many examples, Hartley (2005) acknowledges the definitional variety and then goes on to distinguish between:
- Product innovation
- Service innovation
- Position innovation
- Strategic innovation
- Governance innovation
- Rhetorical innovation

Their are huge problems of operationalization that are involved in research which tries to compare rates of innovation in different organizations or during different periods by *counting* innovations. Much of the literature – especially the survey-based work – is handicapped by this slipperyness in the basic concept. We cannot be sure exactly what respondents were including and excluding when we asked them our research questions. There is also the meta-problem that those who wish to review the literature and conduct meta-analyses may well be comparing studies which do not use the same units of analysis.

Innovation is nothing new. We may not always have called it innovation, but ever since the advent of, *inter alia*, waterscrews and gunpowder, public authorities have been promoting, adapting to, regulating and sometimes commandeering innovations. Thus the study of public sector innovation should not be imagined to be something that has only appeared recently. The early work of Rogers, now being reported in the 5th edition of his Diffusion of innovations classic, was carried out 50 years ago and included public as well as private sector cases (Rogers, 2003). There is much to be learned from casting our net more widely, and further back in history, than some contemporary writers on the subject have yet been able to do (Pollitt, 2008).

Innovation does not happen by itself anyway, but public administration has its own resistances (Inaxis, 2006: 12)

- In contrast to the private sector there is no competitive market working as a constant engine driving a continuous process of innovation. Citizens can not usually switch to an different supplier.
- The budget model results in innovation-avoidance behaviour; if you do it well, you are penalised by a reduction in your budget.
- The r-use of other's good ideas is not encouraged much and is certainly not required.
- There is little room for experiments and their concomitant chance of failure. The government has to be reliable, lawful and act judiciously, after all. The citizen cannot suffer because of some civil servants' drive for innovation. This idea of legitimacy has led many civil servants to a certain conservatism.
- Innovation is often a matter of having patience. A consistent innovation policy in the long term can be difficult to execute sometimes because of the changing political forces in public administration.

THE CHANGING ROLE OF CITIZEN / CUSTOMERS

The consultation of citizens forms a crucial input throughout the policy and management cycle. The OECD defines consultation as a two-way relationship, where government talks to citizens/customers and citizens/customers provide feedback to government. It is based on the prior definition by government of the issue on which citizens'/customers' views are being sought and requires the provision of information (OECD, 2001b). The citizen/customer no longer comes in the picture only at the end but at all stages and steps of the policy and service delivery.

The changing place and role of the citizen/customer [16]

Traditionally, the political leaders determine what services are to be provided, on what terms and to whom; and bureaucrats and professionals subsequently organise and deliver the services. The role of the citizens is largely passive. In the new setting however, the range

---

[16] This part is based upon:

- van Dooren W., Thijs, N., & Bouckaert, G. (2004) Quality management and management of quality in the European public administrations. In E. Löffler & M. Vintar (Eds.). *Improving the quality of East and West European public services* (pp. 91-106). *UK, Hampshire: Ashgate.*
- Bouckaert G., Löffler E. and Pollitt C. (2006), *Scientific report on the 4th European Quality Conference,* Finland: Tampere

of actors involved – institutionally or on an *ad hoc* basis – in the production, delivery and evaluation of public services has grown and the role of the citizen has become more and more active. This changing role of citizen/customers of public services has an impact on the policy and management cycle as a whole. Traditionally, the policy and management cycle is dominated and controlled by politicians and administrators. Now, citizens-customers are increasingly involved in this policy and management cycle at different stages (design, decision, implementation and monitoring, and evaluation) as is shown in the figure below.

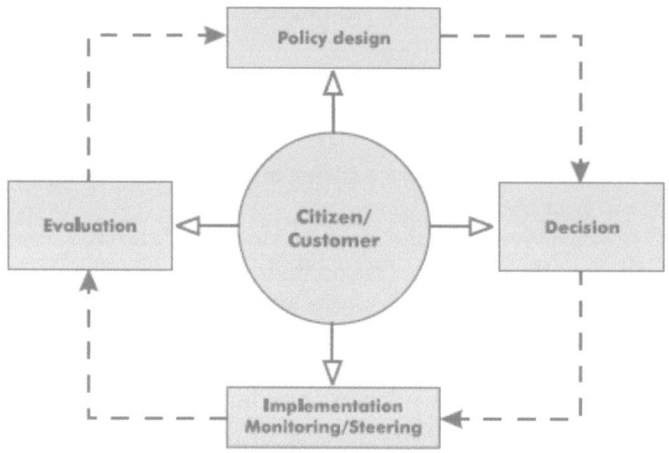

Successful organisations use customer needs and expectations as a starting point; developing proposals around their customers' needs and expectations, also meeting other corporate imperatives.

Strategies of participation and knowledge on needs and performance are essential. This implies that public agencies evolve from a closed, self-centred service provider to an open networking organisation which the public can trust. This occurs through transparent processes and accountability; through democratic dialogue from an internal (resources and activities) focus to an external (output and outcome) focus; and from a classical-design-decision-production-evaluation cycle to an involvement of stakeholders in general, and citizens (as customers) in particular at each and every stage of this cycle. Citizens/customers become co-designers, co-deciders, co-producers and co-evaluators.

The traditional orientation in the public sector is in principle very internal and supply driven.

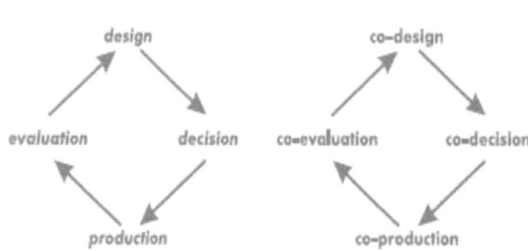

Public sector organisations are closed systems, or even 'black boxes', where the design of policies and service delivery, the related decisions taken, the production and delivery of services, and the evaluation by definition, all depend upon internal relationships. There were several reasons why this appeared to be a good solution. Legal requirements emphasised equal, impartial treatment of citizens. Only a distant approach was supposed to guarantee this. Furthermore, professionals and experts/bureaucrats had the necessary expertise about needs, priorities, resources and policies that could remedy certain problems. However, complex needs in an increasingly heterogeneous society, the demand for increased transparency, changing perceptions of the legitimacy of governments, and the need to get citizens involved resulted in an opening up of the 'black box' to citizens.

Increasingly, public agencies turn into externally oriented and demand driven organisations, developing new types of interactions and relationships with a variety of stakeholders for different sets of tasks. An issue of fundamental importance to the sustainability of quality improvement is the level of involvement of other stakeholders, particularly service users and citizens, during the entire cycle of service.

From Design to Co-design

The design of innovations and public services (delivery) in public administration is crucial. The design phase plots the course for crucial later decisions, for the operational 'production' of services and for the evaluation (and evaluability) of the innovations and services themselves. Changes, if they come at all, are expected to come from the top, often in the form of an imposing sounding 'comprehensive strategy'. Proposals for change from the middle or lower ranks are not expected, not welcomed, and, therefore, often not even attempted. Proposals from outside are even worse – outsiders trying to interfere in 'our business'. A prime responsibility of management is therefore to create and communicate an open, supportive attitude towards suggestions for improvement, wherever they come from.

A second point is that the design process should itself model the way you will later implement and evaluate the innovation or service (delivery). The proposals or input may come from anywhere, anyhow, but once it is on the agenda it is important to include a wide spectrum of views and stakeholders in its early development. So the design phase is not one in which a chosen few inside the house work out all the plans, and then later seek consultation. 'Start as you mean to go on' as the English saying goes – so if you want your service innovation to involve staff or user participation, begin to look for that participation even in the design phase.

Another point about the design stage is that it needs to design not only the decision and production stages, but also the eventual evaluation stage. Many evaluations are weakened because there is no baseline – no measure of what service quality was before the innovation. This is often because evaluation is not thought much about until the 'show is already on the road'. So evaluations – and therefore learning – can be much improved if a) it is thought about early on and b) a wide spectrum of stakeholders are involved (a particular version of the second general point above). What does staff want to know from an evaluation? What do users want to know? What do sponsors want to know? Evaluation is not just a tool for management. One way of securing early evaluative information is to launch pilot projects, which can be monitored by committees containing all key stakeholders. Pilot projects do not suit all services or all situations, but they have already been extensively used and can probably be applied even more widely.

In the shift from design to co-design, organisations don't pretend to be the only ones to know the world and possess the truth. Needs and expectations are captured in order to take them into account when designing services/products, knowing how to deliver them, designing the processes, giving information, etc...

From Decision to Co-decision

Co-decision supports sustainability of quality because citizens/customers come to see themselves as 'owning' these decisions. Citizens/customers may also become more knowledgeable through the debate that precedes decisions, and this creates more legitimacy. It is clear that participation in itself may increase satisfaction.

One very obvious and famous example, mentioned by Bouckaert, Loffler and Pollitt (2006) is participatory budgeting, as in Porto Alegre; but also in European cities such as Saint Denis in France or Sevilla in Spain. While more complex, this form of co-decision may strengthen the quality of our democracies whilst ensuring responsive public services meet agreed priorities within the community. A second type of co-decision is devolving budget envelopes to neighbourhoods. Neighbourhood councils or platforms decide what to spend their envelopes on e.g. playgrounds for children, or public gardens, or street lights. It creates a higher level of responsibility and ownership of the neighbourhoods by those who live there. However, as public budgets are getting increasingly tighter, many local authorities have delegated the allocation of funds for particular associations or projects to umbrella organisations or community chests. A third example is referenda as an input for formal decisions. This has been traditional in Switzerland, but it is becoming increasingly common in other European countries for shaping co-decision.

From Production to Co-production

Once decisions are taken, production and implementation emerge. Co-producing services increases the sustainability of quality because the production becomes co-owned and because the way of producing becomes more visible and thus more understandable (there are fewer 'black boxes'), and is therefore more legitimate. Co-production is a complex term since it implies a permanent or temporary involvement of different actors in different stages of a sometimes complex production cycle. Co-production is a *conditio sine qua non* for a sustainable public sector in general, and for specific service deliveries in particular.

The actors involved in co-production can include, of course, private sector firms or other external providers. Both PPPs and contracted-out services can involve either for-profit firms or non-profit associations, or a mixture of both. However, here we want to emphasise that it can also include citizens (as customers) individually (as a parent, as a guide, as a fire service volunteer) or collectively (e.g. faith based organisations for social services, not-for-profit associations for park maintenance) who play a role in the service (at some stage from its planning, through its delivery, to eventual monitoring and evaluation). Their input is time and expertise or perhaps their fundraising efforts or sometimes just their expression of preferences and priorities – vital information for public officials who are planning services. Their involvement could be active or passive. Time wise, this involvement could be permanent (recurrent service delivery e.g. assisting in a library) or temporary (during peak moments), or even 'on call' (e.g. volunteers of fire services are also 'on call' when there is a fire or a calamity). This involvement could be from the back office or from the front office (desk and window service).

A significant difference is co-production as a kind of self-service or as another service. To a certain extent, electronic government requires people to download documents and submit information, and to be structurally involved in the production in a self-service mode. It is a different story when people assist others in delivering services. A special case of co-production is co-management. Here, there is an involvement in guidance and control of an organisation. Managerial participation requires a special type of involvement and has an impact on the distribution of responsibilities e.g. citizens in neighbourhood park maintenance, or parent governors in schools. However, there are some challenges in co-production. The real challenge is the relationship between professionals and volunteers since professionals do not always take them seriously and tend to be patronising causing volunteers to get frustrated and give up. It is also necessary to consider a possible and deliberate trade-off between professionalism and representation of staff in the organisation. Finally, there is a need to make explicit arrangements on responsibility and accountability – citizens/customers quickly become disillusioned or frustrated unless they have a clear understanding of their roles and responsibilities. There are also dangers in co-production: delivery capture by one of the citizen/customer groups is a possibility.

From Evaluation to Co-evaluation

The final stage is involving the citizen/customer in the evaluation stage. It is encouraging that public sector organisations are now seeking to assess the results of quality initiatives not only through objective performance data but also through the perceptions of service users. Typically, such qualitative approaches are based on opinion surveys and explore the level of user satisfaction. Of course, some important issues remain, e.g. user surveys do not gauge the views and opinions of current non-users and likely future users.

More generally, when it comes to vulnerable and disadvantaged users, it is becoming recognised that more active forms of dialogue are often more effective than surveys. This can take the form of user panels, focus groups or quality action groups. Bouckaert, Loffler and Pollitt (2006) give the example of the Dutch Ministry of Finance (presented at the 4th European Quality Conference). It showed how a focus group with disabled people helped them to simplify benefit claim forms. The case of Luxembourg also describes this practice of reaching an often difficult population of long-term care insurance beneficiaries.

There are already many case studies in Europe of citizens being involved in the evaluation of services. An example of a real bottom up initiative is the citizen panel in Bobigny in France which audits the local authority and publishes an annual report which is presented to the mayor in a public meeting. In the UK, tenants of social housing are recruited to work as 'tenant inspection advisors', joining the inspection teams which assess the quality of social housing providers, in order to ensure that inspection remains clearly focused on the customer's experience of housing services. A famous example comes from Seoul, where the City Government involves citizens in inspections of bars and restaurants. Honorary food and sanitation monitors are selected from people working in 10 consumer organisations and 5 NGO organisations after their credentials are reviewed. Training to upgrade the skills of honorary food and sanitation monitors is carried out once a year and on the job instruction is often given during checks of food and sanitation premises. As citizens become more educated and want to be better informed there will be increasing pressure on public agencies to admit citizens and interest groups as co-evaluators. Clearly, the availability of performance information on its own cannot improve quality. Performance measurement "needs to be part of a policy and culture that welcomes and uses the results of measurement to assess and develop the level and type of quality required by the organisation's values and objectives" (Gaster and Squires, 2003: 91).

Where are we now and where do we want to go?

In a traditional model (Quadrant I), there is a dominance of internal activities which are supply driven and with a focus on inputs and processes. Citizens as consumers are not involved at all. There is a focus on the quality of resource spending, due process, and activities. It is assumed that this will lead to a well performing public sector, especially since legality of interventions is central. Ultimately, this appears to be necessary but insufficient for a recognised, visible and sustainable level of quality and satisfaction. Quadrant II gets citizens (as customers) on board for implementation, as co-producers. There is an outward looking orientation of the public sector organisations. However, there remains a focus on resources and activities. Taking volunteers on board is predominantly for cost reasons, to remedy peaks of delivery, or to deliver supplementary elements. Museums, schools, social services, but also fire brigades often happen to be in this corner of the service map.

Quadrant III remains in the closed shop for design, decision and production. There is, however, an awareness that citizens (as customers) have something to tell. This is the satisfaction

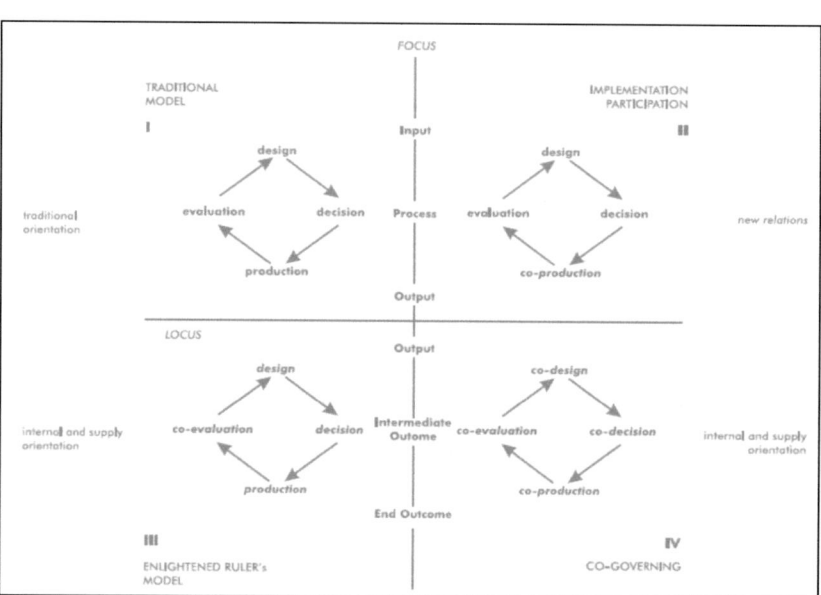

measurement stage. Surveys are being organised by the administration, also on issues of quality of output, satisfaction, perceived effects, sometimes even about expectations of delivery and standards, or willingness to pay for services. This information is judged and evaluated and may be taken on board by those designing, deciding, and producing. Quadrant IV is the most developed part. It integrates co-production and co-evaluation, but also adds co-design and co-decision. These two crucial participative steps are only possible if there is a combined external and open orientation with a focus on outputs and outcomes, resulting in a shift towards co-governing (Van Dooren, Thijs and Bouckaert, 2004: 99).

This evolution in the role of the citizen/customer was also part of the European survey under the Portuguese Presidency (EIPA, 2007: 6-8). Member States were asked, on the one hand, to what extent citizen/customer are *actually* (*as is*) playing these different roles and, on the other hand, to what extent the citizen/customer should be able to play the different roles in *the future* (*to be*).

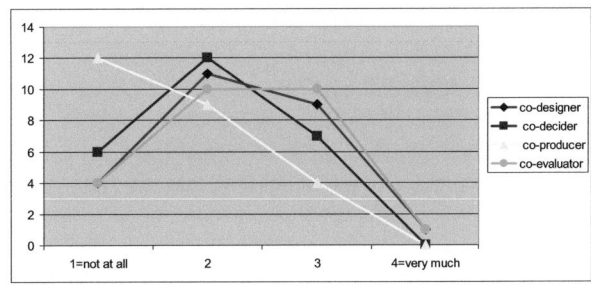

The actual picture of the citizen/customer playing any of the following roles in public sector affairs is relatively low. In most countries the different roles get a low score (1 or 2). Almost none of the countries gave the highest score. If we look at the different roles, the Co-designer role and the Co-evaluator role get the highest scores on level 3, respectively 8 (33%) and 10 countries (41%). Although these scores are not particularly high, the other roles (Co-decider and Co-producer) actually played by the citizen/customer are evaluated (much) lower. Some methodological remarks can probably be made, but nevertheless these results give an interesting overview of the current state of affairs.

It even becomes more interesting when comparing with the future status (*to be*), to what extent the citizen /customer should be able to play the following roles in public sector affairs in your country?
In at least half of the time the roles that the citizen/customer should play in the future are rated at level 3.

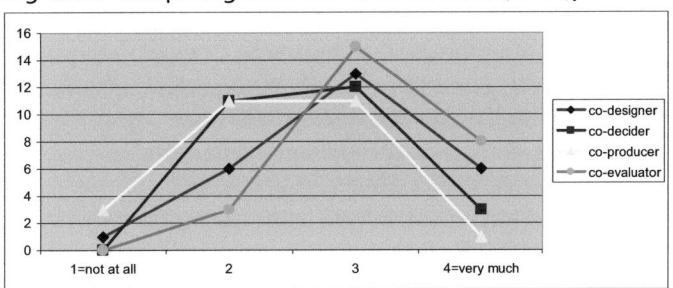

If we compare both situations, there is a shift in culture needed to come from the actual "as is situation" to the desired "to be situation".

THE CHANGING ROLE OF CIVIL SERVANTS

If we want citizens/customers to be involved with public administration and play the different roles described above this also means that public administrations have to be ready for this. Is the culture in public administration ready for this. The above figures already give an indication, but we will elaborate a little bit further on this in this part.

The difficulties of evaluating cultural change are as great as, if not greater than, those of assessing widescope structural change. While there can be little doubt that organizational cultures can have a significant influence on organizational performance, the tasks of actually measuring that influence and knowing how to go about reshaping cultures in some desired direction are fraught with pitfalls and problems (Hofstede 2001 contains an extended discussion of such methodological problems).

In fact the empirical basis for conclusions about cultural change at the systems level is slender. The number of studies where researchers have been able to measure broad shifts in attitudes and beliefs over time (essential to a full identification of cultural shifts) is small indeed—even the Hofstede book is heavily reliant on one particular and unusual survey undertaken more than thirty years ago. Most of the limited number of works that do exist measure the results at a single point in time and then hypothesize what they imply for cultural change (Rouban 1995; Talbot 1994). Nevertheless, such fragments as we have help to cast some light on the claims that management reform has produced cultural change. A survey of 3,800 UK public service managers, conducted at the end of 1993, indicated that 'managers' willingness to accept and implement change was remarkably high; it was clear that managers' attitudes to change are broadly in line with the actual changes taking place'. Yet at the same time 'over 40% of managers feel inadequately supported for dealing with political influences' and 'almost a third of all respondents expect to leave the public sector within the next five years' (Talbot 1994, pp. 5–6). The message here - among managers, though not necessarily other categories of staff—seemed to be that a real change in attitudes was underway, but that some aspects of this change were negative. A survey of French civil servants, carried out in 1989, drew an interesting distinction between professional values and broader social values. It then concluded that:

"[P]rofessional values depend closely on the nature of the job and the strategic position within ministerial circles. They can therefore evolve and can be improved with training. However, the transformation of these values cannot be so great as to modify the global conception that civil servants have of the relationship between public administration and political spheres, or the ranking of social values which determine their professional success. One cannot change civil servants' social values through administrative reform. Such a change requires extra-professional resources . . . (Rouban 1995, p. 51)"

This line of interpretation may help to explain why, in a number of jurisdictions, it has seemed possible to change, for example, civil servants' attitudes towards the 'customer', but much less so other attitudes, such as a distrust of politicians or a scepticism towards the benefits of Market Type Mechanisms within the public service. Rouban went on to argue that the perceived legitimacy of administrative reforms varied up and down the hierarchy, usually being highest with senior civil servants, but only so long as they could continue to control the process of change itself. This finding of a variable adhesion to reforms, correlated with rank and position, has been replicated in other countries also. A large survey of staff carried out in conjunction with an Australian 1992 evaluation of the management reforms of the previous decade found evidence that public servants at different levels exhibited significantly different degrees of belief in the usefulness and impact of the reforms (Task Force on Management Improvement 1992). The rather high levels of scepticism shown by US federal staff towards the NPR and GPRA reforms of the 1990s have already been referred to (General Accounting Office 2001).

Studies on the presence of innovative culture in public administration are even less numerous. We only give a small example on a measurement of culture and values in a particular ministry. Without having the ambition of being scientifically significant we could say that this could be the picture for many organisations.

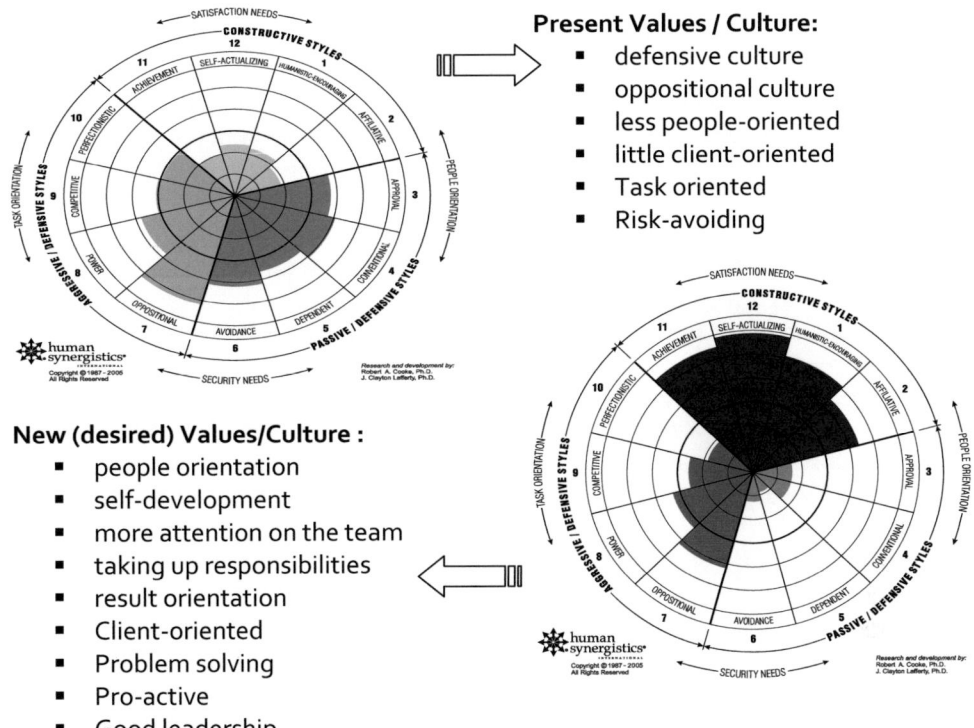

Present Values / Culture:

- defensive culture
- oppositional culture
- less people-oriented
- little client-oriented
- Task oriented
- Risk-avoiding

New (desired) Values/Culture :

- people orientation
- self-development
- more attention on the team
- taking up responsibilities
- result orientation
- Client-oriented
- Problem solving
- Pro-active
- Good leadership

If this is the picture of present and desired values/culture, the question is how to bridge the gap between "as is" and "to be". How can we bring in the culture / competences / values in organisations? When organisations create frameworks to allow employees to continually develop their own competencies, to assume greater responsibility and to take more initiative, employees contribute to the development of the workplace. This can be enabled by making sure they associate their own performance goals with the strategic objectives of the organisation and also by involving them in the establishment of policies related to the recruitment, training, and reward of people.

The first thing is to detect the competences of people. Do organisations know what the current competences (skills and behaviour) of people are? The necessary skills, behaviour and values can be improved by training. There is certainly also an important role in the selection and recruiting process of public sector organisations and putting more attention on innovative and entrepreneurial oriented values and competences.

THE CHANGING ROLE OF LEADERSHIP

The behaviour of an organisation's leaders can help to create clarity and unity of purpose and an environment in which the organisation and its people excel. Leaders provide direction for the organisation. Leaders develop the mission, vision and the values required for the organisation's long-term success. They motivate and support people in the organisation by acting as role models and through appropriate behaviours which are consistent with the expressed and implied values.

In the public sector, leaders are the main interface between the organisation and politicians and manage their shared responsibilities and are also responsible for managing relationships with other stakeholders and ensuring that their needs are met.

In a representative democratic system, elected politicians make the strategic choices and define the goals they want to achieve in the different policy areas. The leadership of public sector organisations assists politicians in formulating policy by giving advice in terms of analysis, horizon-scanning, or visioning, and is also responsible for policy implementation and realisation.

Beside their proper values, European public sector organisations share a number of common values such as the legality, transparency, equity, diversity and the refusal of conflicts of interest. Leaders communicate these values throughout the organisation and may translate them, for example, into codes of conduct that guide people's professional behaviour.

Leaders create the optimal conditions for their organisation to adapt itself to the continuously changing society they serve. They are themselves looking for opportunities to innovate and modernise.

Leaders in public service organisations typically are required to work within allocated resources to achieve goals and targets. This sometimes necessitates balancing the needs of citizens, politicians and other stakeholders. Therefore leaders need to show a clear understanding of who their customers are, their requirements, and how these can be balanced with political imperatives, demonstrating clear commitment to citizens/customers, as well as to other stakeholders.

CONCLUSION

Challenges and pressures on public sector organisations are extremely high and have been growing over the past years, resulting on many public sector reforms in the past decades. These reforms are characterized by the introduction of new principles, a growing focus on efficiency and effectiveness, attention to transparency and accountability, awareness of public service delivery and the role and place of the citizen/customer. Public sector organisations have to be innovative to respond to these demands and expectations by involving citizen/customers closely.

Increasingly, public agencies turn into externally oriented and demand driven organisations, developing new types of interactions and relationships with a variety of stakeholders for different sets of tasks. An issue of fundamental importance to the sustainability of quality improvement is the level of involvement of other stakeholders, particularly service users and citizens, during the entire cycle of service.

Successful organisations use customer needs and expectations as a starting point; developing proposals around their customers' needs and expectations, also meeting other corporate imperatives. Strategies of participation and knowledge on needs and performance are essential. This implies that public agencies evolve from a closed, self-centred service provider to an open networking organisation which the public can trust. This occurs through transparent processes and accountability; through democratic dialogue from an internal (resources and activities) focus to an external (output and outcome) focus; and from a classical-design-decision-production-evaluation cycle to an involvement of stakeholders in general, and citizens (as customers) in particular at each and every stage of this cycle. Citizens/customers (have to) become co-designers, co-deciders, co-producers and co-evaluators.

If we want citizens/customers to be involved with public administration and play the different roles described above this also means that public administrations have to be ready for this. The culture and behaviour in public administration has to be ready for this. The actual culture is often characterised as defensive, oppositional, less people-oriented, little client-oriented, task oriented and risk-avoiding. To change this culture investments are needed in bringing in this values and attitudes by training and coaching, but also by focussing on these elements in recruitment and selection.

In all this an important and crucial role has to be played by leadership. They have to create this culture and formulate these core values. It is leadership that has create the organisational environment and conditions were an innovative and entrepreneurial culture is stimulated.

It is certainly true that "the hollow bones" of public sector organisations became heavier over time, making it very difficult to be innovative and outward oriented. But, changes have been taken place already and lots of public sector organisations are making huge progress in responding in a positive way to the increasing demands and pressures. So it can be a structural explanation why not all public sector organisations behave on an innovative and entrepreneurial way. We also think that it is a cultural explanation. It is a matter of taking risks and have the courage to involve citizen/customers to detect the needs and expectations and to operate in an interactive way so that appropriate solutions in policy and service delivery can be found.

REFERENCES

Bachelet, D. (1995) "Measuring Satisfaction, or the Chain, the Tree and the Nest" in Brooks, R. (Ed.) (1995) *Customer Satisfaction Research*, Amsterdam, European Society for Opinion and Marketing Research.

Bouckaert, G., Löffler, E. and Pollitt, C. (2006), *Scientific report on the 4th European Quality Conference*, Finland: Tampere

Bovaird, T. & Löffler, E. (eds.) (2003). *Public Management and governance*. London: Routledge. p. 255

Boeri T., Börsch-Supan A. and G. Tabellini (2001). 'Would you like to shrink the welfare state? A survey of European citizens'. *Economic Policy*. April 2001. pp. 8-50.

Bok, Derek. (2001). *The Trouble With Government*. Cambridge, MA: Harvard University Press.

Bouckaert, G. (1992) 'Beleid en Productiviteit (Policy and Productivity). In: *Beleidsvoering Overheid*. Alphen a/d Rijn: Samsom H.D. Tjeenk Willink. November 1992.

Bouckaert G. (1998). 'Sustainable Development of Networks in a Governance Context.' In: Theron F., Van Rooyen A. and F. Uys. (Eds). *Spanning the Global Divide: Networking for Sustainable Delivery. School of Public Management*. Stellenbosch: University of Stellenbosch Press, pp.40-56.

Bouckaert G. (2000a). 'Techniques de modernisation et modernisation des techniques: Eva-luer la modernisation de la gestion publique'. In: Rouban, L. (ed.) *Le Service Public en Devenir*, Paris: L'Harmattan. pp.107-128.

Bouckaert G (2000b). 'Trajectories of Modernisation and Reform in Financial Management in the Public Sector.' In: Theron F., Van Rooyen A. and J. Van Baalen (eds.). *Good Governance for People: Policy and Management*. Stellenbosch: University of Stellen-bosch. pp.123-136.

Bouckaert G. (2001). 'Pride and Performance in public service: some patterns of analysis.' *International Review of Administrative Sciences*. 67:1. pp. 9-20.

Bouckaert G. (2002). 'Administrative Convergence in the EU: Some Conclusions for CEECs.' In: Jenei G., Van der Meer et al. (eds.) (forthcoming)

Bouckaert G. and T. Gérard. (2000). *Administrations and Globalisations*. Brussels: Interna-tional Institute of Administrative Sciences. 36p.

Bouckaert G., Ormond D. and B.G. Peters (2000), *A potential Governance Agenda for Finland*. Helsinki: Ministry of Finance, 83p.

Bouckaert, G., Van de Walle, S., Maddens, B. and J. K. Kampen. (2002). *Identity Vs. Perform-ance: an Overview of Theories Explaining Trust in Government: Second Report "Citizen Directed Governance: Quality and Trust in Government"*. Leuven: Public Management Institute.

Bouckaert, G. (1995b). 'Remodeling Quality and Quantity in a Management Context.' in Halachmi A. and G. Bouckaert(eds). *Public Productivity Through Quality and Strategic Management*, plaats:IOS Press.

Cabinet Office (2001), *The People's Panel*, plaats: Cabinet Office.

Caddy J. & M. Vintar, *Building Better Quality Administration for the public: Case studies from Central and Eastern Europe*. NISPAcee, p. 236.

De Bruijn, J.A. and ten Heuvelhof, E.F. (1999). *Netwerkmanagement: strategieën, instrumenten en normen. (Network management: strategies, instruments and norms)*. Utrecht: Lemma.

Doherty, L. and Horne, T. (2002) *Managing public services*. Routledge, London, p. 559

EIPA (2006). *CAF Works: Better results for the citizen by using CAF*. Maastricht: EIPA. p. 101

EIPA (2006), *Common Assessment Framework: version 2006*, Maastricht, p.51

EIPA (2007), *Report on customer insight questionnaire*, Prepared on behalf of the Portuguese Presidency for the IPSG meeting 15-16 November 2007, Lisbon , p. 39

Engel C., (2002). 'Common Assessment Framework: The state of Affaires', in: *Eipascoop*, 2002/1, pp.35-39.

Eurobarometer (1995). *Trends 1974-1994, Public opinion in the European Union*. Brussels: European Commission.

Ferlie, E., Ashburne, L., Fitzferald, L. and Pettigrew, A. (1996) *The new public management in action*. Oxford: Oxford University Press

Gaster, L. and Squires A. (2003) *Providing quality in the public sector*. Maidenhead: Open University Press, p. 292

.Halachmi, A. and K.L. Nichols (eds.) (1996). *Enterprise Government: Franchising and Cross-Servicing for Administrative Support*. Burke, Virginia: Chatelaine Press.

Hardin, R. (2002). *Trust and Trustworthiness*. New York: Russell Sage Foundation.

Hatry, H. (1999). *Performance measurement: getting results*. Washington D.C.: the Urban Institute Press.

Hegner F., (1986), 'Solidarity and Hierarchy; institutional arrangements for the coordination of actions,' in: Kauffman F-X., Majone G. & V. Ostrom, *Guidance, Control and Evaluation*, Berlin: Walter De Gruyter.

Helu 'I Futa (1997) '*Tradition and Governance'. Discussion Paper 97/3*. Canberra: The Australian National University.

Hoffman K. & J. Bateson, (1997). *Essentials for service marketing*, The Dryden Press, Chicago

Inaxis (2006), Doing, sharing and letting go, Den Haag, 69 p.

Kettl, D. (2000) The global public management revolution: a report on the transformation of governance, Washington, DC: The Brookings Institution.

Lane, J.(2000) *New public management*. London, Routledge, p. 242

Lane, J.-E. (1997) *Public Sector Reform: Rationale, Trends and Problems*. London: Sage.

Löffler E. & M.Vintar (2004) , *The current quality agenda of East and West European public services*, in Löffler E. & M. Vintar (eds.), "Improving the quality of East and West European public services", Ashgate, pp. 3-19.

Löffler, E.(2002) '*Defining and measuring quality in public administration*. in: Caddy J. and M. Vintar (eds.) *Building better quality administration for the public*, Slovakia, NIS-PACee, pp.15-37

Loffler, E,. Parrado, S., and Zmeskal, T., (2006), *Improving customer orientation through customer charters*, p.117

Mandell, M.P. (ed) (2001). *Getting Results Through Collaboration: Networks and Network Structures for Public Policy and Management*. Westport, Con.: Quorum Books.

Ministerie van Verkeer en Waterstaat (2002). *ISIS scenariowerkboek: schetsen voor scenario's*. Ministerie voor Verkeer en Waterstaat, Den Haag.

Mintzberg, H. (1981) *Structuring of Organizations: a Synthesis of the Research*. Harlow: Prentice-Hall.

Nelson S. (2001) The Nature of Partnerships in Urban Renewal in Paris and London. *European Planning Studies*. 9:4. pp. 483-502.

General Accounting Office (1997) Performance budgeting: vast initiatives offer insight for GPRA implementation, Washington DC, GAO/MMD-97-46, March

OECD (2000) *Government of the Future*. Paris, OECD.

OECD (1997) *In Search for Results: performance management practices*. Paris: OECD.

OECD (2001a), *Citizens as partners: information, consultation and public participation in policy-making*, 265 p.

OECD (2001b) 'Engaging Citizens in Policy-making: information, consultation and public participation'.

PUMA Policy Brief, No.10, July 2001, 6 p.

OECD (2001c), *Governance in the 21st Century*, Paris: OECD.

Olsen, J. and Peters, B.G. (eds.) (1996) Lessons from experience: experiential learning in administrative reforms in eight democracies, Oslo, Scandinavian University Press

Osbourne, D. and Gaebler, T. (1992) Reinventing government: how the entrepreneurial spirit is transforming the public sector, Reading, Mass., Addison-Wesley

Peters B.G. & D.J. Savoie (eds.), 2000, *Governance in the twenty-first century*. Montreal:CCMD & McGill-Queen's university press.

Pollitt, C. and Bouckaert, G. (eds.) (1995) Quality improvement in European public services: concepts, cases and commentary, London, Sage

Pollitt, C. and Bouckaert, G. (2000) Public management reform: a comparative analysis, Oxford, Oxford University Press

Pollitt, C. (2000) 'Is the Emperor in his underwear? An analysis of the impacts of public management reform, Public Management: an International Journal of Theory and Research

Pollitt C. and G. Bouckaert (eds.) (1995). *Quality Improvement in European Public Services, Concepts, Cases and Commentary*. London: Sage.

Pollitt C. and G. Bouckaert (2000). *Public Management Reform: An International Comparison*. Oxford: Oxford University Press, 2000.

Pollitt C. and Bouckaert G. (2002) Evaluating Public Management Reforms: an International Perspective. *International Journal of Political Studies*, Spring 2002, pp. 167-192.

Pollitt C. and G. Bouckaert (2004). *Public Management Reform: An International Comparison*. Oxford: Oxford University Press, 2004.

Schick, A. (2000) '*Opportunity, Strategy and Tactics in Reforming Public Management*' in: OECD, *Government of the Future*, pp. 123-148.

Schmidt and Stricklan, (2000) *Client Satisfaction Surveying: Common Measurements Tool* , Canadian Centre for Management Development November 2000

Shand, D. (1999) 'Service quality in the public sector: the international experience', in: Clark C. and D. Corbett (Eds.) *Reforming the public sector*, Allen and Unwin, St Leonards, pp. 151-164

Shand, D. & Arnberg, M. (1996). *Background paper;* in: OECD; Responsive Government. Service Quality Initiatives; Paris

Staes, P., & Thijs, N. (2005). Quality Management on the European Agenda. *Eipascope*, 2, pp.33-41.

Schofield R. and J. Shaoul (2000). Food safety Regulation and the Conflict of Interest: the Case of Meat Safety and E. Colli 0157. *Public Administration* 78:3. pp. 531-554.

Seppälä O. T., Hukka J. J. and T. S. Katko (2001). 'Public-Private Partnerships in Water and Sewerage Services; Privatization for Profit or Improvement of Service and Performance?'. *Public Works Management and Policy*. 6:1. pp. 42-58.

Sharkansky, I. (1975). *Public Administration: Policy Making in Government Agencies*. Chicago: Rand McNally.

Sigma (1999) European Principles for Public Administration. *Sigma Papers*. no. 27. Sigma/OECD: Paris.

Trichet, J.C. (2001) 'The Euro after Two Years.' *Journal of Common Market Studies*. March 2001, pp. 1-13.

Thijs, N. & Staes P. (2008) *Applying the Common Assessment Framework in Europe*. In: de Lancer Julnes, P., Berry, F. and Aristigueta, M. *(Eds.) International handbook of practice based performance management,* Sage, pp. 455-485 *van Dooren W., Thijs, N., & Bouckaert, G. (2004) Quality management and management of quality in the European public administrations. In E. Löffler & M. Vintar (Eds.). Improving the quality of East and West European public services (pp. 91-106). UK, Hampshire: Ashgate.*

Van de Walle, S. (2007) *"Measuring customer satisfaction in the public sector: a short introductory guide, 46-47*

UNDP (1997) *Governance for Sustainable Human Development, A UNDP Policy Document.* New York: UNDP.

Wollmann H. (2001) 'Germany's trajectory of public sector modernisation: continuities and discontinuities.' *Policy & Politics,* 29(2), pp. 151-169.

Wright, G. (ed.) (2001) Government, Market and the Civic Sector: the Search for a Productive Partnership. Riga: NISPAcee.

Dr. Alexander Wegener (interpublic berlin)

„Intrapreneurship und Verwaltungskultur - Zur Passfähigkeit von Modernisierungsansätzen in der deutschen Verwaltungskultur"

Intrapreneurship – unternehmerisches Denken und Handeln innerhalb der Verwaltung – verlangt einen grundlegenden Wandel in der Personalpolitik, in der Rekrutierung, aber vor allem in der Aus- und Weiterbildung von Führungskräften, der Karrierepfade – eine schier lange Liste an Veränderungen. In diesem Beitrag geht es jedoch nicht um die Aufzählung von Reformbedarfen und Appellen zur Veränderung, sondern um die Frage, warum scheinbar gleiche Konzepte und Strategien, Instrumente und Maßnahmen der Verwaltungsmodernisierung in unterschiedlichen Ländern anders wirken (Naschold, Oppen et al. 1997). These ist, dass die Umsetzung von Intrapreneurship-orientierten Modernisierungsansätzen in kontinentaleuropäisch-bürokratischen und romanischen Verwaltungskulturen weitaus weniger von Erfolg gekrönt sein wird wie in angelsächsisch geprägten Verwaltungskulturen. Zunächst einmal müssen verschiedene Begriffe näher erläutert werden, die in der Diskussion um Intrapreneurship verwendet werden oder für das Verständnis von Verwaltungskultur erforderlich sind.

„Leadership" – Führung – betont nichts anderes als persönliche Eigenschaften einer Leitungskraft, die gleichsam eine Vision verkörpert. Ähnlich ist „Intrapreneurship" auf die persönlichen Merkmale und Eigenschaften eines Unternehmers, eines „Machers", ausgerichtet. Leadership ist damit auf eine einzelne, namentlich benennbare Person konzentrierte, über den routinemäßigen und regelorientierten Abläufen stehende Konzeption. Gemein sind Intrapreneurship, Leadership und anderen Begriffen vorrangig US-amerikanischer Provenienz, dass die Person und ihre Eigenschaften herausgestellt werden, visionär sind und als Leitfiguren der Veränderung dienen (Osborne und Gaebler 1992). Dabei sind gerade Personalmanagement und Arbeitsorganisation in der deutschen Verwaltung nach wie vor recht gering Ziel von Verwaltungsmodernisierungsansätzen (Oppen und Wegener 1997).

Verwaltungskultur ist ein vager Begriff, der an ein weites Kulturverständnis anknüpft und sich auf typische Einstellungen und die damit verbundenen Handlungs- und Verhaltensformen bezieht. Diese bilden einen unterscheidbaren Verwaltungsstil, der sich durch interne und externe Handlungsmuster von Verwaltungsakteuren – vor allem den Beschäftigten - manifestiert. Der Begriff wird hier verwendet als die erkennbaren Handlungs- und Verhaltensformen und bezieht sich auf grundlegende Muster (Thom und Ritz 2000). Verwaltungskulturen können typisiert werden und werden im allgemeinen unterschieden in angelsächsische, kontinentaleuropäisch-bürokratische, romanische und nordisch-skandinavische Verwaltungskultur (Jann 2000).

Die kontinentaleuropäische Verwaltungstradition ist eine legalistische und klassisch-bürokratische Kultur. Sie weist eine dichte Normstruktur auf, ist hierarchisch aufgebaut und funktional differenziert. Das Beamtentum ist die Verkörperung der Macht und Zentralität des Staates. Wichtige Merkmale der deutschen Verwaltungskultur sind Delegation und Dezentralisierung. Die Implementation politischer Programme ist auf subnationale Ebenen und Verwaltungen, mittelbare und unmittelbare Träger der Verwaltung, delegiert. Durch die funktionale Aufteilung spielen Koordination und Kooperation eine große Rolle (Politikverflechtung).

Das angelsächsische Modell des „common law", welches kein kodifiziertes Recht darstellt, sondern auf der Fortentwicklung der Rechtssprechung basiert, ist kasuistisch (einzelfallorientiert) und nicht abstrakt-generell. Verfahrensweisen in der Verwaltung sind nur wenig oder gar nicht formalisiert (flexible Verhandlungskultur).

Die kontinentaleuropäische napoleonische Verwaltungskultur ist der kontinentaleuropäischen deutschen insofern ähnlich, als dass sie ebenfalls auf einem bürokratischen Modell aufbaut, jedoch zentralistisch und nicht föderalistisch ausgerichtet ist und "der Staat" als Autorität im Verhältnis zum Bürger steht.

Tabelle: Verwaltungskulturen in Europa

	kontinentale bürokratische Verwaltungskultur	angelsächsische Verwaltungskultur	napeoleonische (romanische) Verwaltungskultur	skandinavische Verwaltungskultur
Rechtskultur	legalistisch abstrakt-generell	kasuistisch einzelfallorientiert	legalistisch abstrakt-generell	legalistisch
Entscheidungsfindung	hierarchisch professionell	situativ, ad-hoc	hierarchisch	konsensual kooperativ
zivilgesellschaftliche Einbindung	gering	mittel	gering	hoch
Stellung des Berufsbeamtentums	hoch	gering	hoch	gering
Rechenschaft und Transparenz	legalistisch	offensiv	legalistisch	offensiv

Die skandinavischen Staaten verfügen über einen unitaristischen Staatsaufbau, dem sehr einflussreiche regionale und lokale Verwaltungen gegenüberstehen. In der skandinavischen Verwaltungstradition lassen sich sowohl angelsächsische, als auch kontinentaleuropäische Einflüsse erkennen. Vielfach wird die skandinavische Verwaltungstradition als pragmatische Konsenskultur (Ausschüsse nehmen im Rahmen des parlamentarischen Gesetzgebungsverfahrens eine große Rolle ein) oder kooperative Kontaktkultur umschrieben.

Die einfache Frage in diesem Beitrag ist, warum in kontinentaleuropäisch-bürokratischen Verwaltungskulturen Leitfiguren nach den Ideen von Intrapreneurship oder Leadership weniger häufig anzutreffen sind – wie etwa in Deutschland – im Vergleich zu angelsächsisch geprägten Verwaltungskulturen – wie etwa in den USA oder in Großbritannien (Peters und Pierre 1998).

In Deutschland dominiert nach wie vor eine Verwaltungskultur, die stark an Max Webers Idee der Bürokratie angelehnt ist (Albrow 1972). Die deutsche Verwaltungsmodernisierung seit den frühen 1990er Jahren orientiert sich an einem Set von international anerkannten Strategien und Instrumenten (Banner 1991) – nicht notwendigerweise ist das internationale Kondensat „New Public Management" als ein kohärentes, widerspruchsfreies Reformpaket zu verstehen (Naschold, Oppen et al. 1994), und die Umsetzung in den einzelnen Staaten erfolgte eher unsystematisch, jedoch in Anlehnung an den für die jeweilige Verwaltungskultur angemessenen Strategien und Instrumenten und dem wahrgenommenen Veränderungsnotwendigkeiten (Bouckaert und Pollitt 1999).

So orientierten sich beispielsweise Kommunalverwaltungen in Deutschland, die Speerspitze der Verwaltungsreform in den 1990er Jahren, an dem von der Kommunalen Gemeinschaftsstelle (KGSt) veröffentlichten „Neuen Steuerungsmodell", welches seinen Ursprung wiederum in der Praxis der Verwaltungsmodernisierung der niederländischen Stadt Tilburg hatte (KGSt 1992). Tilburg gehörte Ende der 1980er Jahre und während der 1990er Jahre zu einer Reihe von niederländischen Städten (van Raay und Wolters 1987), die durch erhebliche Veränderungen in der Gemeindefinanzierung durch den Zentralstaat genötigt wurden, stärker als bisher privatwirtschaftliche, besser: betriebs- und finanzwirtschaftliche Steuerungsinstrumente einzuführen und neue, an die Unternehmensorganisation angelehnte Strukturveränderungen in der klassischen Stadtverwaltung vorzunehmen - „Konzern Stadt" war geboren (Gemeente Tilburg 1994).

Die Inhalte des Neuen Steuerungsmodells entsprechen nur teilweise dem Kondensat „New Public Management" (Aucoin 1990): Recht früh wurde eine zu starke Binnenmodernisierung und extreme Instrumentenlastigkeit in der Durchführung kritisiert, während zentrale exogene die Modernisierung dynamisierende Elemente wie Wettbewerb (Wegener 2002), Demokratisierung und Qualität (Oppen 1997) allenfalls eine untergeordnete Rolle im Neuen Steuerungsmodell spielen (Naschold 1993). Diese spezifisch deutsche Überformung einer Verwaltungsmodernisierung mit niederländischen und diffusen, vor allem angelsächsischen Reformideal ist keineswegs überraschend: Jedes Land wählte, wie oben bereits angerissen, Elemente aus, die der Verwaltungskultur und der Problemlage entsprachen.

Die kontinentaleuropäisch-bürokratische Verwaltungskultur basiert, wie der Name bereits andeutet, auf dem Bürokratiemodell, eines der leistungsfähigsten Organisations- und Arbeitsorganisationslösungen für standardisierte, extern überprüfbare, ausschließlich dem Recht (oder Regeln) unterliegenden Geschäftsprozesse, die massenhaft auftreten (Weber 2006). Die bürokratische Organisation bietet optimale Möglichkeiten der Schaffung von Rechtseinheitlichkeit und Rechtmäßigkeit des Verwaltungshandelns – sie kann aber, so die leidvolle Erfahrung, auch zum Machtmissbrauch instrumentalisiert werden, und sie ist instrumentalisierbar, weil sie unpersönlich ist. Eine der großen Stärken der Bürokratie ist gleichzeitig ein Risiko und auch ein wesentlicher Grund, warum Verwaltungsmodernisierungskonzepte, die stark auf persönliche Merkmale Einzelner in der bürokratischen Organisation eingehen – wie etwa Intrapreneurship oder Leadership – nicht passfähig sind.

Verwaltungsmodernisierungsansätze zielen auf flexible, innovative Problem- und Organisationslösungen, die sich beständig den Anforderungen der Umwelt – Bürgerschaft und Wirtschaft – anpassen. Intrapreneurship, Leadership, Stewardship und andere, meist recht vage formulierte Strategien und Instrumente, da sie kulturelle Faktoren der Veränderung darstellen oder ansprechen, sollen die Flexibilität und Innovationskraft von öffentlichen Verwaltungen unterstützen.

Flexibilität setzt voraus, dass das Handeln der Verwaltung Spielräume zulässt. In einer legalistischen Rechtskultur, die abstrakt-generell ex ante versucht, alle denkbaren Fälle einzuschließen, stellen diese Spielräume das Ermessen im Sinne des Verwaltungsverfahrensgesetzes dar. Ganz anders in den angelsächsisch geprägten Verwaltungen: Die Rechtskultur ist einzelfallorientiert (kasuistisch), und eine Entscheidung kann in einer anderen Verwaltung gänzlich anders ausfallen. Eine Rechtseinheitlichkeit ist dementsprechend in angelsächsisch geprägten Verwaltungssystemen viel schwieriger zu erreichen, sie entwickelt sich allenfalls, während in Deutschland Rechtseinheitlichkeit an sich bereits vorab durch Normsetzung erfolgt und generell als eine zentrale Aufgabe von Recht an sich gesehen wird. Und so ist es auch nicht überraschend, dass die Entscheidungsfindung in angelsächsischen Systemen eher situativ und ad hoc erfolgt oder besser: erfolgen kann, während in Deutschland Entscheidungen hierarchisch und professionell im Sinne Max Webers gefällt werden. Die nordisch-skandinavischen Staaten sind in ihrer Rechtskultur vergleichbar mit Deutschland, jedoch bietet das Recht größere Spielräume. Die Entscheidungsfindung, die bis weit in die 1970er Jahre hinein hierarchisch-professionell, fast paternalistisch erfolgte, trägt heute starke konsensual-kooperative Züge, so wie dies in der politischen Entscheidungsfindung schon lange Praxis ist (Riegler und Schneider 1999).

Die hierarchisch-professionelle Entscheidungsfindung auf der Basis einer legalistischen Rechtskultur, in der Recht abstrakt-generell definiert ist, gehört zu den Grundbausteinen einer idealtypischen Bürokratie, verkörpert durch den Beamten. Die Beamtenschaft ist in den USA, aber auch in Großbritannien und in den nordischen Staaten weitgehend unbekannt; das Personal ist nahezu ausschließlich angestellt, der Übergang zwischen öffentlichem und privatem Sektor ist in den angelsächsischen Staaten einfach und keineswegs ungewöhnlich. Das Arbeitsrecht bestimmt die industriellen Beziehungen, so wie auch in den nordischen Staaten – und nicht das Beamtenrecht.

Zusammenfassend ist festzuhalten, dass Verwaltungsmodernisierungsansätze, die auf das Führungsverhalten und persönlichen Eigenschaften von Mitarbeitern in der öffentlichen Verwaltung zielen, vermutlich in einer kontinentaleuropäischen bürokratischen Verwaltungskultur wenig Wirkung zeigen können, da sie im Widerspruch zu den Organisations- und Arbeitsprinzipien und der Idee der öffentlichen Verwaltung im Sinne Max Webers stehen.

Die Entstehung stark personalisierter Ansätze zur Verwaltungsmodernisierung wie Intrapreneurship und Leadership in den angelsächsischen Verwaltungssystemen ist vor dem Hintergrund der strukturellen Defizite dieser Verwaltungsorganisation zu sehen. Die Betonung von Leadership vor allem in US-amerikanischen Managementkonzepten ist als Notwendigkeit in Folge von schwach regelorientierten Verwaltungsabläufen zu verstehen, weniger als Innovation oder gar als Treiber der Verwaltungsmodernisierung. In kaum einem anderen Verwaltungssystem ist die Nachhaltigkeit von Verwaltungsmodernisierung derart von einzelnen Personen abhängig wie in den USA. Dies gilt weniger für Großbritannien, jedoch vor allem durch die grundsätzlich verschiedenen Steuerungsmöglichkeiten der Verwaltungsmodernisierung in einem unitaristischen Staat im Unterschied zu den föderal organisierten USA. In den nordisch-skandinavischen Staaten ist eine Profilierung von Führungskräften kaum denkbar, da hier Veränderungen eher konsensual und kooperativ erarbeitet werden, die einer Individualisierung der Erfolge von Veränderung entgegenstehen.

Die stark auf die Binnenmodernisierung abzielende Verwaltungsmodernisierung in Deutschland schloss von Anfang an „unbequeme", weil grundsätzlich die bürokratische Organisation (und Kultur) in Frage stellende Elemente keinen oder nur sehr geringen Eingang in die Praxis der Verwaltungsmodernisierung gefunden haben (Naschold, Oppen et al. 1998), aus. Auch dieser Befund kann nicht überraschen, denn Verwaltungsmodernisierung in Deutschland ist ein Thema der Verwaltung selbst. Es gibt weder eine zivilgesellschaftliche oder politische Forderung nach Verwaltungsmodernisierung – abgesehen von normativen und wenigen spezifizierten, fast stereotypen Rufen nach einem Rückbau des Staates (Banner 1997).

Hinzu kommt in Deutschland, dass die Verwaltungsmodernisierung differenziert nach Bundes-, Landes- und Gemeindeebene weitgehend entkoppelt ist, eine gemeinsame Strategie ist nicht erkennbar – und vermutlich im deutschen Verwaltungsföderalismus auch nicht durchsetzbar. Dieser Verwaltungsföderalismus kann auch nicht mit einer Binnenmodernisierung überwunden werden. Letztlich schafft eine erfolgreiche Binnenmodernisierung eine optimierte Bürokratie, in der Intrapreneure und Leader genauso wenig ihren Platz finden können wie heute. Die Überwindung der Selbstbeschränkung auf die Binnenmodernisierung, auf definierte Instrumente innerhalb der Regelungsstruktur der öffentlichen Verwaltung und dem Bedürfnis nach Konditionalprogrammen von Veränderung wären erste Schritte, die dominante Verwaltungskultur zu verändern. Da stellt sich abschließend nur die Frage, wie weit von den eigentlich anerkannten und geschätzten positiven Eigenschaften der Verwaltung abgewichen werden soll, um „flexibler" und „innovativer" zu werden. Eine derartige Diskussion um die Rolle, Funktion und Eigenschaften der öffentlichen Verwaltung im 21. Jahrhundert wird in Deutschland jedoch nicht geführt.

Literatur

Albrow, M. (1972). <u>Bürokratie</u>. München, List.

Aucoin, P. (1990). "Administrative Reform in Public Management: Paradigms, Principles, Paradoxes and Pendulums." <u>Governance</u> 3(2): 115-137.

Banner, G. (1991). "Von der Behörde zum Dienstleistungsunternehmen. Die Kommunen brauchen ein neues Steuerungsmodell." <u>Verwaltung Organisation Personal</u>(1): 6-11.

Banner, G. (1997). Kommunale Verwaltungsmodernisierung, politische Steuerung und der "Faktor Staat". <u>Innovative Kommunen. Internationale Trends und deutsche Erfahrungen</u>. F. Naschold, M. Oppen und A. Wegener. Stuttgart, Kohlhammer: 341-350.

Bouckaert, G. und C. Pollitt, Eds. (1999). <u>Public Management Reform. A Comparative Analysis</u>. Oxford, Oxford University Press.

Gemeente Tilburg (1994). <u>The Tilburg Model. The Public sector: "Managing it as a business"</u>. Tilburg, Gemeente Tilburg.

Jann, W. (2000). "Verwaltungskulturen im internationalen Vergleich." <u>Die Verwaltung</u> 33(3): 325-349.

KGSt (1992). <u>Wege zum Dienstleistungsunternehmen Kommunalverwaltung: Fallstudie Tilburg</u>. Köln, Kommunale Gemeinschaftsstelle.

Naschold, F. (1993). <u>Modernisierung des Staates. Zur Ordnungs- und Innovationspolitik des öffentlichen Sektors</u>. Berlin, edition sigma.

Naschold, F., M. Oppen, et al. (1994). <u>Neue Städte braucht das Land. Public Governance: Strukturen, Prozesse und Wirkungen kommunaler Innovationsstrategien in Europa</u>. Berlin, Wissenschaftszentrum Berlin.

Naschold, F., M. Oppen, et al., Eds. (1997). <u>Innovative Kommunen. Internationale Trends und deutsche Erfahrungen</u>. Stuttgart, Kohlhammer.

Naschold, F., M. Oppen, et al. (1998). <u>Kommunale Spitzeninnovationen. Konzepte, Umsetzung, Wirkungen in internationaler Perspektive</u>. Berlin, edition sigma.

Oppen, M. (1997). Der Bürger und Kunde als ProMotor im Modernisierungsprozeß - kundenorientierte Dienstleistungsgestaltung in internationaler Perspektive. <u>Innovative Kommunen. Internationale Trends und deutsche Erfahrungen</u>. F. Naschold, M. Oppen und A. Wegener. Stuttgart, Kohlhammer: 364.

Oppen, M. und A. Wegener (1997). Restrukturierung der kommunalen Dienstleistungsproduktion. Innovationsfähigkeit deutscher Kommunen in internationaler Perspektive. <u>Ökonomische Leistungsfähigkeit und institutionelle Innovation. Das deutsche Produktions- und</u>

Politikregime im globalen Wettbewerb. F. Naschold, D. Soskice, B. Hancké und U. Jürgens. Berlin, edition sigma: 151-181.

Osborne, D. und T. Gaebler (1992). Reinventing Government. How the entrepreneurial spirit is transforming the public sector. Reading, Massachusetts, Addison-Wesley.

Peters, B. G. und J. Pierre (1998). "Governance Without Government? Rethinking Public Administration." Journal of Public Administration Research and Theory 8: 223-243.

Riegler, C. H. und O. Schneider, Eds. (1999). Schweden im Wandel. Entwicklungen, Probleme, Perspektiven. Nordeuropäische Studien. Berlin, Berlin Verlag Arno Spitz.

Thom, N. und A. Ritz (2000). Public Management. Innovative Konzepte zur Führung im öffentlichen Sektor. Wiesbaden, Gabler.

van Raay, W. J. M. und M. Wolters (1987). Ambtelijke reorganisatie. Een onderzoek naar nieuwe organisatievormen in grote gemeenten. Alphen aan den Rijn, Samson.

Weber, M. (2006). Wirtschaft und Gesellschaft. Paderborn, Voltmedia.

Wegener, A. (2002). Die Gestaltung kommunalen Wettbewerbs. Strategien in den USA, Großbritannien und Neuseeland. Berlin, edition sigma.

Alexander Wegener arbeitete lange Jahre am Wissenschaftszentrum Berlin, bevor er 2001 sein eigenes Unternehmen interpublic berlin gründete. Das Forschungs- und Beratungsunternehmen ist heute vor allem in Asien und Afrika für öffentliche und private Auftraggeber aktiv, so unter anderem in der Mongolei, in Nepal, Bénin, Äthiopien und in den Vereinigten Arabischen Emiraten. Daneben ist Alexander Wegener an verschiedenen Hochschulen als Dozent tätig, so etwa im Masterstudiengang „Europäisches Verwaltungsmanagement" in Berlin, Brühl und Saarbrücken und im Bachelor- und Masterstudiengang „Public Management and Governance" an der Zeppelin University in Friedrichshafen.

Claus Weiland (HUK-Coburg)

„Schnelle Entscheidungen - risikobereites Personal - Haftungsfragen"

Guten Morgen meine Damen und Herren,
zunächst bedanke ich mich bei Herrn Prof. Dr. Wiegand-Hoffmeister und Herrn Dr. Heinrichs für die Einladung zur Internationalen Konferenz „Think Ahead, Move Forward", die die Intrapreneurship-orientierte Verwaltung zum Thema hat.

Mein Vortrag, der die Themen schnelle Entscheidungen, risikobereites Personal und Haftungsfragen behandelt, hat das Ziel festzustellen, ob die Haftungssituation der deutschen Beamten sowie der Beschäftigten im öffentlichen Dienst Einfluss auf deren Entscheidungsverhalten hat und wenn dies der Fall ist, ggf. versicherungsrechtliche Absicherungsmöglichkeiten zu beleuchten oder aber auch neu zu entwickeln.

Inhalte des Vortrags sind zum einen die dienstliche Entscheidung per se, danach die Darstellung der verfassungs-, zivil- und öffentlich-rechtlichen Anspruchsgrundlagen im Haftungsfall sowie im Weiteren die versicherungsrechtlichen Möglichkeiten für eine Absicherung des Beamten bzw. des Angestellten im öffentlichen Diensts anhand der aktuellen Versicherungslandschaft in Deutschland. Am Ende meines Vortrags steht dann ein Fazit.

Am 03.06.1998 entgleiste bei Eschede im Landkreis Celle der ICE „Wilhelm-Conrad-Röntgen". Bei diesem Unglück verloren 101 Menschen ihr Leben, 88 wurden schwer verletzt. Ursache des Unglücks war ein Bruch eines Radreifens an einem Rad des ersten Wagens aufgrund von Materialermüdung.

Die Staatsanwaltschaft hat gegen zwei Angestellte der Deutschen Bahn und einen Ingenieur Klage wegen fahrlässiger Tötung erhoben. Die Angeklagten sahen weder in den bereits zuvor vorhandenen Mängelmeldungen zum Unglückszug noch in den am Vortag erhaltenen alarmierenden Wartungsergebnissen ein Sicherheitsrisiko. Aus diesem Grund veranlassten sie nichts.

Bei einem weiteren Unglück am 10.12.2007 in Berlin wurden bei einem Verkehrsunfall eines Stadtbusses, und zwar beim Anprall dieses Busses gegen einen Baum, sieben Fahrgäste verletzt, zwei davon schwer. Ursache für diesen Unfall war ein plötzlicher Schwächeanfall des 56-jährigen Busfahrers der Berliner Verkehrsbetriebe, der die Kontrolle über den Bus verlor.

Diese beiden Unglücksfälle zeigen, welche Konsequenzen aus Entscheidungen resultieren können.

Eine Entscheidung ist eine bewusste oder unbewusste Wahl zwischen Alternativen oder mehreren verschiedenen Varianten anhand bestimmter Präferenzen von einem oder mehreren Entscheidungsträgern. Die Entscheidung kann spontan bzw. emotional, zufällig oder rational erfolgen.

Eine rational begründete Entscheidung richtet sich nach bereits vorgängig abgesteckten Zielen oder vorhandenen Wertmaßstäben. Diese ist ausgerichtet an objektiven und subjektiven Entscheidungskriterien. Die Entscheidung wird nach Ableistung mehrerer Entscheidungsschritte getroffen. Zunächst wird der Entscheidungsbedarf an sich festgestellt. Danach erfolgen eine Analyse des Entscheidungsumfeldes und eine Ermittlung der Entscheidungsalternativen. Hieran schließt sich eine Beurteilung der möglichen Konsequenzen jeder Alternative an. Danach kommt es zu einer Entscheidung und Umsetzung einer Alternative.

Im weiteren Verlauf ist die normale Abfolge zu beobachten, die ggf. eine Anpassung der Entscheidung zur Folge hat. Die Entscheidung selbst erfolgt durch einen oder mehrere Entscheidungsträger, die für diese legitimiert sind. Aus diesem Grund wird eine Entscheidung durch die subjektiven Grundlagen des jeweiligen Entscheidungsträgers, dessen Präferenzen, Wertvorstellungen usw. beeinflusst.

Nach dem Gegenstand der Entscheidung kann unterschieden werden nach einem Handlungs-, Ziel-, Beziehungs- oder Gestaltungsentscheid.

Die Entscheidungsfolgen können kurz-, mittel- oder langfristiger Natur sein. Erfolg und Auswirkungen einer Entscheidung bestimmen, ob sie rückgängig oder abgewertet werden kann oder ob sie unwiderruflich ist, ggf. sind Folgeentscheidungen notwendig.

Entscheidungen haben - wie wir eingangs gesehen haben - im Einzelfall dramatische Folgen. Daraus ergeben sich Haftungssituationen, die für Beamte und Arbeiter bzw. Angestellte im öffentlichen Dienst unterschiedlich beleuchtet werden müssen.

Bevor ich darauf zu sprechen komme, ist ein kurzer Blick auf den rechtlichen Rahmen zu werfen. Die Bundesrepublik Deutschland ist ein Rechtsstaat, also ein Staat, in dem die öffentliche Gewalt an eine in ihren Grundzügen unabänderliche und im Ganzen auf Dauer angelegte objektive Wert- und Rechtsordnung gebunden ist. Aus diesem Grund wird die Macht des Staates umfassend durch Gesetze determiniert, um die Bürger vor Willkür zu schützen.

Aus dem Rechtsstaatlichkeitsbegriff folgt zum einen die Gesetzmäßigkeit der Verwaltung, also die Bindung an Recht und Gesetz. Außerdem die Rechtsweggarantie nach Art. 19 Abs. 4 GG sowie die Haftung des Staates für hoheitliches Unrecht.

Bei dem letzten Punkt, nämlich der Haftung des Staates für Unrecht, gilt es vier Seiten zu beachten. Zum einen die Amtshaftung nach Art. 34 GG, § 839 BGB, dann die Aufopferungsentschädigung für rechtswidrige Eingriffe in Eigentum und immaterielle Rechtsgüter, die öffentliche Gefährdungshaftung sowie das Richterrecht bzw. den öffentlich-rechtlichen Folgenbeseitigungsanspruch.

Im Folgenden werde ich die Haftungssituation bei Beamten beleuchten. Hierbei muss zum einen nach der Schädigung Dritter und zum anderen der Schädigung des Dienstherrn unterschieden werden.

Bei der ersten Variante richtet sich die Haftung des Beamten danach, ob er hoheitlich oder fiskalisch tätig geworden ist. Beim hoheitlichen Handeln wird die Haftung aufgrund von

§ 839 BGB auf den Staat übergeleitet. Rechtsgrundlage hierfür ist Art. 34 GG. Die Voraussetzungen für einen Anspruch nach § 839 BGB, Art 34 GG sind zum einen hoheitliches Handeln, vorliegend eine Amtspflichtverletzung, Drittbezogenheit der Amtpflicht, also hat die verletzte Vorschrift auch drittschützende Wirkung und gehört der Geschädigte zum geschützten Personenkreis, dann das Vorliegen eines kausalen Schadens sowie ein Verschulden nach § 276 BGB. Sofern keine Einschränkungen bzw. keine Ausschlüsse nach § 839 Abs. 1 Satz 2. Abs. 2 und Abs. 3 vorliegen, ist ein Schadenersatzanspruch gegeben.

Sollte der Beamte als Privatrechtsträger, sog. fiskalisches Handeln, tätig geworden sein, dann liegt eine persönliche Haftung des Beamten gegenüber dem Dritten aus § 839 BGB vor. Die Voraussetzungen entsprechen denen des hoheitlichen Handelns, also hoheitliches Handeln, Amtspflichtverletzung, Drittbezogenheit der Amtspflicht, kausaler Schaden, Verschulden sowie keine Einschränkungen bzw. kein Ausschluss.

In der eingangs erwähnten zweiten Variante, also bei Schädigung des Dienstherrn, ergibt sich für Bundesbeamte die Haftungsgrundlage nach §§ 46 Beamtenrechtsrahmengesetz (BRRG), 78 Bundesbeamtengesetz (BBG).

Eine landesgesetzliche Anspruchsgrundlage ist für Landesbeamte z. B. in Art. 85 Bay. Beamtengesetz (Bay BG) gegeben. Wichtig ist in diesem Zusammenhang, dass der Dienstherr nur bei grob fahrlässig oder vorsätzlich herbeigeführten Schäden Rückgriff nehmen kann. Für durch leichte oder mittlere Fahrlässigkeit verursachte Schäden muss der Beamte nicht einstehen.

Dabei wird nicht unterschieden zwischen Eigenschäden, die im Wege eines Leistungsbescheides geltend gemacht werden, und Schäden, die dem Dienstherrn dadurch entstehen, dass er einem geschädigten Dritten wegen der Haftungsüberleitung gem. Art. 34 GG nach § 839 BGB Schadenersatz leisten musste.
Zusammenfassend lässt sich sagen, dass der Beamte gegenüber Dritten bei hoheitlichem Handeln nach § 839 BGB iVm Art. 34 GG und bei fiskalischem Handeln nach § 839 BGB haftet. Gegenüber dem Dienstherrn hat er bei Vorsatz und grober Fahrlässigkeit nach §§ 46 Beamtenrechtsrahmengesetz, 78 Bundesbeamtengesetz einzustehen.

Bei den Angestellten und Arbeitern im öffentlichen Dienst haften diese bei Schädigungen Dritter aufgrund hoheitlichen Tätigwerdens wie Beamte. Anspruchsgrundlage sind auch hier Art. 34 GG, § 839 BGB. Es findet eine Haftungsüberleitung auf den Staat nach den eben genannten Vorschriften statt.

Soweit es um das fiskalische Handeln, also das Handeln als Privatrechtsträger des Staats, geht, haftet der Angestellte bzw. Arbeiter im öffentlichen Dienst dem Dritten nach §§ 823 f BGB. Demnach hat der Angestellte bzw. Arbeiter im öffentlichen Dienst nach § 276 BGB für Vorsatz aber auch für Fahrlässigkeit einzustehen.

Bei Schädigungen des Dienstherrn durch einen Angestellten bzw. Arbeiter im öffentlichen Dienst ist mit dem TVöD, der seit dem 01.10.2005 in Kraft ist, eine Änderung eingetreten. Danach kommen nicht mehr die allgemeinen beamtenrechtlichen Regelungen mit dem Haftungsprivileg zur Anwendung, sondern allgemeine arbeitsrechtliche Grundsätze.

Es gelten also die zivilrechtlichen Grundsätze über den innerbetrieblichen Schadenausgleich, den das Bundesarbeitsgericht entwickelt hat. Dies hat zur Folge, dass Arbeitnehmer ab grober Fahrlässigkeit voll haften. Bei mittlerer findet eine Quotelung zwischen dem Angestellten bzw. Arbeiter und dem Arbeitgeber statt, während bei leichter Fahrlässigkeit der Arbeitgeber den Schaden voll trägt.

In der nächsten Folie habe ich Ihnen die Haftungssituationen der Angestellten bzw. Arbeiter im öffentlichen Dienst zusammengefasst dargestellt. Demnach haften Beschäftigte im öffentlichen Dienst gegenüber Dritten bei hoheitlichem Handeln nach Art. 34 GG iVm mit § 839 BGB, bei fiskalischem Handeln nach § 823 f BGB und gegenüber dem Dienstherrn nach § 280 Abs. 1 bzw. § 823 Abs. 1 BGB iVm § 254 BGB analog.

Zur Absicherung dieser Haftungsrisiken sieht das marktübliche Angebot in der Regel zwei Versicherungen vor. In erster Linie ist die Amtshaftpflichtversicherung zu betrachten und danach die Vermögensschadenhaftpflichtversicherung. Darüber hinaus gibt es für beide Versicherungen noch ergänzende Absicherungen, die ich anschließend kurz beleuchte.

Die Amtshaftpflicht- mit Privathaftpflichtversicherung sichert den Beamten gegen Ansprüche wegen Personen- und Sachschäden im dienstlichen Bereich ab. Dies ist dann der Fall, wenn ein Außenstehender Schadenersatzansprüche direkt an den Beamten stellt bzw. wenn der Dienstherr auf dem Regressweg mit einem Ausgleichsanspruch oder aufgrund einer unmittelbaren Schädigung auf den Beamten zukommt.

Die Vermögensschadenhaftpflichtversicherung wehrt dagegen Ansprüche ab, die gegen den Beamten wegen Vermögensschaden im dienstlichen Bereich erhoben werden. Beispiele für die Inanspruchnahme eines Beamten sind z. B. die Erteilung unrichtiger Auskünfte oder Frist- und Terminversäumnisse aller Art.

Im Unterschied zur Amtshaftpflichtversicherung kann hier die Versicherungssumme den individuellen Bedürfnissen angepasst werden. Ein ergänzender Zusatzbaustein ist z. B. die Dienst-Kfz-Risikoversicherung, die eine bestehende Amtshaftpflichtversicherung um den Versicherungsschutz für Schäden aus dem dienstlichen Gebrauch eines Kfz des Dienstherrn absichert.

Weiterhin ist eine Regresshaftpflichtversicherung abschließbar, die Regressansprüche des Dienstherrn, die durch den Gebrauch des Dienst-Kfz entstanden sind, abdeckt.

Darüber hinaus gibt es im Markt noch die sog. Dienstschlüsselversicherung, hier wird das Abhandenkommen von dienstlichen Schlüsseln abgesichert.

Weiterhin kann auch das Abhandenkommen von fiskalischem Eigentum, wie z. B. Verwarnungsblocks der Polizei, bis zu einem Höchstbetrag von in der Regel 2.500 € versichert werden.

Lassen Sie mich abschließend ein kurzes Fazit ziehen: Nach meiner Auffassung hat die haftungsrechtliche Situation von Beamten keine Auswirkungen auf das Entscheidungsverhalten dieses Personenkreises. Im Gegenteil: Beamte sind aufgrund ihrer grundgesetzlichen Absicherung nach Art. 34 GG iVm mit § 839 BGB gegenüber den „Normalsterblichen" privilegiert. Dieses Beamtenprivileg ist ein besonders markantes Kennzeichen des Berufsbeamtentums.

Bei Beschäftigten im öffentlichen Dienst sieht es anders aus. Aufgrund des neuen TVöD ist keine Haftungsprivilegierung mehr gegeben, sodass diese Personen wie Arbeitnehmer eines privaten Arbeitgebers haften.

Für beide Personenkreise, also Beamte und Angestellte im öffentlichen Dienst, empfiehlt sich der Abschluss einer Amtshaftpflicht- und einer Vermögensschadenhaftpflichtversicherung.

Damit bin ich am Ende meines Vortrags angelangt und bedanke mich für die Aufmerksamkeit. Für Fragen stehe ich Ihnen selbstverständlich zur Verfügung.

Prof. Dr. Bodo Wiegand-Hoffmeister (Direktor des Fachhochschule für öffentliche Verwaltung, Polizei und Rechtspflege Güstrow)
„Wege zu einer evolutionären öffentlichen Verwaltung"

Sehr geehrte Damen und Herren,

zu einer Intrapreneurship orientieren Verwaltung gehört als Teilaspekt der Wille jedes einzelnen Mitarbeiters, sich selbst und die eigene Organisation kontinuierlich fortzuentwickeln und sich verändernden Rahmenbedingungen anzupassen. Das umschreibt auf einen ersten Blick in der Tat der Begriff der Evolution. Gleichwohl muss zu Beginn meiner Ausführungen zunächst das Thema näher erläutert werden, überrascht doch die Verbindung des Begriffs der Evolution mit dem der öffentlichen Verwaltung. Auch deutet das Thema darauf hin, dass öffentliche Verwaltung derzeit nicht evolutionär ist und dass es Wege, offenbar gleich mehrere, dorthin geben könnte.

Eine erste Näherung zum Thema hin kann unter Zuhilfenahme der klassischen Evolutionstexte erfolgen. In seinem berühmten Buch über die Entstehung der Arten beschreibt Charles Darwin im Kern die von ihm mehr prononcierten als erfundenen Charakteristika des evolutionären Weltbildes bekanntlich mit dem Kernsatz des survival of the fittest, dem Überleben des Tüchtigsten im Rahmen einer natürlichen Auslese. Im Mittelpunkt dieser natürlichen Auslese steht bekanntlich die natürliche Zuchtwahl, deren Ergebnis sein soll, dass diejenigen Arten überleben, die sich bestmöglich den Veränderungen ihrer Rahmenbedingungen anpassen, und dass diejenigen aussterben, denen das nicht gelingt. Vom Aussterben bedroht sind allerdings auch diejenigen Arten, die sich verändern, ohne dass die Rahmenbedingungen dieses vorgeben. Ebenso können gänzlich neue Lebensbedingungen zum Entstehen neuer Arten führen.

Nun mag man erst recht über den Titel staunen und sich fragen, was all dieses mit der öffentlichen Verwaltung gemein hat. Selbstverständlich leben wir nicht mehr zu Beginn des 19. Jahrhunderts, als romantisierende Organismus-Vorstellungen auch Einzug in die Allgemeine Staatslehre hielten. Heute wird dergleichen zu Recht belächelt und die Verwaltungslehre erhebt den Anspruch, eine echte wirklich interdisziplinäre Wissenschaft zu sein. Im originären Sinne passt der Evolutionsbegriff damit in der Tat nicht zur öffentlichen Verwaltung, auch ohne den Umstand, dass man sich deren Aussterben nur sehr schwer vorstellen kann.

Im übertragenen Sinne fallen indes sogleich Beispiele ein, die durchaus zu einem Verwaltungsphänomen umschreibenden Evolutionsbegriff passen. Nehmen wir etwa die Kreditanstalt für Wiederaufbau, die als öffentlich-rechtliche Förderbank durchaus dem Verwaltungsbereich zugeordnet werden kann. Ihre Lebenswelt, deren Entstehung sie verdankte, hat sich radikal verändert. Das Nachkriegsdeutschland ist im Sinne des ursprünglichen Verständnisses eben längst wieder aufgebaut. Nun sagt die Evolutionslehre, dass die Wahl zwischen Aussterben und Anpassung besteht. Die KfW kann als Musterbeispiel für letzteres angesehen werden, wie ein Blick auf die zahllosen auf der Homepage vorfindlichen Förderprogramme belegt. Man sieht, dass die KfW auf die Abnahme der echten Aufbauförderungen durch Besetzen der ökologisch-administrativen Nische der die Umwelt schützenden

Förderinstrumente reagiert hat. Wer mir jetzt vorhalten möchte, ein Beispiel einer öffentlich-rechtlichen Bank sei ein Sonderfall, mag statt dessen darüber nachdenken, welchen
tieferen Sinn die Umbenennung des Bundesgrenzschutzes in Bundespolizei in einem Raum
ohne Binnengrenzen, in dem der freie Verkehr von Waren, Dienstleistungen, Arbeitnehmern und Kapital gewährleistet ist, hatte.

Auch letzteres ist ein gutes und durchaus nicht das einzige Beispiel für die Anpassungsfä-
higkeit öffentlicher Verwaltung, ein Vorgang, der nicht verwechselt werden darf mit der
Entstehung einer neuen Art innerhalb einer Verwaltungsgattung, was in den 70iger Jahren
des letzten Jahrhunderts bei der Umweltverwaltung beobachtet werden konnte, die aus der
Gattung der Ordnungsverwaltung stammend eine evolutionäre Entwicklung einer neuen
Verwaltungsart aus der Gewerbeverwaltung heraus darstellt.

Natürlich gibt es auch Beispiele, dass völlig neue Arten in neu entstandenen Lebensräumen
entstehen. Als Beispiel hierfür mag die Regulierungsverwaltung dienen, die ihren Lebensraum der Privatisierung früherer Verwaltungsdienstleistungen verdankt, wodurch für den
verwaltungshistorischen Zeitraum eines Wimpernschlages ein neu besetzbarer Verwal-
tungsfreiraum entstand. Es verwundert nicht, dass die Verwaltung in Deutschland in der
Lage ist, neu entstandene Verwaltungsräume sogleich zu besetzen und beispielsweise als
Regulierungsverwaltung eine neue Gattung mit Spezies wie der Bundesnetzagentur zu
werden. Ein mit Verwaltungslehre Vertrauter mag als sicheres Indiz für das überlebensfähi-
ge Entstandensein einer neuen Verwaltungsgattung die Übernahme der entsprechenden
Begrifflichkeit im vornehmlich verwaltungsjuristischen Schrifttum nebst Kreation einer
neuen Sparte des so genannten Besonderen Verwaltungsrechts nehmen. Höhepunkt bildet
dann die Beschäftigung der Vereinigung der Deutschen Staatsrechtslehrer oder des Deutschen Juristentages mit dem Thema, wie es jüngst unter der Überschrift „Soll das Recht der
Regulierungsverwaltung übergreifend geregelt werden" der Fall war. Das Etablieren einer
neuen Art bestätigt oftmals das Erscheinen einer neuen eigenen Zeitschrift.

Die soeben aufgeführten Beispiele sollen nicht verdecken, dass auch das Aussterben von
Verwaltungsarten vorkommt, welches häufiger in Zeiten geschieht, in denen die finanziellen Rahmenbedingungen Lebensraum verknappen und Anpassung an neue Aufgabenfelder
erschweren. Als Beispiel mag das langsame Verschwinden spezieller Verwaltungsarten wie
der Ämter zur Regelung offener Vermögensfragen in den neuen Bundesländern genügen.
Aus Verwaltungssicht mag tröstlich sein, aus anderer bedauerlich, dass Projekte, die ganzen
Verwaltungsarten nach dem Leben trachten und mit Begriffen wie materielle Privatisierung
oder Deregulierung umschrieben werden können, seit Menschengedenken nur mageren
Erfolg zeitigten. Sofern derartige Bestrebungen dem politischen oder gesellschaftlichen
Raum entspringen, entspricht dem lauten Brüllen des Löwen weder das erforderliche Gebiss
noch die im entscheidenden Augenblick notwendige Ausdauer, die angepeilte Beute nachhaltig (also über eine Wahlperiode hinaus) zu verfolgen. Auch das indes kann ein Beleg dafür sein, wie hervorragend angepasst öffentliche Verwaltung in der sie umgebenden oftmals
rauen politischen Natur ist: Übrigens liefert die Evolution in der Eidechse ein gelungenes
Beispiel hierfür, wächst ihr doch der abgebissene Schwanz stets wieder nach (Fabelwesen
wie die Hydra wollen wir hier nicht bemühen und überlassen dies Herrn Kirchhof).

Nur kurz soll auf einen letzten ebenfalls evolutionären Aspekt eingegangen werden, nämlich den der Kreuzung. Kreuzungen im verwaltungsphänomenologischen Sinne kann man

einmal verstehen als Mischverwaltung, die jedoch rechtlich problematisch ist, wie das Beispiel der Kreuzung aus Bundesarbeitsverwaltung und kommunaler Sozialverwaltung zu so genannten ARGEN zeigt und eher Ergebnis künstlicher Züchtungen (durch Politik) denn natürliche Erscheinung darstellt. Eine stärkere natürliche Komponente enthalten Kreuzungen zwischen Verwaltung und Privatwirtschaft, gemeinhin unter dem Begriff public private partnership als besonders geeignet angesehen, unternehmerisches Denken und Handeln in der öffentlichen Verwaltung zu implementieren. Ob die IKB als Anschauungsobjekt für eine echte degenerative Kreuzung dieser Art taugt, weil unternehmerisches Denken und verwaltungsorientiertes Handeln sich nicht optimal verbunden haben und im Verzocken am amerikanischen Hypothekenmarkt virulent geworden sind, mag an dieser Stelle einmal offen bleiben.

Um die Einleitung abzuschließen: alle aufgeführten Beispiele zeigen, dass es in der öffentlichen Verwaltung evolutionäre Entwicklung gibt, die sich auch dann nicht wegleugnen lassen kann, wenn man die Übertragung darwinscher Begriffe als überspitzt ansieht.

Das indes wirft die eigentliche Frage nach den Bedingungen der Möglichkeit evolutionärer Verwaltung auf. Die erste Frage muss dabei lauten: Darf Verwaltung überhaupt aus sich heraus evolutionär sein bzw. kann Verwaltung aus sich heraus evolutionär sein. Der Versuch einer Antwort auf die Frage führt zwangsläufig zu einer näheren Betrachtung der Entwicklung der Verwaltungsaufgaben.

Die zweite Frage muss, sollte die erste mit ja zu beantworten sein, sich damit beschäftigten, was evolutionäre Verwaltung eigentlich ausmacht. Eine Antwort hierauf muss die Ressourcen in den Blick nehmen, an denen man die Bedingungen für evolutionäres Handeln festmachen kann, vor allem die Ressourcen Personal und Finanzmittel.

Evolutionäre Verwaltung und Verwaltungsaufgaben

Wenn man sich in der Literatur umschaut, was öffentliche Verwaltung eigentlich ist, stößt man auf die interessante Definition von Hans Julius Wolff und Otto Bachof. Danach ist Verwaltung „im materiellen Sinne also die mannigfaltige, konditional oder nur zweckbestimmte, also insofern fremdbestimmte, nur teilplanende, selbstbeteiligt entscheidend ausführende und gestaltende Wahrnehmung der Angelegenheiten von Gemeinwesen und ihrer Mitglieder durch die dafür bestellten Sachverwalter des Gemeinwesens". Abgesehen davon, dass man heute überwiegend aufgegeben hat, Verwaltung positiv zu definieren, interessiert hier die phänomenologische Umschreibung von Verwaltung, die dieser Definitionsversuch insoweit zutreffend liefert. Verwaltung ist danach in ihrer zentralen Funktion fremdbestimmt ausführend, die Entscheidung über Art, Umfang und zentraler Steuerung der Verwaltungsaufgaben obliegt der Verwaltung überhaupt nicht selbst, sondern soll nach der Theorie Gegenstand der politischen Steuerung oder, etwas vornehmer ausgedrückt, der Staatsleitung sein. Daraus folgt unweigerlich, dass die eigene dynamische Entwicklung nicht Aufgabe der Verwaltung ist und auch seitens der Verwaltung prinzipiell so nicht gesehen wird. Die evolutionäre Entwicklung der Verwaltung müsste demnach nichts anderes als Steuerung durch bewusste Eingriffe des politischen Raums sein, für die Verwaltung wäre dann der Weg für eine Entwicklung aus sich heraus versperrt.

So die Theorie. Es lohnt, der Frage nachzugehen, ob die Wirklichkeit das bestätigt. In eher amüsierender, nicht wissenschaftlicher Absicht hat das bereits 1957 Cyril Northcote Parkinson getan und aufgrund seiner Erkenntnisse das bekannte Parkinsonsche Gesetz entwickelt. Danach kompensiert Verwaltung insbesondere extern bedingte Aufgabenverluste und Rückgang von Aufgaben durch die Beschäftigung mit sich selbst. Ohne hier die Zahlen im Detail aufführen zu wollen, belegt Parkinson dies anschaulich mit Zahlen aus dem britischen Marine- und Kolonialministerium. Es zeigt sich, dass trotz – oder wegen - drastischer Reduzierung von Großkampfschiffen und aktiven Marinesoldaten die Beschäftigten in der Marineverwaltung sprunghaft zugenommen haben. Gleiches gilt für die Größe des Kolonialministeriums im Verhältnis zur Rückführung von Kolonien in die Eigenständigkeit. Wie auch immer man das bewerten mag, es deutet in jedem Fall darauf hin, dass das Verhältnis zwischen außengesteuertem Aufgabenbestand und tatsächlicher Aufgabenwahrnehmung in der Praxis weitaus vielschichtiger zu sehen ist als die demokratietheoretische Erklärung vorgibt. Letztlich kommt der Verwaltung selbst erheblicher Einfluss, wenn nicht gar der entscheidende Part bei der Steuerung der Aufgaben zu, mag auch die Politik zu guter Letzt hierüber entscheiden und daran glauben, ihre Entscheidung sei autonom.

Zum einen liegt dies daran, dass der politische Raum und die vollziehende Verwaltung nicht völlig getrennt nebeneinander stehen, vielmehr auf vielfältige Art und Weise miteinander verflochten sind. Schon an der Erarbeitung einer Koalitionsvereinbarung, dem Aufgabengrundprogramm, arbeiten Verwaltungsexperten auf vielschichtige Art und Weise mit, entweder indem die Verwaltung politisch mehr oder weniger neutral in großem Umfang gegenüber der politischen Leitung beratend tätig wird, andererseits auch in Form der politischen Tätigkeit von Verwaltungsangehörigen in den politischen Parteien.

Sollte das ausnahmsweise mal nicht so sein, ist noch nichts verloren. Denn auch im Rahmen der laufenden Regierungstätigkeit versteht sich insbesondere die Ministerialverwaltung nicht einfach als umsetzende Arbeitsebene, welche die Vorgaben der Leitung in Gesetzesform gießt, sondern als Expertokratie, die unentwegt das vorhandene Wissen in Form von Beratung in die politische Leitung und damit die Aufgabensteuerung einbringt. Die Einflussmöglichkeiten der Verwaltung auf ihre eigene politische Steuerung sind danach in Wahrheit enorm und man hat schon Minister sagen hören, die Ministerialbeamten seien die eigentlichen Herrscher im Lande. Nur ergänzend erwähnen möchte ich noch die unzähligen weiteren Verflechtungen über Interessenvertretungen der Verwaltungsmitarbeiter und laufende Arbeitskontakte zu Fach- und Regionalpolitikern.

Rückblickend auf den Titel meiner Ausführungen ist nun die entscheidende Frage die, ob die Verwaltung ihren Einfluss auf die eigenen Aufgaben im unternehmerischen, proaktiven Sinne evolutionär betreibt oder eher hemmend, rückwärts gerichtet oder, um einen Polizeibegriff zu verwenden, ausschließlich Eigensicherung betreibend; denn dazu sagen ja die Eingangsbeispiele noch nichts aus. Es dürfte nicht verwundern, wenn als Antwort hierauf eher unterschiedliche Meinungen als belastbare empirische Erkenntnisse vorhanden sind. Dennoch wage ich die vorsichtige Einschätzung, dass die Verwaltung im positiven Sinne evolutionärer geworden ist, evolutionärer wird und noch evolutionärer werden kann.

Doch lassen sie mich zunächst vorsichtig sein: Eine natürliche Restriktion evolutionärer Denkweisen ergibt sich jedoch aus der spezifisch juristischen Ausrichtung öffentlicher Verwaltung mit dem entsprechenden Selbstverständnis, die Rechtsstaatlichkeit staatlichen

Handelns zu sichern. Bis tief in die Struktur der universitären Juristenausbildung hinein reichend folgt daraus eine Entscheidungsstruktur, der es an kreativen, gestaltenden Elementen mangelt. Im Ergebnis wird nur das befürwortet, bei dem man rechtlich, vor allem verfassungsrechtlich, auf der sicheren Seite ist. Das ist mit Blick auf die Rechtsstaatlichkeit natürlich notwendig und es soll nicht der Eindruck entstehen, als sei dies zu vernachlässigen. Einer gemeinwohlorientierten Verwaltungsentwicklung entspricht es indes nicht mehr, wenn rechtliche Bedenken einerseits vorgeschoben werden, um als wohl erworbene Rechte getarnte Eigeninteressen zu sichern oder wenn andererseits rechtliche Bedenken im Sinne eines non valet geäußert werden und verschwiegen wird, wie eine gangbare Lösung aussehen könnte, weil man diese nicht will.

Allerdings denke ich, wie gesagt, dass die Verwaltung gleichwohl evolutionärer geworden ist, wiewohl hier noch eine Reihe von Reserven vorhanden ist. Die nähere Begründung dieser These führt mich sogleich zum nächsten Punkt, nämlich den Personalressourcen der Verwaltung.

Evolutionäre Verwaltung und Verwaltungspersonal

In Imageuntersuchungen wird regelmäßig deutlich, dass der öffentliche Dienst oder, als Synonym verwendet, die Beamten, nicht gerade im Ruf stehen, durch evolutionäres bzw. Intrapreneurship orientiertes Denken und Handeln hervorzutreten. Gemeinhin ist der Ruf schlecht, paradoxer Weise indes nicht der Ruf einzelner Fachrichtungen, was das spannende philosophische Problem eröffnet, ob das Ganze vielleicht weniger Wert ist als die Summe der Teile. Doch lassen wir das.

Will man nach Wegen zu einer evolutionären Verwaltung fragen, muss man sich zunächst klarmachen, von welchen Menschen man das Beschreiten dieses Weges erwarten will oder kann. Und in der Tat gelangt ein Kenner öffentlicher Verwaltungen sogleich zum Schluss, dass die Struktur des öffentlichen Dienstes in der Bundesrepublik Deutschland das Hemmnis schlechthin für eine evolutionäre Entwicklung der Verwaltung im positiven, gemeinwohlorientierten Sinne darstellt und stattdessen Garant ist für die Entwicklung der Verwaltung im Parkinsonschen Sinne. Zu Recht ist dies gleichfalls zentrales Thema dieser Tagung.

Die Behauptung, die Struktur des öffentlichen Dienstes sei das Hemmnis für eine evolutionäre Entwicklung, bedarf der Begründung. Sieht man sich um, werden etliche Gründe vielfach pauschal vorgebracht. Kritisiert wird typischer Weise, der sichere Job und die völlig leistungsunabhängige Bezahlung stünden dem Leistungsprinzip entgegen und würden den Mitarbeiter völlig davon entbinden, proaktiv und innovativ zu arbeiten. Damit einher gehe ein Führungsstil, der streng hierarchisch, vielfach patriarchalisch sei. Zudem fördere die kompromisslos bürokratische Regelung des Arbeitsablaufs das so genannte Aktenbockdenken, womit gemeint sein soll, dass die Wahrnehmungsfähigkeit nicht über den eigenen Zuständigkeitsbereich hinaus geht und Formalien stets gegenüber Sachfragen Vorrang haben. Schließlich fördere die Struktur der Besoldung, der Laufbahngruppen bzw. der tariflichen Eingruppierung Standesdünkel und Besitzstandsallüren, die jede Teamarbeit von vorneherein zur Farce werden lassen. Damit sich an der Situation nach Möglichkeit nichts ändere, achte Verwaltung schon bei der Einstellung darauf, dass zwar fachlich begabte, indessen phantasielose Jasager belangloser Sozialkompetenz den Nachwuchs generieren, also eigentlich schon bei Einstellung innerlich Beamte aller Art sind, und bei hinreichend devotu-nauffälliger Alltagsgestaltung auch die besten Beförderungsaussichten haben.

Mit Blick auf das eben erwähnte juristische Bedenkenträgertum soll zu allem Überfluss noch an den Grundmustern deshalb festgehalten werden müssen, weil man im Überkommenen so genannte grundgesetzlich garantierte hergebrachte Grundsätze des Berufsbeamtentums sieht, ohne dass man selbst, weil betriebsblind, zwischen hergebrachten und hergeholten Grundsätzen noch zu unterscheiden in der Lage ist.

Wenn dem so ist, dann kann Verwaltung in der Tat nicht als evolutionär bezeichnet werden; es bestünde auch kaum Hoffnung. Bei nüchterner Betrachtung lässt sich jedoch zum einen festhalten, dass bestimmte Strukturen öffentlicher Verwaltung sich zwingend von unter-nehmerischen zu unterscheiden haben, und zwar aus guten Gründen. Zum anderen kann man erkennen, dass gleichwohl Raum für die Implementierung eines auch in verwaltungs-angepasster Form unternehmerisch denkenden und handelnden Personalkörpers besteht und diesbezügliche Reformschritte notwendig, auch möglich sind und dass ganz aktuell ein Reformwille über die bisherigen reinen Sparreformen hinaus erkennbar ist.

Dass Verwaltung anders agieren muss als ein Privatunternehmen, ergibt sich aus zwei zent-ralen Gründen: zum einen aus der Notwendigkeit der demokratischen Legitimation jeder Ausübung von Staatsgewalt, zum anderen aus der Verpflichtung auf das Gemeinwohl und die Bindung an Recht und Gesetz. So fordert das Demokratieprinzip eine streng hierarchi-sche Organisation, da die politische Leitung für das gesamte Ressort dem Parlament ver-antwortlich ist und ihrerseits das Verwaltungshandeln damit demokratisch legitimiert. Es stellt indes einen freilich weithin geglaubten Trugschluss dar, wollte man hieraus auf die Notwendigkeit eines patriarchalischen Führungsstils in straffer, bürokratischer Linienorga-nisation schließen; auch lässt sich kaum nachweisen, dass dies dem Demokratieprinzip am ehesten gerecht wird. Denn das Demokratieprinzip steht einer kooperativen Führung durch Zielvorgaben nicht prinzipiell entgegen, erfordert allerdings von den Mitarbeitern Bereit-schaft und Fähigkeit zur Verantwortungsübernahme, von den Führungskräften Vertrauen in die loyale Arbeit der Mitarbeiter, da die politische Verantwortung nicht übertragbar ist. Auch die Gemeinwohlorientierung der Verwaltung stellt kein Hindernis einer Stärkung von Kreativität und Eigenverantwortung der Verwaltungsmitarbeiter dar. Denn die Konkretisie-rung der Ziele durch die Mitarbeiter ist und bleibt jederzeit prüfbar. Das ist verfassungs-rechtlich als ausreichend anzusehen, wenn man die essentiellen Grundsätze insbesondere des Berufsbeamtentums, zu denen ich hier die Treuepflicht, die Pflicht zur vollen Hingabe an das Amt sowie die Beratungspflicht vor allem zähle, unangetastet lässt. Dass die beson-dere Verpflichtung rechtmäßigen Handelns zu den essentialia unserer Rechtsstaatlichkeit gehört, versteht sich von selbst.

Jenseits dieser Kardinalpflichten besteht indes erheblicher Reformbedarf, schon bei Nach-wuchsgewinnung und Ausbildung beginnend. Hier sind im Rahmen des umzusetzenden Bologna-Prozesses die Schlüsselqualifikationen zu stärken, vornehmlich die Sozialkompe-tenz und die Fähigkeit, methodisch sicher eigenständig, aber teamorientiert zu arbeiten. Im Gegenzug muss Leistung gefördert werden, etwa über Leistungsanreize bei der Bezahlung zur Stärkung der Motivation sowie über berufliche Aufstiegsmöglichkeiten im Rahmen le-bensbegleitenden Lernens, was eine erhebliche Neuorientierung des Laufbahnprinzips zwingend erforderlich macht. In meinen Augen ist dergleichen auch durchführbar, etwa hinsichtlich der Einstellung nur noch zwei Laufbahngruppen vorzusehen, eine für Ämter ohne Hochschulabschluss, eine für Ämter mit Hochschulabschluss. Freilich würde dadurch – genauer durch den berufsbegleitenden Master - das so genannte Juristenmonopol im höheren Dienst erheblich erschüttert werden, was die verfassungsrechtlichen Bedenken der bedrohten Kaste nachgerade herausfordert. Ulrich Battis, am Freitag hier in Güstrow Referent und ausgewiesener Experte des Dienstrechts, hält den von den norddeutschen Küstenländern angedachten Reformschritt indes in einem NVwZ-Beitrag überzeugend für verfassungsrechtlich zulässig. Den modernen tatsächlichen Gegebenheiten trägt er allemal Rechnung.

Anzumerken bleibt, dass die notwendigen Reformschritte nur Erfolg haben, wenn auch eine Neuorientierung des Bewusstseins, eine besondere Akzentuierung von Verwaltungsethik und –kultur, insbesondere, aber nicht allein bei Führungskräften, stattfindet. Inwieweit hier aber eine gezielte Fortbildung Erfolg haben kann, ist nur sehr individuell prognostizierbar. In Einzelfällen dürfte mangels anderer Trennungsmöglichkeit nur die Pensionierung helfen. Doch es dürften wirklich Einzelfälle sein, so dass die Reform des öffentlichen Dienstes, durchaus jenseits einer vereinzelt geforderten Radikalkur, zwar das dickste zu bohrende Brett in Richtung evolutionärer Verwaltung darstellt, in dieser Hinsicht indes ein durchaus Erfolg versprechendes.

Evolutionäre Verwaltung und Finanzressourcen

Abschließend muss die Suche nach Wegen zu einer evolutionären Verwaltung zwingend die Finanzressourcen ansprechen, steht doch schon seit längerem die gute alte Kameralistik, die spezielle Haushaltswirtschaft der öffentlichen Verwaltung unter Generalverdacht, Haupthemmnis einer innovativen, eben evolutionären Verwaltung zu sein. Hauptkritikpunkte sind – einmal mehr – die Schwerfälligkeit und Unflexibilität des Systems, das vielfach willkürliche Zustandekommen der Planansätze, fehlende Anreize zum Sparen mangels Übertragbarkeit von Haushaltsresten in das nächste Jahr mit dem bekannten Phänomen des Dezemberfiebers und viele andere mehr.

Freilich übersehen Radikalreformer gerne, dass der Grundansatz der Kameralistik ein System darstellt, welches den parlamentarischen Willen und damit die politische Aufgabensteuerung durch Parlament und Regierung sichert und im Kern durch das Demokratieprinzip gefordert wird. Die Eigenständigkeit eines Vorstandes einer Aktiengesellschaft in finanzieller Hinsicht kann und darf die Verwaltung nicht haben; dass eigentlich zur Verwaltung zählende Landesbanken sie hatten, wird heute nicht selten als fatal empfunden. Umgekehrt kann man sich allerdings auch nur schwer vorstellen, die Hauptversammlung der Aktionäre würde den Haushaltsplan einer Aktiengesellschaft en detail beschließen.

Doch trotz der grundlegend anderen Ausgangslage bestehen Möglichkeiten der Flexibilisierung, die auch das Verwaltungshandeln unternehmerischem Denken und Handeln zugänglich machen. Voraussetzung ist freilich entsprechendes ökonomisches Bewusstsein nebst den erforderlichen grundlegenden Fachkenntnissen. Gerade hier ist noch erheblicher Nachholbedarf anzumelden, der um so eher drängt, als vielfach bereits Reformen begonnen wurden. So sollen vor allem die Einführung von Kosten- und Leistungsrechnung, wie hier an der Hochschule bereits Realität, die Einführung von Balance-Score-Cards sowie des doppischen Buchführungssystems, ab 2012 Realität im kommunalen Bereich des Landes, die aufgezeigten Defizite des kameralen Systems beheben bzw. abmildern. All dies ist im Ergebnis positiv zu bewerten und als wichtiger Schritt zu einer mehr entre- und intrapreneurship orientierten Verwaltung zu sehen.

Freilich zeigt sich hier ein spezielles, uraltes Phänomen: Verwaltung neigt kaum dazu, Neues einzuführen, indem Altes abgelöst wird. Stattdessen erfolgen stets mehr oder weniger lange Erprobungsphasen der Zweigleisigkeit. Da Verwaltung mit dem ihr innewohnenden Ethos zudem den Anspruch erhebt, es besser als die Wirtschaft machen zu wollen und erst einmal mit den alten bürokratischen Verhaltensmustern die Sachen angeht, ebbt die Modernisierungseuphorie rasch ab, erst recht, wenn die Reform nicht aus der Verwaltung selbst heraus wächst, sondern politisch verordnet wird. Das gilt in besonderem Maße für die neuen Finanzierungsinstrumente, die längst nüchtern betrachtet und zuweilen – bezogen auf die KLR - als Friedhof der Zahlen tituliert werden. Fatal ist indes, wenn die Defizite pauschal dem Neuen angekreidet werden und dessen Chancen zunichte machen, wenn die Ursachen eigentlich im Reformmanagement eines ancien régime zu suchen sind.

Fazit
Alles in allem gibt es Wege zu einer evolutionären, proaktiv und Intrapreneurship orientierten Gemeinwohl gestaltenden Verwaltung, wenn man mit Sorgfalt und Augenmaß die Unterschiede zwischen Verwaltung und Wirtschaft, hinter denen diejenigen zwischen Staat und Gesellschaft wirken, beachtet, was übrigens häufig von Verwaltung heimsuchenden Unternehmensberatungen völlig ignoriert wird. Demgegenüber die gangbaren Wege zu suchen, haben wir uns im Rahmen dieser Tagung zum Ziel gesetzt, dass sie beschritten werden, werden wir zu hoffen nicht müde. Ich danke allen Mitwirkenden für ihr großes Engagement und wünsche der Tagung den verdienten Erfolg!

Prof. Dr. Håkan Ylinenpää (Luleå University of Technology, Sweden)
„Rolle und Bedeutung der öffentlichen Verwaltung innerhalb des Triple-Helix-Modells"

(The potential of and limits to an entrepreneurial public administration in economic and regional development)

Key note manuscript

The issue of how public administration and policy makers may be involved in regional develop-ment efforts is not a new area, but still puzzles both research and actors in public sector. From a previous focus on state intervention in the economy, the increasing role of regions and regional administrative bodies has highlighted the challenge for regional collaboration and intervention in order to stimulate and support a favourable regional economic development. I will here with your share some ideas and concepts that might be helpful fo r developing a better understand-ing of the potential and the limits for public sector involvement in promoting regional develop-ment. I will do this by first addressing some relevant research related to regional innovation systems (RIS) and the Triple Helix concept, and then use some empirical data from northern Scandinavia as illustrative cases. Finally I will try to develop some conclusions relevant for the title of this presentation - the potential and limits to an entrepreneurial public administration in economic and regional development. My contribution today will be consciously 'biased ' to-wards research experiences from a Nordic perspective where empirical data from my own real-ity in, primarily, northern Sweden will serve as real-life- illustrations.

Introduction

There are different reasons behind the fact that regional development and regional innova-tive capabilities have gained increased research and political interest during recent years. One is the European development where regions play a more significant role in European political and economical development – sometimes even understood to surpass that of tra-ditional nations. Another reason is current and expected effects of European integration, where regions are understood to develop in competition with other regions in Europe. As many scholars have already pointed out (see e.g. Hallin & Malmberg 1996), we seem to live in a time characterised by both increasing regionalism and regional mobilisation and an era characterised by internationalisation and globalisation. On the political arena, internation-alisation and super-nationality thus co-exist together with regional mobilisation and an in-creasing interest for regional cultures and regional independence. On the economic arena, driving forces towards globalisation and trans-nationalisation coincide with local and re-gional phenomena building on local/regional integration and clustering; coining labels such as 'glocal firms' to denote companies that successfully manage to integrate these paradoxi-cal tendencies and to use them to their advantage.

Findings characterising successful regions (see e.g. Porter 1990, Camagni, ed. 1991, Piore & Sabel 1994, Johannisson 1994, Saxenian 1994, Brusco 1995, or Nilssson 1998) almost always include two vital components: local/regional cooperation, and clusters of companies and organisations in specific branches of industry. A cluster may be defined as a conglomerate of independent companies and support institutions located to a specific area, and repre-senting a specific type of competence. This conglomerate of independent firms and organi-sations sometimes on a voluntary and mutually beneficial basis decides to co-operate, but according to Porter (1998) often also is engaged in rivalry and competition beneficial to the cluster as a whole - and to the region in which the cluster is located. Clusters emerge as a result of a local and often tacit knowledge that is transformed into marketable products and services. The structure of these clusters may have a horizontal or vertical orientation (cf. Piore and Sabel 1984, Saxenian 1994, Jansson 1998, or Mascanzoni and Novotny 2000), both contributing to a favourable development of its region.

The cluster concept is however not the only term used in literature to address commercial activities and economic development on the system level. Maskell (2001) notes that different researchers in different disciplines have introduced concepts such as innovation systems (Lundvall 1992), competence blocks (Eliasson 1998), industrial networks (Håkansson 1989) and regional agglomerations (Malmberg & Maskell 2001) addressing similar phenomena but from somewhat different theoretical perspectives and focused units of analysis. The concept innovation systems thus put more emphasis on the structural configuration, competence blocks on actors and competencies, networks on actors and their relations, while the concept regional agglomeration is more interested in the spatial aspects of clustering. Most concepts however share an interest for developing a better understanding of the nature of and the mechanisms behind relations between different actors. I will here use research in the stream of innovation system research as a point of departure for approaching the issue of public sector involvernent in regional development.

Innovation system research

Research on *innovation systems* is often understood to have its roots in Christopher Freeman's analyzes of the, at the time, booming Japanese economy (e.g. Freeman 1987), as well as in studies on European economies' competitive strengths made by Bengt-Åke Lundvall and colleagues in the Aalborg group (see e.g. Freeman & Lundvall 1988). Both these seminal contributions build on previous work by Friedrich List (1841/1885), who was the first scholar to study national systems of production and leaming, and who also recognized the importance of national institutions for education and training, transport systems and other infrastructures.[17] The starting-point lay, accordingly, in studies of national innovation systems and, especially in the Nordic countries and the Western European context in general, the issue of how small national economies could meet the competition from new "Asian Tigers" was very much in focus for research and public debate during the late 1980s.

Further research in this field has, however, contributed with further views on innovation systems and how they are configured and function. Four main concepts identified by Laestadius (2007) are sectoral innovation systems, technological innovation systems, development blocks, and regional innovation systems. *Sectoral innovation systems* depart from the understanding that innovations develop in or with an application for a specific line of industry or industry sector. These industries normally operate under global competition and are often to a significant degree represented by global multinational corporations. While the concept of national innovation systems hence has its main focus on the nation as the primary unit of analysis (and an interest in analyzing the competitiveness of this national unit as compared to other national units), advocates for the sectoral innovation system are especially interested in understanding how e.g. information and knowledge are transferred, adopted and used for innovative work in different lines of industries regardless

---

[17] For recent overviews on this developrnent see Laestadius (2007), Asheim & Coenen (2006), Malerba (2005) or Edquist (ed., 1997).

of national borders (see e.g. Malerba, 2005). The concept of a *technological innovation system* (see e.g. Carlsson & Stankiewicz, 1991) shares this basic understanding that technology innovation diffusion and transformation into innovations are not delimited by spatial dimensions such as national borders. Instead they are understood to emerge and develop on the basis of a specific technology, but not necessarily delimited to a specific line of industry. Laestadius (2007) and Johansson *et al* (2007) here provide illustrative examples of how information technology is not only delimited to ICT industries but serve as the basis for innovations in several other lines of industry. Along the same line Coenen *et al* (2007) describe how traditional industry sectors now capitalize on knowledge developed by biotech research, for example the food industry. *Development blocks,* an important Swedish contribution to the theory on innovation systems (Dahmén 1950, 1984), may be understood as a concept that includes both sectoral and technological aspects of an innovation system, but which more explicitly links the development of an innovation system to Schumpeterian dynamics by recognizing the structural tensions that create new opportunities and thus drive and enable Innovation[18]. The *regional innovation system* concept, eventually, has its roots back in Marshall's studies (1916) of industrial districts in "the third Italy", and - similarly to national innovation system research - regards the territory aspect of innovation systems as crucial. Studies by Anne Saxenian (1994) on Silicon Valley and Route 128 and by Michael Porter (1998) on clusters as a territorial phenomenon have also highlighted the importance of localized learning. Generic issues in this research include how social interaction based on cultural and spatial closeness facilitate trust, exchange and innovative activities in local or regional systems of interacting actors (cf. Maskell *et al,* 1998; Cooke *et al,* 2000; Asheim & Coenen, 2006; or Laestadius *et al, 2007).*

Triple Helix

In 1997 Etzkowitz and Leydesdorff introduced the *Triple Helix concept.* Even if this concept *per se* has been questioned due to its lack of academic rigour and empirical grounding, the Triple Helix concept has, because of its simple and straightforward metaphoric attributes and rhetorical strengths, attracted a significant interest especially from policy-makers in Europe, including countries such as Sweden. Using metaphorical language, they have reduced the complicated processes and mechanisms in play in collective innovative processes to more or less fuzzy "positive helices". This image is further elaborated through the focus on constellations of sectors/actors representing different kinds of knowledge which are expected to be critical for innovative work in knowledge-based societies (companies, universities and government). The Triple Helix concept has in a marked way affected policy, as its rhetoric is nowadays also used in calls for innovative proposals from the EU. Its message is in Sweden manifested in a specific national agency for the development of innovation systems (Vinnova). This Jacob (2006, p. 443) sees as evidence that "the concept has reached an unusually high level of diffusion and policy acceptance".

Before addressing the Triple Helix theory *per se,* it should be noted that Triple Helix-cooperation involves relations between three actors (sectors) with fundamentally different organisation logics referring to, e.g., their mission, aim, success criteria, management practices, market dependency, time perspectives, strategic flexibility and ability to reorienta-

---

[18] Eliasson and Eliasson (1996) have developed Dahrnén's concept further by specilically highlighting the importance of technical-economic functions und competences, and conceptualizing constellations formed by competent custorners, innovators, entrepreneurs, venture capitalists, second-hand capital markets and industrialists as *competence blocks*

tion, reward systems, use of price mechanisms, etc. (cfr. Jacobsson 1991 or Pihlgren 1985). These different organisation logics instrumentally affect the way organisations and individuals representing different sectors of society think, prioritise and act. Despite fundamental differences, co-operation across sectors is however possible if the rewards (or expected rewards) emerging from co-operation is perceived to exceed the size of contributions (e.g. investments in terms of time, money and other resources) made to achieve cross-sector co-operation (cfr. the classic stakeholder model). In a functioning Triple Helix-cooperation, different sectors' contributions and rewards may be concluded in the following way:

Table 1:
Contributions and (expected) rewards in Triple Helix cooperation

Sector	Contribution	(Expected) reward
Industry	Commercial competence - focusing profitability - focusing utility - focusing (short) pay-off	Competitive advantage on the market New businesses contacts and agreements
Government	Public economy competence - focusing long-term goals - focusing overview and system perspective - 'Lubricants' / resources	Competitive advantage for the region (nation) New jobs, higher tax revenues etc
University	Research competence - focus on development of academic knowledge - analytical skills	Academic competitive advantage Image and reptuation Funding

Source: **Ylinenpää 2002**

Sustainable Triple Helix co-operation thus implies that actors involved in cooperation obtain rewards that - at least in a reasonable time perspective – exceed the size of investments made by a specific actor. If this co-operation fails to deliver such 'net profits' or is expected to deliver them only in a longer time perspective, this threatens the viability of this specific eco-system for cooperation.

The Triple Helix thesis states that universities and other HEIs play an increasing role for innovation in knowledge-based societies, and that interaction between industry, universities/HEIs and government bodies has become increasingly important, especially for innovative work. In functional Triple Helix configurations technological innovation provides the variation, markets are the prevailing selectors, and the institutional structures provide the system with retention and reflexive control, where a knowledge infrastructure is created that to a significant degree consists of overlapping institutional spheres and hybrid organisations emerging at the interfaces. Border-crossing contacts are high and regarded as 'normal' in each of the three sectors.

Although questioned, the Triple Helix theory offers a theoretical concept that may improve our understanding of the process of developing innovation systems in a knowledge-based economy. Emphasising the dynamics of the concept, Etzkowitz and Leydesdorff themselves state that 'a Triple Helix is not expected to be stable' (2000, p. 112). Instead, Triple Helix co-operation represents 'an endless transition' where sources of innovation 'are no longer synchronized a priori'.

Towards a developed understanding

The purpose of outlining different streams of innovation-system research is not to try to determine which "school" is the right one. This challenging task I will warmly hand over to ongoing and intense academic seminars. Let me here instead advocate the standpoint that these "schools" with their specific focus areas and delimitations all in one way or another contribute to our collective knowledge of the characteristics and functions of innovation systems. Obviously, the national (or even super-national) level has its relevance for our understanding of, for example, how institutional cultures and "rules of the game" (such as legislation) may affect the conditions for innovative work. Similarly, I think we all realize the relevance of high-lighting how trust-building and learning processes may facilitate functional innovative processes - processes that benefit from different aspects, such as territorial or functional/sectoral ones, of "closeness". In a similar vein I think we can without any problem recognize the relevance of the argument that innovative activities in today's world are in a significant degree both collective and global, and that e.g. scientific research, characterized by cumulative and normally international knowledge production, has a role to play in the development of innovations in a knowledge-based society. Nor should we have any difficulty recognizing the dangers of local or regional lock-in effects from innovative processes delimited only to specific addresses or affiliations, be they regions or companies (cf. the Not-Invented-Here syndrome). Common to all schools in the innovation system family is however an understanding that units in an innovation system, tied together through different kinds of relations, in interaction perform innovative activities that produce the output of the innovation system. These innovative activities should logically be related to specific actors, since at least social systems (as innovation systems may be understood) require actors to produce activities that result in an innovative output. These actors (or, to use a more common vocabulary in innovation system research, these units) are, however, understood more as representatives of specific resources, competencies and interests than actors who by themselves, on an individual, actor-specific basis, are driven by, for example, self-interest or altruistic motives. The actors operating in innovation system research are, accordingly, understood more as agents of their specific sector than as classic individual actors.

While Etzkowitz and Leydesdorff are quite specific regarding the structural configuration of Triple Helix constellations (outlining e.g. three different variants of sector-crossing cooperation), we do not here receive very much guidance in understanding the mechanisms or drivers behind functional cross-sector collaboration . When trying to understand functional Triple Helix-collaboration and its drivers, its seems important to depart from the basic understanding that different actors/agents have different motives to participate, and that they to a significant degree expect different rewards as an outcome from the collaboration. By capitalising on different actors' specific competences and resources, Triple Helix constellations may achieve innovative outputs and establish innovative processes difficult to obtain in intra-sectoral constellations. Based on previous interactive research in potential and established innovation systems in Sweden, my research group have suggested that it is important to recognise functional mechanisms in Triple Helix-based collaboration as based on different actors' degree of commitment over time. To understand how different actors in Triple Helix-based constellations contribute and are rewarded should be essential for developing a better understanding of why and how synergies appear, why and how different actors' motives may be satisfied, und how innovative solutions may evolve as a result of this kind of interaction. We have therefore suggested a model with the ambition to explain why und how different actors' degree of commitment normally varies over time, interact with other interests and how this interplay may be used for developing a better understanding of functional cross-sector collaboration (and, of course, avoiding pitfalls along the road). According to this model (depicted in Figure 1), the innovation process in Triple Helix-based innovation systems may be simplified into three different processes (initiation, scientific development, und commercialisation), where actors representing different sectors of society have different roles und degree of commitment, and to a varying degree contribute to the system's further development and final output. During this development process, actors representing different sectors may serve in "the driver's seat" while other actors may adopt a more laid-back und passive role. The "critical points" that emerge from this kind of reasoning is when the system leadership is to be transformed into another actor - just like handing over the stick in a rely-race is critical in athletics:

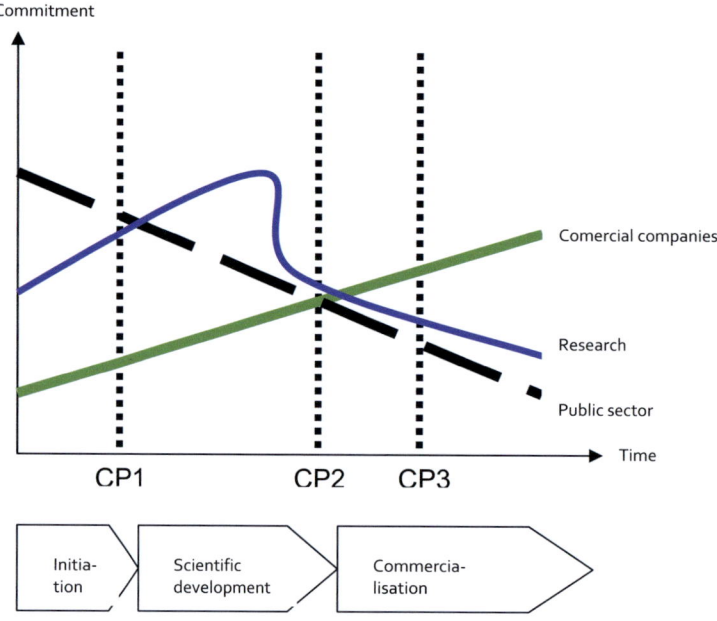

Fig 1: Triple Helix-collaboration as a function of actor commitment and time

The model, based on our in-depth studies of several innovation system initiatives in Northern Sweden during recent years, suggest that public sector actors have an important and critical role especially when establishing a regional innovation system initiative. Due to the specific characteristics that public sector representatives bring into cross-sector collaboration initiatives (a long-term orientation, a system view on how different actors may contribute to a jointly formed output, und lubricating resources in terms of funding to get the innovation process started - see Table 1) public sector actors have a natural legitimacy for getting these intricate and non-trivial collaborative processes started. As also depicted in Table 1, the public sector actors' motives and expected rewards from this kind of collaboration are, e.g., to develop regional competitiveness based on new or developed industrial sectors resulting in new jobs and higher tax revenues - drivers for collaboration that are more easily accepted as legitimate by other actors as compared to the more sector-specific and ego-centred motives characterising other actors in Triple Helix constellations. Contrary to private and commercial companies participating in the collaboration (where actor engagement and commitment is higher the closer the innovation process comes the time for market introduction for and commercialisation of the innovations that a regional innovation system initiative has developed), public sector involvement in the factual innovation process is expected to decrease when the system moves towards "time to market". In innovation systems based on developing and exploiting new knowledge for the benefit of the region, these collaborative constellations however quickly develop a need for starting research and R&D projects that this kind of innovation system later will develop into e.g. new products. Now actors representing academic research in universities and research institutes become the significant and critical actors for driving the innovation process, where research-based knowledge is translated into applications in terms of ideas for new products or new industrial processes. When moving onto the phase when this applied knowledge is translated into physical product applications, however, our third sector actor - market-driven companies motivated by the ambition to commercialize knowledge-based products and services and make a profit from this - becomes the critical and significant actors in Triple Helix-based constellations. As in an athletic rely-race, handling over the stick representing system leadership becomes critical, and in fact represent the critical points where several regional innovation system initiatives fail. Evident from our own research on different regional innovation system initiatives in Sweden, only constellations that manage to respect and utilize the driving motives and commitment that different actors in Triple Helix-based constellations de facto represent, develop into successful example of regional innovation systems.

To conclude the lessons learnt so far, I would like to propose the following implications:

- In order to benefit from cross-sector collaboration aimed at forming new regional innovation systems, it is crucial that such systems are based on a recognition of and respect for each sector's expected and factual contribution,
- Developing innovation systems based on Triple Helix collaboration normally may be characterised as a rely-race where different sectors/actors take the lead during different phases of the innovation process,

- This makes the points where leadership shifts to a new actor (sector) critical, and also represent the points where many regional innovation system initiatives fail.

The ERIS/IRIS typology

In 2004 Phil Cooke and Loet Leydesdorff suggested that we should distinguish between two different types of regional innovation systems: traditional innovation systems and entrepreneurial innovation systems[19]. The first-mentioned system is characterized as an institutional innovation system (IRIS) developing and exploiting synthetic, engineering-based knowledge and building on close collaboration between structures for production, knowledge development, and institutional frameworks. The latter variant is characterized as an entrepreneurial innovation system (ERIS) for "the new economy" which, despite its lack of well developed and established institutional systems, relies instead on individual actors dressed as entrepreneurs, venture capitalists/business angels, researchers, incubators and demanding pioneering customers for developing innovations primarily in analytical and research-based knowledge. While the former innovation system (IRIS), according to Cooke and Leydesdorff, is typical of economies such as that of Germany and the Nordic countries,

---

[19] This may be regarded as a development of ideas presented by Cooke as early as 2001.

the ERIS innovation system is more representative of conditions prevailing in economies such as that of the USA and in other Anglo-American economies.

Cook and Leydesdorffs typology is interesting in this context since it introduces through the ERIS concept a more actor-based model of regional innovation systems, thus visualizing actors such as individual researchers, entrepreneurs and venture capitalists rather than representatives of specific sectors of society. When compared to the more conventional IRIS concept, these two types of regional innovation systems appear as very different with respect to structure. Recognizing that individual actors may be instrumental to the functionality of regional innovation systems does however not immediately provide an understanding of the way these different types of systems function. In order to capture a fuller and deeper understanding of the logics and functionalities related to each system and the actors that operate them we need to climb down from the analytical "helicopter-level" of analysis into a more grassroot perspective of motives and behaviour characterizing the actors in each system. As already noted, research in the stream of innovation system research is not especially helpful in this particular respect. In order to deepen our understanding of actors managing and developing innovative systems I will therefore seek inspiration and guidance from entrepreneurship research scholars such as Bengt Johannisson and Saras Sarasvathy.

Johannisson (2000) distinguishes between entrepreneurialism and managerialism, characterizing entrepreneurialism as "the organic organizing of internal and external resources" (p. 295) and managerialism as structuring activities in a way where "planning and execution are separated" and where "linear-analytical decision rationality rules" (ibid.). While entrepreneurialism relies on networking based on trust relationships, managerialism employs contractual agreements for controlling internal and external dependencies. And while entrepreneurialism is characterized by an experimental attitude and by short-term projects guided by vision, managerialism is devoted to reducing risk and uncertainties. Johannisson's reasoning may be related to Sarasvathy's (2001) distinction between entrepreneurial decision-making based on "effectuation" (which is action-oriented and departs from available/accessible resources) versus "causation" (which is a long-term and planning-oriented mode of making decisions where risk reduction and control are in focus). By adopting these contributions and combining them with the suggested ERIS/IRIS typology a basis is formed for conceptualizing a bridge between innovation system research and entrepreneurship research:

Figure 2: Contrasting entrepreneurial and institutional regional innovation systems

System level	Type of system	Entrepreneurial regional Innovation system (ERIS)	Institutional regional Innovation system (IRIS)
	Image of the market	Ambiguous, potential collaborative space	Uncertain, risky competitive space
	Type of innovation process	Action-oriented: based on experimental learning	Planning-oriented: based on the need for overview, control and risk minimizing
	Strategies	Emergent	Planned
	Time perspective	Emergence: fuzzy vision combined with step-by-step action	Present and future; more clear vision combined with long-term planning
	Organizational structure	Organic (loosely coupled); to a large extent based on trust	Mechanistic; to a large extent based on contractual ties
	Critical resources	Entrepreneurial skills Venture capital	Management skills Institutional capital
	Decision logic	Effectuation: Taking action based on available/ accessible resources	Causation: Planning for and controlling the future
	Cooperation	Ad hoc-based, intermittent and often short termed	Planned and long-termed
Actor level	Critical performers	Actors: Individuals who form teams of complementary competences	Agents: Representatives of different sectors of society

Source: Ylinenpää (2008)

To illustrate and to some degree empirically test the relevance of the conceptualization I have suggested in Figure 2, two different regional innovation systems in northern Sweden have been studied: the case of DesignTech and the case of ProcessIT Innovations.[20] Both these empirical cases function as systems, i.e. they consist of members or subunits that through some organising principle are related to each other in order to develop or produce an output. They may moreover both be regarded as innovation systems, since the mission and purpose of the systems is to produce innovative outputs in terms of new products and services. The latter system (ProcessIT Innovations) is however as an innovation system more visible and recognised as just an innovation system; one reason being that ProcessIT Innovations by Vinnova was appointed to be one of the pioneers in Sweden to receive government support for developing its innovative activities through the Vinnväxt competition. DesignTech and its partners is as a system smaller and has developed more or less organi-

---

[20] Data from these two cases have continuously been collected during the past years due to the author´s und his colleagues' assignments as interactive researchers in R&D projects where ProcessIT and DesignTech have participated. During December 2007 personal complementary interviews with managers from both cases were conducted, and "data sets" (the vignettes with descriptive information used in this chapter) formulated. This information was then sent over to respondents for approval in order to avoid any misunderstanding or other kinds of bias.

cally over the years, but may still be understood to represent a system that since its start in 2001 successfully develops innovative solutions. Some basic information of both these innovation systems is presented below.[21]

DESIGNTECH: AN ERIS-BASED REGIONAL INNOVATION SYSTEM

DesignTech is a smaller company located to the Aurorum Science Park in Luleå, operating in development of innovative software products and services. The company was established in 2001, employs seven persons and has an annual turnover of 6 MSEK. With its roots in Luleå University of Technology, DesignTech has today established a regional innovation system built around the hub firm itself and consisting of internal and external actors representing different types of strategic competencies and other resources instrumental for the functionality of this (small) regional innovation system:

- o R&D competence represented by a contracted researcher at the University who functions as the firm's out-sourced unit for strategic product development. Together with a project manager at one of the University's R&D centres, serving as the firm's unemployed resource for environmental scanning and business intelligence, these two persons have an instrumental role in developing DesignTech's products and services.
- o Venture capitalists who over the years have appeared on the scene in different packages and in different constellations, and who have contributed with both financial and "competent" capital during different phases of DesignTech's development: a local bank, a local venture capitalist (Lunova), a regional investment fund (Norrlandsfonden), a national support organisation (ALMI Företagspartner), different development projects, and (lately) an international venture capitalist.
- o Key actors in DesignTech itself, primarily the two owners of the company (its managing director and its sales/marketing manager) and one employee responsible for operative product development in the company.

The relations between the actors are to a very high degree personal and based on trust (but sometimes, due to funding institutions' requirements, also formalised as contracts). The orientation towards individuals is also very visible when the company describes the innovation system it belongs to: it is *persons* und their specific personalities who are important und not primarily the organisations or institutions they represent. The interaction between DesignTech and its partners is primarily action-oriented and characterized by problem-solving step by step (which also is reflected by the different venture capitalists that the firm has collaborated with over the years). Regarding DesignTech's outsourced function for strategic product development and recent venture capital relations also a more long-term and strategic perspective is emerging.

PROCESS-IT INNOVATIONS: AN IRIS-BASED REGIONAL INNOVATION SYSTEM[22]

ProcessIT Innovations is a multi-year collaborativc project where process und mechanical engineering industry, two universities and ITcompanies in northem Sweden participate. Being one of the first winners in Vinnova's (the national agency for innovation systems) Vinnväxtcompetition in 2004, ProeessIT Innovations is supposed by 6 MSEK annually during a ten year period. Together with additional funding from its parents and from the region, ProcessIT Innovations during this period has more than 120 MSEK to its disposal for developing its regional innovation system.

The aim of this regional innovation system is to develop new und better solutions for process und mechanical engineering industry by utilising modern ICT. By doing this, the regional ICT industry (preferably small and medium-sized firms) build platforrns for further and global commercialisation while partnering universities develop their specific research expertise. The functionality of the innovation systems departs from need-based development of new products and services (where the need for new products and services is articulated by the region's process and mechanical engineering industry) through research und R&D projects where universities, large process companies and smaller ICT firms collaborate.

---

[21] I am aware of that the selected empirical cases are not comparable in size and origin. These differences are actually the most important reason (selection criteria) to why these specific cases have been studied.

[22] A more elaborate description and analyses of ProcessIT Innovations is found in Laestadius, Nuur and Ylinenpää (eds. , 2007)

By participating in the Vinnväxt competition, ProcessIT Innovations has developed strategies and plans for future development, and to a significant degree organized its management and activities according to the Triple Helix-concept. This means that affiliation, function and professionalism rather than persons *per se* are decisive, and that participating organisations may be represented by several different individuals. Plans and contracts are used on a regular basis, and a planning system (including e.g. a step-by-step system for evaluating project idea potential, a systematic mode of developing new solutions and a continuous follow-up) has been developed.

Building on the suggested conceptualisation in Fig 2, it is obvious that these two cases represent two different types of innovation systems. While ProcessIT Innovations to a large degree rely on the institutions (companies, universities and public organisations) that form the base for the system, the innovation system built around DesignTech is much more organic and built on personal relations. Planning and management systems for project evaluation, follow-up and riskminimising are together with formalisation of the system's relations important in ProcessIT Innovations, while the innovation system built around DesignTech instead to a high degree relies on experimental learning, step-by-step action, trustful relations and strategies emerging as a pattern of undertaken actions. ProcessIT Innovations may hence be understood to mainly rely on and employ "causation" (Sarasvathy 2001) or "managerialism" (Johannisson 2000) where planning for and controlling the future is in focus, while the behaviour and strategies of DesignTech and its partners is more adequately characterised by "effectuation" (Sarasvathy 2001) or "entrepreneurialism" (Johannisson 2000) where step-by-step action and experimental learning are significant characteristics.[23] As a consequence, ProcessIT in this comparison comes forward as a quite typical example of what Cooke and Leydesdorff have labelled as an institutional regional innovation system (IRIS), and where different agents or representatives for different institutions are the significant performers that enables the system to develop. The DesignTech case is on the other hand better understood as an entrepreneurial regional innovation system (ERIS) where individuals or persons related to each other in trustful relations and on an exchange basis form the very basis (or, to use Cummings, 1998, vocabulary, the "organising principle") for the existence and further development of the system itself.

Representatives of both cases in this chapter also agree on the relevance and adequacy of the suggested typologisation, but however also point out that during specific phases or in specific situations they could also "feel at home" with the other typology in Figure 1. As the project manager for ProcessIT remarks, also the reality in this system sometimes is characterised as action-oriented and based on experimental learning, while the MD for DesignTech points out that i.e. ongoing work together with a new venture capitalist involves a considerable degree of strategic thinking and planning. On the bottom line and as a holistic understanding of important logics guiding the behaviour and actions in the system they themselves represent, they however fully perceive the ERIS/IRIS typology as an accurate way of characterising their own reality.

One important finding suggested in this chapter is that while the ERIS typology of a regional innovation system recognises (and in fact builds on) individual actors, the actors in institutional regional innovation systems rely on performers that serve as agents or repre-

---

[23] It should however be noted that while Johannisson talks about entrepreneurialism and managerialism as "ideologies" (i.e. value-rooted ways of thinking having effect on behaviour over time), Sarasvathy sees causation und effectuation as two modes of decision-making that both may be utilized by a specific entrepreneur, depending on the specific situation.

sentatives for the specific sector or organisation to which they are affiliated. In the case of ProcessIT Innovations this is manifested by the fact that many different persons representing different partnering organisations participate in Process IT Innovation's activities, and that these persons also often are replaceable. In the DesignTech case the orientation towards persons (rather than organisations) was manifested when the MD told the story of how the company had switched bank due to that the "personal chemistry" with a specific bank contact was not perceived as optimal. Or when the MD revealed that DesignTech for different phases and for different R&D projects has collaborated with different venture capitalists/project financers, but that they still maintained a personal relation with persons from these organisations although the specific funding project had been completed. Personal relations and mutual trust between individuals hence is significantly more important in ERIS-based systems, as compared to IRIS-based systems where commitment and trust lies with the organisation a person or an agent represents.

Adopting a policy perspective, what may we then learn from empirical examples such as ProcessIT Innovations and DesignTech? Building on what I here have tried to put forward, two policy implications may be suggested:

- o Innovation systems are different and based on different logics and characteristics. Support systems aiming to support the development of innovation systems, however, mainly build on the IRIS logic: planned and formalised systems relying on institutional (and normally Triple Helix-based) collaboration. In order to take full potential benefit of the regional innovative potential, policy support measures should also consider if, and in that case how, ERIS-based innovation systems may be supported.

- o At least in Sweden we today have different government support agencies stimulating the development of entrepreneurship and innovation systems: NUTEK (the Swedish Agency for Economic and Regional Growth) that together with ALMI Företagspartner AB (a state-owned organisation for promoting the development of competitive small and medium-sized businesses) are assigned the task to stimulate and promote entrepreneurs and entrepreneurship, while VINNOVA (the national agency for innovation systems) has taken the role of stimulating and promoting the development of innovations and regional innovation systems. Policymakers and their organisations for promoting innovation and entrepreneurship should seriously investigate the possibilities to joint support initiatives, especially on the challenge how to stimulate (also) ERIS-based regional innovation systems.

Eventually I would like to share with you a third piece of research that I have been involved in, that might shed some more light on the issue in focus here: the potential and limits to an entrepreneurial public administration in economic and regional development. It builds on studies of the innovation systems existing in my own region (the Luleå or Norrbotten region in northernmost Sweden) and the innovation system existing in our neighbouring region in northern Finland: The Oulu region.

Luleå region in Northern Sweden and Oulu region in Northern Finland have a similar history and location, both cities founded in the 17th century by the Swedish king as centres in the far north for trade and exploitation of natural resources. The anticipated growth of these regions didn't however start until the second half of the 18th century when a dynamic regional economy emerged based on exploitation of wood products and international trade. Oulu developed as an administrative centre for the north part of Finland, manifested also by the establishment of the second government-funded university in Finland in 1958. In Luleå, a university of technology was established in 1971, but the role as an administrative centre for the north part of the country was - and still is - challenged by several other cities located to the north part of Sweden (Ylinenpää & Lundgren 1998).

During the 1990s it was obvious that the twin-cities/regions of Oulu and Luleå, despite a similar history and location (city centres are located at a distance of 150 kilometres on the Gulf of Bothnia), were experiencing very different development paths. The Oulu region was regarded as a modern and booming centre for economic development and as "the Silicon Valley of the North", while Luleå and Norrbotten seemed to follow a different and less fa-vourable development trajectory. This was also the reason behind a specific study (ibid .) that tried to more systematically compare the development in these two regions and look for answers to the intriguing question why their development differed . The authors sug-gested that a number of different reasons explained why the Oulu region had experienced a more favourable development path when compared to Luleå and its region:

- The role of the locomotive company NOKIA in Oulu, serving as a demanding cus-tomer and role model for other companies in the region,
- The presence of dynamic clusters in emerging and knowledge-based sectors of the economy in Oulu while Luleå and its region still to a high degree was characterised by company constellations in mature and often declining business sectors,
- A dynamic mode of cooperation between industry, the university/research sector and local and regional government (developed before Etzkowitz and Leydesdorff coined the concept Triple Helix cooperation), and
- A significant role in the national hierarchy of cities for Oulu as a natural centre for the northern part of the country.

We also identified differences related to the universities (Oulu with a complete university structure while Luleå was focusing mainly on technology), the science parks (where Tech-nopolis in Oulu at this time was regarded as one of the most successful parks in the world) , the Finnish leadership and management style (which eould be advocated to work better than a "consensus-seeking" Swedish ditto during turbulent and dynamic development peri-ods), and a more marked international orientation among, especially, Finnish SMEs in the two regions.

Of specific interest for us here today, looking for the potential and limits to an entrepreneu-rial public administration in economic and regional development, is maybe our result pin-pointing the importance of a close and dynamic cross-sector collaboration between local and regional government, industry and the academia. We characterised this cross-sector collaboration in Oulu as "iron triangles", while the mode of collaboration in the sister city/region of Luleå was characterised as "isolated worlds".

In a follow-up study "ten years later", I together with a Finnish colleague have returned to the comparison of these two non-metropolitan regions (Teräs and Ylinenpää; forthcoming[24]) - a comparison that is made in the context of an environment and a situation that is different from the situation in 1998. Macroeconomic conditions for global competitiveness have changed, e.g. through the introduction of new important players such as China and India. European political and economic integration has also developed through intensified cross-national cooperation and new member states in the European community. The role of knowledge-based competition is still underlined as important for mature industrial economies such as Sweden and Finland, but paired with a global demand for iron ore, steel, wood products and energy implicating a booming economy also in regions characterized by mature industries and exploitation of natural resources. Our preliminary results from this study indicate that the co-operation between key actors in the Oulu HT cluster still exists but the exceptional "iron triangles" we identified as important in 1998 has somewhat diluted while the recent development in Luleå indicates a move in the opposite direction. Nokia is the most important actor in the Oulu HT cluster also in 2008, but the relative importance of NOKIA's Oulu units has diminished due to the increasing globalisation of the NOKIA corporation. Oulu is diversifying its HT activities also outside the ICT sector but these other sectors still need more development efforts. However, the breadth of the HT activity in Oulu is more significant than in Luleå. At the same time, Luleå has been able to produce world-class niche technologies and growth-oriented high technology SMEs in fields such as e-content and Internet-based new products. This capability and the potential of the Luleå region to produce high-tech products and companies face, however, the challenge of critical mass.

We also today note that the high technology business environment has changed remarkably in the last ten years. Instead of traditional paths of research/R&D-prototypes-product and local-regional-national-inter-national markets, the current situation with e.g. radically diminished time-to-market for new innovations is a reality even to the smallest high technology companies. The adaptation to the challenges of globalisation for regions such as Oulu and Luleå has only begun. These challenges extend not only to companies but also to other key actors of HT clusters: government, research community, financial institutions, and intermediary organisations. Globalisation thus today affects how regions, clusters and companies may develop competitiveness based on the resources and competences they possess or have access to. Although the amount of experts in both regions with international experience is higher today than in 1998, one big challenge is to attract and keep the best talent in the regions. Another major challenge is the ability and willingness to not only adapt to globalisation but also to proactively utilize the opportunities provided by globalisation. This requires a more global than regional mindset when selecting target markets, collaboration partners, and future employees.

The role and the effectiveness of top-down initiatives in creating and developing regional hi-tech concentrations may and have been questioned in both Oulu and Luleå. Both regions have after 1998 launched initiatives inspired by the Triple Helix concept. There is, however, a risk when developing elegant top-down innovation systems and policies that the entrepreneurial elements and commercial driving forces will be left on the sidelines. Top-down initiatives may at best support a healthy, market-driven development but can hardly by itself generate any dynamic cluster development (cf. also Laestadius et al. 2007).

---

[24] See also Teräs (2008).

Notable is also the national context in which regional clusters such as the studied cases in Luleå and Oulu are embedded. The fact that the HT cluster in Oulu is located to the undisputable capital of northern Finland while the Luleå cases is found in a less developed and (from the perspective of a national hierarchy of cities) less prominent and attractive location still in 2008 seems to be a significant factor. This also relates to the issue of critical mass, since capital functions *per se* often are attractive for e.g. locating service and commercial functions to a specific region, and where such actors/resources may contribute to strengthening a region's critical mass.

It should eventually be noted that the studies conducted on Oulu and Luleå regions in 1998 and 2008 offers explanations behind a functional dynamic HT cluster development that only partly are transparent. Dynamic development is something that is undertaken and occurring in a dynamic environment, where "rules of the game" are changing. Yesterday's truths are not necessarily the right answers to the challenges of today and tomorrow - a wisdom that may be not too often repeated. A more globalised economy thus changes the rules of the game for actors seeking to develop corporate or regional advantage and, for example, involves the challenge to develop *both* a (local/regional) critical mass of actors and resources *and* a more global mindset.

To conclude, the main challenges for non-metropolitan regions such as Oulu and Luleå suggested in our present study are

- o The importance of counteracting regional lock-in effects by actively and proactively adjusting development strategies to an increasingly global reality,

- o To employ a brave regional (and often collective) leadership for cluster development anchored in strengths and specific resources/competences in the region,

- o To develop critical and optimal bases of resources and competences as a base for regional competitiveness instead of a too diversified, low-risk strategy, and

- o To realize that the compentive environment in which regional and company-based world-class competitiveness is embedded is constantly changing. This requires both persistent development investments and sensitive adjustments to emerging "new rules of the game".

References

Asheim, B.T. und Coenen, L. (2006). Contextualising Regional Innovatin Systems in a Globalising Learning Economy: On Knowledge Bases and Industrial Frameworks. Journal of Technology Transfer, 31: 163-173.

Brusco, S. (1995), Global systems und local systems, paper presented to OECD Seminar in Paris. June.

Camagni. R. (ed.) (1991). Innovation Networks. Spatial Perspectives, London: Belhaven.

Cooke P. & Leydesdorff, L. (2004). Regional Development in the Knowledge-Based Economy: The Construction of Advantage. Journal of Technology Transfer, 31: 5- 15.

Cooke. P. (2001). Regional Innnovation Systems, Clusters and the Know-ledge Economy. Industrial und Corporate Change. 10 (4): 945 -974.

Cooke, P., Boekholt. P. and Mayer, F. (2000). The Governance of Innova-tion in Europe. Regional Perspectives on Global Competitiveness. London: Pinter.

Cooke P & Leydesdorff L (2004) Regional Development in the Knowledge-Bascd Economy: The Construction of Advantage. Journal of Technology Transfer 31: 5-15.

Edquist, C. (ed.) (1997), Systems of Innovation: Technologies, institutions, and organiza-tions, London: Printer.

Eliasson, G. (1998), Industrial policy, competence blocks and the role of science in economic development. Research report, Dept. of Industrial Economics and Management, Royal Institute of Technology, Stockholm.

Eliasson G & Eliasson Å (1996) The Biotechnological Competence Bloc. Revue d 'Economie Industrielle 78 (4): 7-26.

Etzkowitz, H. and L. Leydesdorff (2000), 'The dynamics of innovation: from National Sys-tems und 'Mode 2' to a Triple Helix of university -industry-government relations', Re-search Policy, 29, 109-123.

Etzkowitz, H. and L. Leydesdorff (eds) (1997), Universities in the Global Economy: A Triple Helix of University-Industry-Government Relations, London: Cassell Academic.

Freeman, C. (1987). Technology Policy and Economic Performance: Lessons from Japan. London: Pinter.

Freeman, C. and Lundvall, B.-Å (eds.. 1988). Small Countries Facing the Technological Revo-lution. London: Pinter .

Håkansson. H. (1989), Corporate technological behavior - co-operation ond networks, Lon-don: Routledge .

Hallin, G. and A. Malmberg. (1996), Attraktion, konkurrens och regional dynamik i Europa. Rapport 95. Stockholm: Swedish Institute for Regional Research.

Jacob. M. (2006). Utilization of social science knowledge in science policy: Systems of Inno-vation , Triple Helix and VINNOVA. Social Science Information, 45, 3: 431-462.

Jacobsson. B. (1991). 'Mellan politik och företag' , in G. Arvidsson und R. Lind (eds), Ledning av företag och förvaltningar, Stockholm. SNS Förlag. 41- 60.

Jannsson, L. (1998), Små och medelstora färetag i Italien - Nätverk och regional utveckling, Utlandsrapport 9801, Stockholm: Sveriges Tekniska Attachéer (Report from The Swe-dish Technical Attaché System).

Johannisson B. (2000). Modernising the Industrial District: Rejuvenation or Managerial Colonisation? In Vatne. E. & Taylor, M. (eds.), The Networked Firm in a Global World. Ashgate: Aldershot, 283-308.

Johannisson, B (1994), 'Lokal företagsamhet för globalt bruk', in ERU; Framtidens regionala politik: kräver nya grepp. 13 författare diskuterar framtidens regionala politik, ERU-rapport 82/ 1994 (Report from a Swedish expert group on regional development), 56-77.

Laestadius, S. (2007). Vinnväxtprogrammats teoretiska fundament . In Lae stadius. S. Nuur, C. & Ylinenpää, H. (2007), Regional växtkraft i en global ekonomi. Stockholm: Santéreus Academic Press Sweden. 27-56.

Laestadius, S., Nuur C, Ylinenpää H. (2007). Regional västkroft i en global ekonomi. Santerus Academic Press, Stockholm.

List, F. (1885). The National System of Political Economy; trans. from the original German ed. (1841). London: Longmans, Green and Company.

Lundvall, B.-Å. (ed.) (1992), National systems of Innovation: Towards a Theory of Innovation and Interactive Learning. Londen: Printer.

Malerba, F. (2005). Sectoral systems, How und why innovation differs across sectors. In Fagerberg. J . Mowery, D.C.; & Nelson, R.R. (eds.), The Oxford Handbook of Innovation. Oxford University Press, 380-406.

Malmberg. A. and P. Maskell (2001), 'Närings-och regionalpolitik för lärande, innovation och konkurrenskraft', in P. Maskell (ed.), Innovation and learning for competitiveness and regional growth; Stockholm: Nordregio Report 2001:4, 7-35.

Mascanzoni, D. and M. Novotny (2000), Lokomotivföretaget i Italien, Nya jobb & företag, rapport No. 12, Stockholm: Rådet för Arbetslivsforskning (Report in Swedish entitled 'Locomotive Compnaies in Italy').

Maskell, P., Eskelinen, H., Hannibalsson, I., Malmberg. A. & Vatne. E. (1998). Competitiveness. Localised Learning und Regional Development. London: Routledge.

Nilsson, J.-E. (1998), Blomstrande näringsliv. Krafter och motkrafter bakom förändringar i europeiska och amerikanska regioner, Stoekholm: IV A.

Pihlgren, G. (1985), Management i förvaltning. Effektivitet & förnyelse. Stockholm : Liber.

Piore, MJ. and C.F. Sabel (1984). The Second Industrial Divide: Possibilities for Prosperity, New York: Basic Bocks.

Porter M (1990). The Competitive Advantage of Nations. MacMillan

Porter, M. (1998), On Competition. Boston: The Harvard Business Review Book Series.

Sarasvathy, S.D. (2001). Causation and effectuation: Toward a theoretical shift from economic inevitability to entrepreneurial contingcncy. Academy of Management Reviewm, 6, 2: 243-263 .

Saxenian A (1994). Regional Advantage; Culture and Competition in Silicon Valley and Route 128. Harvard University Press, Cambridge Massachusetts.

Teräs. J. & Ylinenpää, H. (forthcoming). Regional dynamics on the Bothnian Bay - A comparison of Luleå and Oulu regions "ten years after". Chapter for a forthcoming book edited by Dahméninstitutet (Annika Rickne et al).

Teräs. J. (2008). Regional science-based clusters - a case study of three European concentrations . Doctoral thesis C302. University of Oulu. October 2008.

Ylinenpää, H. & Lundgrcn, N-G. (1998). Regional dynamics - A comparison of two Nordic regions, paper presented at the conference 'SMEs and districts' , LIUC, Castellanza, Italy . Nov.

Ylinenpää. H. (2002), 'Co-operation, Trust and Triple Helixes in a Northern Dimension' , in International Perspectives on the Future of the Barents Euro-Arctic Region ond the Northern Dimension, Report 4 from The Swedish Initiative of the Barents Euro-Arctic Co-operation and the Northern Dimension, Jan .

Ylinenpää, H. (2008). Entrepreneurship and innovation systems - towards a development of the ERIS/IRIS concept. In Johannisson, B. & Lindholm Dahlstrand. Å. (eds.) , Bridging the Functional and Territorial Views on Regional Entrepreneurship and Development, Swedish Foundation for Small Business Research, FSF 2008:6, 61-79.

Manfred Zöhrer (Justizanstalt Sonnberg, Österreich)
„Flexiklausel – ein taugliches Instrument zur Kulturveränderung"

Herzlich Willkommen in der Justizanstalt Sonnberg

 Mjr. Manfred Zöhrer

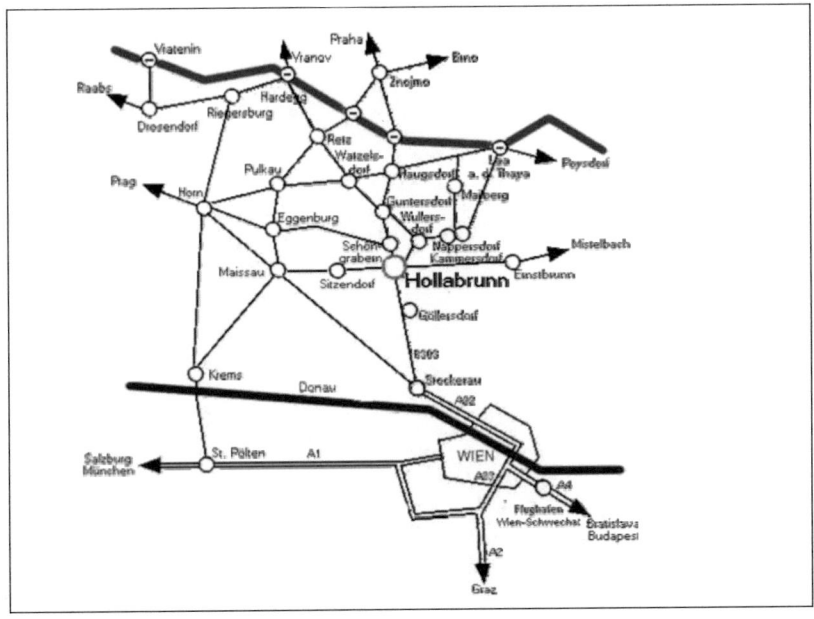

Zahlen & Fakten

Gemeinde Hollabrunn

- Gemeindefläche   152 km2
- Höhenlage   237 m
- Wohnbevölkerung 2001   10.685
- Wohnbevölkerung 1991   10.461
- Haushalte   ca.   4.800
- Betriebe   ca.   290

Zahlen & Fakten

Pflichtschulen, Volks- und Hauptschulen, Polytechnikum	Höhere Lehranstalt f. Lebensmitteltechnologie
Allgemeinbildende Höh. Schulen:	HAK/HASCH
Aufbaugymnasium d. Erzdiözese Wien	Ldw. Fachschule Gew. Berufsschulen für Fleischer, Friseure, Kleidermacher
Realgymnasium d. Erz. Wien	
Bundesgymnasium	**Sonstige Schulen:**
Berufsbildende Höhere Schulen:	Krankenpflegeschule
Höhere Bundeslehranstalt f. wirtschaftl. Berufe	Musikschule
Höhere Technische Lehranstalt	

Zahlen & Fakten

- **Rohstoffquellen:**

  überwiegend landw. orientierte Umgebung,
  zahlreiche landw. Rohstoffe:
  Getreideanbau, Kartoffel, Weinbau, Wald- u.
  Forstwirtschaft

- **Arbeitskräftepotential**
  ca. 4.100 unselbständig Erwerbstätige, rund
  2.500 Auspendler,
  ca. 500 Einpendler.
  viele Nachwuchskräfte/Jugendliche

Zahlen & Fakten

- Durchschnittliche Einkommen / Person -
  1.457 Euro (NÖ – letzter Platz)

Index der Bevölkerungsentwicklung, 1869 = 100

---Bundesland ---Politischer Bezirk —■—Gemeinde

Zahlen & Fakten

Be-schäftigung	in %
Land- u. Forstw.	5
Handw. Gewerbe	34
Gastgewerbe	4
Dienstleister	18
Öffentl. Verwaltung	39

Justizanstalt Sonnberg

- 350 Insassen
- 100 JustizwachebeamtInnen
- 7,5 Fachdienste (Psychologen, Sozialarbeiter, Krankenpfleger)
- Strafzeit der Insassen von 18 Monaten bis max. 10 Jahre
- Flexianstalt seit 2002

Aufgaben

JUSTIZ den Vollzug von Freiheitsstrafen an erwachsenen männlichen Insassen, deren Strafzeit18 Monate übersteigt und 10 Jahre nicht übersteigt;

JUSTIZ den Vollzug der mit Freiheitsentziehung verbundenen Maßnahme nach § 23 StGB an gefährlichen Rückfallstäter;

JUSTIZ den Vollzug von Ersatzfreiheitsstrafen, die von Verwaltungsbehörden und

JUSTIZ Finanzstrafbehörden verhängt worden sind, auf deren Ersuchen.

Justizanstalt Sonnberg

JUSTIZ Kameralistik

JUSTIZ Fehlende Personalhoheit

JUSTIZ OLG als Zwischenbehörde (Kompetenzvert.)

JUSTIZ Zweckdefinierung (§ 20 StVG)

JUSTIZ Keine Zielvereinbarung

JUSTIZ Fehlende Transparenz und Auswertung

Eingeleitete Maßnahmen

JUSTIZ   Einholen von Informationen

Anstaltsleiter – Personalvertretung

JUSTIZ   Machbarkeitsanalyse

JUSTIZ   Präsentation – Bediensteten

JUSTIZ   Festlegen der Rahmenbedingungen

JUSTIZ   Demokr. Beschluss

Eingeleitete Maßnahmen

JUSTIZ   Analyse der Aufgaben

Hoheitliche, gemeinwirtschaftliche, erwerbswirtschaftliche Aufgaben

Kernaufgaben,

Hilfs /Unterstützungsaufg., Führungsaufgaben

Pflichtaufgaben,

Ermessensaufgaben

JUSTIZ   Analyse der (spezifischen) Rechtsgrundlagen

Eingeleitete Maßnahmen

JUSTIZ Analyse der Kosten-/Ertragskraft
Basis:Kostenrechnung und Budget
bzw. Rechnungsabschluss

JUSTIZ Markt-/Umfeldsituation (Leistungen,
Kunden,   Konkurrenz, Lieferanten,
Arbeitsmarkt)

JUSTIZ Optional: Vergleich mit ähnlichen bzw.
artverwandten Organisationen

Eingeleitete Maßnahmen

JUSTIZ Entwurf
Verordnung
mit dem
Ressort -
BMJ

JUSTIZ Strategische Ziele

JUSTIZ Schlüsselaufgaben

JUSTIZ Rechtsgrundlagen

JUSTIZ Fachbezogene Ziele

JUSTIZ Managementziele

JUSTIZ Leistungskennzahlen

JUSTIZ Personalstände

JUSTIZ Einnahmen - Ausgaben

Motivation

JUSTIZ Flexible Dienstzeit

JUSTIZ Entscheidungskompetenz

JUSTIZ Transparenz

JUSTIZ Gruppendynamik

JUSTIZ Aus- und Fortbildung

JUSTIZ Verbesserungen kommt der Organisationseinheit zugute

Motivation

JUSTIZ Erwirtschaftung von positiven Unterschiedsbeträgen

JUSTIZ Schaffung von Rücklagen

JUSTIZ die Zahlung von Leistungsprämien

JUSTIZ geringes Risiko

JUSTIZ Mediale Präsenz

JUSTIZ Gefühl — etwas zu leisten
— wir sind besser

Risken

JUSTIZ Wirtschaftlichkeit vers. Sicherheit

JUSTIZ Konkurrent zu den
Wirtschaftstreibenden

JUSTIZ Unterforderung – Überforderung

JUSTIZ Beamte – Vertragsbedienstete

JUSTIZ Fehlende Personalhoheit

JUSTIZ Medizinische Kosten

JUSTIZ Was, wenn kein „Gewinn" mehr da ist?

JUSTIZ Strafvollzug – Profit!?

Ergebnisse

JUSTIZ Identifizierung als Dienstleister

JUSTIZ Tool zur PE

JUSTIZ Kosten – Nutzenanalyse bei
Anschaffungen

JUSTIZ Steigerung der Leistungen - trotz
Kostenreduzierung

JUSTIZ Verringerung der Rückfallsquote
(Leistungszukauf)

Ergebnisse

		Summe der Rücklagen im
JUSTIZ 2002	€ 521.647,--	Projektzeitraum:
JUSTIZ 2003	€ 485.472,--	
JUSTIZ 2004	€ 321.303,--	**€ 1.681.037,--**
JUSTIZ 2005	-€ 144.424,--	
JUSTIZ 2006	€ 649.371,--	25% als Leistungsprämien
JUSTIZ 2007	-€ 152.332,--	75% Bedeckung der Negativen

Bauliche und
  Sicherheitstechnik, Zukauf
  Fachdienste

Ergebnisse

JUSTIZ 25% als Leistungsprämien

JUSTIZ Weitere Rücklagen zur –

JUSTIZ Bedeckung der negativen Ergebnisse

JUSTIZ Bauliche Maßnahmen

JUSTIZ Sicherheitstechnik

JUSTIZ Zukauf Fachdienste (1 SozA, 1 Psych.)

JUSTIZ Freizeiteinrichtungen – Insassen

JUSTIZ Ausbildung Insassen

Ergebnisse

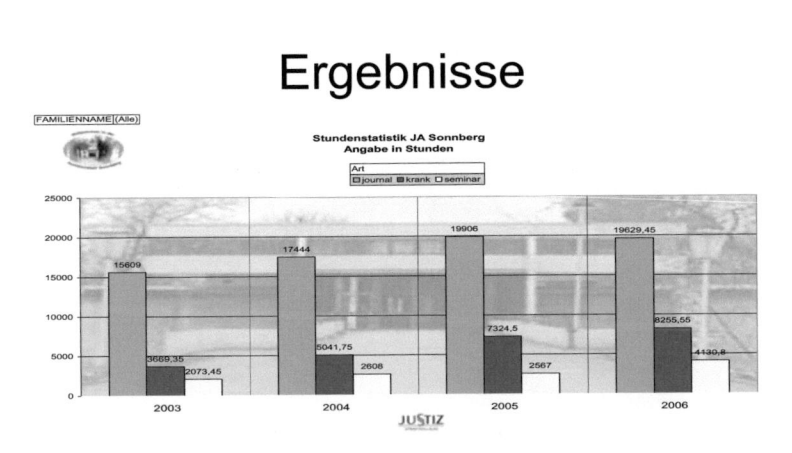

- Zeitraum 2006 ca. 35 % der Bediensteten ohne eine einzige Stunde Krankenstand waren.

Zusammenfassung

- Personal als größter Kostenfaktor
- Definieren der Ziele
- Transparenz
- Aus- und Weiterbildung
- Wirtschaftl. Einbindung der Region
- Öffentlichkeitsarbeit

Steigerung des Outcomes!

Ausblick

Am 25. April 2008 gegen halb zwei war die erste internationale Konferenz zur Verwaltungsmodernisierung in Güstrow beendet.

Experten aus Europa und Deutschland hatten ihr Wissen und ihre Ideen vorgestellt, wie es gelingen könnte, zu einer unternehmerischen Verwaltung zu gelangen. Und doch hängt dies wiederum von den Menschen ab, die in der Verwaltung tätig sind und sie auch leiten. Visionen entwickeln, sie den Mitarbeitenden deutlich machen, sie mit einbeziehen, ein Team formen, dass sind Aufgaben, die Führungskräfte beherrschen müssen, um im Wettbewerb der Verwaltungen bestehen und überleben zu können.

Die Güstrower Konferenz hat erste Ansätze und Diskussionsvorschläge unterbreitet. Doch liegt noch ein weiter Weg vor der wirklichen und praktichen Realisierung.

Einvernehmen aller Beteiligten bestand darüber, eine Folgekonferenz stattfinden zu lassen, um das Thema und dessen Vielfalt weiter erörtern zu können. Vom 30. September bis 02. Oktober 2009 ist in Güstrow eine **zweite internationale Konferenz zur Verwaltungsmodernisierung** geplant. Aktuelle Informationen sind zeitnah auf der Homepage der Fachhochschule für öffentliche verwaltung, Polizei und Rechtsprflege Güstrow (www.fh-guestrow.de) einsehbar.